녹두서점의 오월

녹두서점의 오월

김상윤·정현애·김상집 지음

80년 광주, 항쟁의 기억

시민군 여러분 끝까지 싸울 수 있습니까

억울하게 죽은 자들의 희생을 헛되게 할 수 없다

대한민국은 민주주의 나라니까 백성이 편해야지

계엄군이 쳐들어오고 있습니다 광주시민 여러분 우리를 지켜주십시오

한겨레출판

오래오래 기억하라

내가 1976년 가을에 전라남도 해남으로 내려가게 된 것은 우연이 아
니었다. 노동운동을 위해 구로공단에 취업했다가 나온 이후 서울에
서는 전위냐 대중이냐를 두고 쟁론이 벌어졌고, 나는 소설가로서 대
중운동 현장을 찾고 있었다. 다른 한 가지는 대하역사소설 '장길산'을
신문에 연재하면서 전통사회 민중의 구체적인 삶에 대한 이해가 부족
하다고 느끼고 있었다. 청소년 시절에 가출하여 남도를 편력하던 기
억을 가지고 있던 나는 언젠가 호남지방을 다시 돌아보리라 작정하고
있었다. 그리고 1970년대 중반의 전라도를 여행하면서 나는 새로운
조국을 발견하게 된다. 개발독재 기간 농촌사회의 분해와 재편성을
위한 새마을운동이 선전되고 있었지만 전라도는 여전히 피폐했다. 강
진, 해남 등지는 조선시대의 유배지로서 제주도까지 이어지는 유배문

화의 흔적이 많이 남아 있었을 뿐 아니라 동학혁명의 발자취 또한 뚜렷했다.

같은 또래로 4·19학생혁명 세대인 박석무를 내게 소개한 것은 시인 조태일이었다. 박석무 형은 지금도 몇 안 되는 친구로 남아 교유하고 지낸다. 그는 국학에 관한 해박한 지식으로 첫 만남부터 나를 매료시켰다. 당시 박석무는 내게 강진이나 해남에 정착할 것을 권유했었다. 또한 나는 그에게서 후배 몇 사람을 소개받았는데 김상윤과 이간 등이었다. 윤한봉은 당시에 대구 감옥에 갇혀 있어서 한 해쯤 뒤에야 만나게 된다. 이때 만난 사람들 대부분이 유신독재에 정면으로 저항했던 이른바 '민청학련' 사건의 피검자들이었다.

나로서는 광주민주화운동 후배들이 모두 고맙고 귀한 존재들이었지만, 그중에서도 서로 영향을 주고받고 속내를 나눈 동지들로 세 사람을 꼽는다. 김남주, 윤한봉, 김상윤이 그들이다. 세 사람 각자 개성이 달랐다. 그중 김상윤은 어딘가 허술하고 인정이 많으며 세심하고 감성적이었다. 문학청년적 기질로 말하자면 김남주가 시인이니 두말할 필요가 없겠지만, 김상윤은 그보다는 훨씬 이성적이고 차분한 문예반장 감이었다. 김상윤이 전남대 국문과에 다녔으니 평온한 시절을 만나 소설을 썼으면 작가가 되었을지도 모르겠다. 그는 인문사회과학과 문학에 대한 식견이 깊었다.

내가 전라도에서 문화운동에 대한 뜻을 밝혔을 때 제일 먼저 동감해준 사람이 김상윤이었다. 그는 김남주와 더불어 일을 시작하는 것에 기뻐했다. 남주와 내가 해남에서 농민학교 운동을 펼치고 해남농민잔치를 벌였을 때 전남대와 조선대 후배들을 몰고 현장에 와서 동참한 것도 그였다. 우리는 광주에서 '민중문화연구소'를 열어 문화운동 조직을 결성하는 것에 동의했다. 그리고 김상윤은 광주에서 '녹두서점'을 열었다. 후배들 말에 의하면 김남주가 연 '카프카서점'이 운영이 방만하여 파산한데 비하면 그는 현실적으로 꼼꼼하게 서점 운영과 운동가들을 관리하고 있었다. 당시 서울에서 활동중인 문화운동패는 채희완, 임진택, 이애주, 김민기 등의 문화운동 1세대가 주도하고 있었는데, 이들은 번갈아 광주로 와서 후배들에게 기예와 공연 방법 등을 전수해주었다. 채희완, 임진택, 유인택, 김봉준 등이 광주에 왔을 때 녹두서점이 그 근거지가 되었던 것은 물론이다.

　김상윤은 김남주와 함께 이들의 일상을 책임지고 전남대, 조선대와 연결해서 전남 문화운동권 1세대가 성장할 수 있도록 해주었다. 김상윤의 녹두서점을 본거지로 하는 민중문화연구소 개소식 뒤에 본격적인 작업이 시작되었다. 이때 김남주는 학습조를 만들기 위하여 녹두서점에서 '독서회'를 운영하고 있었다. 나는 한 달에 두어 차례씩 해남과 광주를 오가며 그들을 도왔는데, 김상윤에게서 급한 연락이 왔다. 남주가 후배들과 금서목록을 학습하다가 경찰에 발각되어 도피했다는 것이다. 금서목록이라야 일본어판 《파리 코뮌》이 전부였다. 김상윤은 늘 하던 대로 조용히 뒷바라지를 하면서 남주를 도피시킨다. 이들 전남 문화운동 1세대는 1978년 전남대 교육지표 사건 당시 학생시위 주동자들이 되었고 또한 5·18항쟁의 중심에 서게 된다. 이후 내가 광주로 터를 잡은 뒤에 윤한봉, 김상윤 등과 논의하여 '녹두서점'과 '현대문화연구소' 그리고 '들불야학', '양서조합', '송백회', '극단 광대' 등이 연결된 선전, 교육, 조직, 여성, 문화 등 제반 운동의 틀이 잡혀졌다.

김상윤과 그의 아내 정현애 그리고 아우 김상집은 그야말로 묵묵히 녹두서점에서 벌어지는 위와 같은 일들에 손이 모자랄 때마다 나서서 동지들을 도왔다. 이제 칠순이 다 되어가는 그들이 이 책을 통해 그때의 고통스럽고 치열하고 슬펐던 날들의 기억을 일깨워주고 있다. 나로서는 고맙고 먼저 떠난 이들 생각에 눈물이 앞을 가린다. 우리는 그때 젊었고 아름다웠다. 죽은 벗들, 늙어가는 벗들, 그리고 이 땅의 모든 젊은이들과 더불어 이 이야기들을 오래오래 기억하리라!

2019년 4월 미륵산 자락에서
황석영

프롤로그

우리 가족은 여섯 사람이 모두 5·18유공자다. 당시 녹두서점을 경영하던 나를 비롯하여 아내 정현애와 처제 정현순, 남동생 김상집과 여동생 김현주 그리고 나중에 현주와 결혼한 엄태주까지 모두 5·18항쟁의 중심에 있었다.

나는 5·18항쟁이 일어나기 전의 상황 그러니까 전남대 학원자율화추진위원회와 총학생회 출범, 어용교수 문제 등 5·18항쟁 전사뿐 아니라, 5·18항쟁을 억지로 김대중과 연계시키면서 날조하는 전 과정에 깊숙이 개입되어 있다.

아내 정현애는 내가 5월 17일 밤 11시 30분경 계엄사 합동수사단에 예비검속된 후부터 녹두서점을 지키면서 서점을 중심으로 활동했다. 처제 정현순은 당시 한국전력에 근무하고 있었으나 언니를 도와 끝까지 녹두서점을 지켰다.

동생 김상집은 5월 1일에 제대하고 전남방직에서 허드렛일을 하다가 5월 18일부터 윤상원의 호출로 격랑의 중심에서 활동한다. 여동생 김현주는 YWCA 2층에 있던 양서조합 직원으로서 5·18항쟁 당시 시민군의 주요 거점이었던 YWCA 상황과 관계가 있다. 내 매제가 된 엄태주는 당시 전남대 학생이었으며 시민군으로 활동했다.

녹두서점을 중심으로 우리 가족의 활동 궤적을 한곳에 모으면 5·18항쟁의 전 과정과 핵심 활동이 축소판처럼 드러나게 되어 있다. 그러한 이유로 오래전부터 우리 가족 이야기를 기록으로 남기자는 권유를 여러 차례 받았으나, 당사자들은 당시의 기억을 떠올리는 것마저 싫어했다.

그러던 중 우리 가족은 일종의 의무감으로 2012년부터 마음에 담아 둔 경험을 기록으로 남기는 작업을 시작했다. 오늘날 5·18항쟁에 대한 폄훼가 도를 넘고 있다는 판단이 들었기 때문이었다. 우리는 이 상황이 두 가지 문제에 기인하고 있다고 본다. 1980년 광주시민을 학살하고 쿠데타로 권력을 잡은 이들을 현재까지도 제대로 처벌하지 못했다는 점, 그리고 박정희 군부독재부터 이어져 온 지역 모순과 차별을 끈질기게 부추기는 사람들이 오늘날에도 권력을 움켜쥐고 있다는 점이다. 이러한 상황이 우리로 하여금 이 기록을 쓰게 만든 이유다.

다만 당시 상황을 떠올리기조차 싫다는 여동생과 매제 엄태주, 처제 정현순의 기록은 간접적인 방법으로 기술할 수밖에 없었다. 아쉽지만 내키지 않는 그들의 입장 또한 충분히 이해되니 어찌할 수 없었다.

이 기록은 5·18항쟁 당시 녹두서점을 중심으로 우리 가족이 온몸으로 겪은 경험을 사실적으로 기술했다. 1부에서는 녹두서점이 생겨난 배경을 설명했고, 2부에서는 나와 아내 정현애 그리고 동생 김상집이 5·18항쟁의 중심에서 무엇을 보았고, 어떤 일을 겪었는지 기록했다. 마지막 3부에서는 항쟁이 끝난 후 조사받는 과정과 고문, 교도소 생활, 그리고 석방운동과 항쟁 자료 수집 과정을 담고자 했다.

우리는 이 책을 통해 우리가 마주했던 대한민국 역사의 씁쓸한 현실을 담으려 노력했다. 어떠한 판단을 떠나 이 기록을 통해 대한민국이 진정한 민주 국가로 한 발자국 다가서기를 바란다.

대표 저자

김상윤

차례

1부

녹두서점의 탄생

금서를 파는 책방

김상윤

1979년 10월 27일, 대한민국의 두 얼굴

'누가 이른 아침부터 문을 두드리나?'

녹두서점은 문을 늦게 여는 편이었다. 주로 대학생이 고객이어서 이른 오전에는 문을 닫고 다른 일을 해도 괜찮았다. 그때처럼 아침부터 문을 두드리며 찾아오는 손님은 없었다. 불길한 느낌이 들었다. 한밤중이나 새벽에 정보기관으로부터 급습을 당했던 기억이 떠올랐기 때문이다.

"형님! 강옥입니다. 문 좀 열어 주시오."

'강옥이? 강옥이가 이른 아침에 어쩐 일이지?'

윤강옥은 1974년 '전국민주청년학생총연맹(민청학련)' 사건 때, 자신

을 조직에 넣어 주지 않으면 죽어 버리겠다고 윽박질러 연루된 열혈
활동가다.

그는 상당히 흥분된 모습으로 나를 쳐다보며 물었다.

"형님, 좀 이상하지 않아요?"

"뭐가?"

"새벽부터 방송은 하지 않고 계속 음악만 틀고 있단 말이요!"

아무래도 무슨 사달이 난 것 같다면서 안달을 한다.

이 사회에서 격리된 채 감시당하며 살았던 우리는 텔레비전은 말할
것 없고 라디오도 잘 듣지 않았다. 가끔 라디오 방송 〈미국의 소리〉를
듣고 비밀스러운 소식을 전해 주는 사람도 있었지만, 녹두서점을 운
영하며 살벌한 감시를 당했던 나는 라디오마저 가지고 있지 않았다.
강옥의 심상치 않은 태도에 감염된 나는 근처에 있는 계림소리사에서
조그만 라디오를 사 가지고 왔다. 곧이어 라디오에서 놀라운 뉴스가
터져 나왔다.

"국민 여러분, 박정희 대통령이 서거했습니다."

"박정희가 뒈져 버렸다! 박정희가 뒈져 버렸다!"

흥분한 강옥은 간다는 말도 없이 서점 밖으로 뛰쳐나가더니, 광주
고등학교 쪽으로 걸어가면서 미친놈처럼 외쳐댔다. 이른 아침, 거리
를 오가던 사람들이 강옥을 쳐다보며 소스라치게 놀랐다. 강옥은 아
랑곳하지 않고 큰 소리로 외쳤다.

"박정희가 뒈져 버렸다! 박정희가 뒈져 버렸다!"

정부의 철권통치 아래 숨도 못 쉬던 우리에게 박정희의 죽음은 말

할 수 없는 축복이었다.

하지만 텔레비전에서는 길거리에 주저앉아 통곡하는 아주머니들과 큰 슬픔에 빠진 노인들의 모습이 반복적으로 나왔다. 박정희의 죽음에 하늘이 무너지는 것 같은 충격을 받은 사람들도 의외로 많았던 것이다. 윤강옥처럼 박정희의 죽음을 미친 듯이 기뻐하는 사람이 있는가 하면, 길거리에 털퍼덕 주저앉아 통곡하는 사람들도 아주 많았다. 1979년 10월 27일, 극명하게 다른 대한민국의 두 얼굴이 전국 곳곳에 드러나고 있었다.

수상한 서점의 탄생

녹두서점은 아주 조그마한 헌책방이었다. 중·고등학교 참고서를 비롯해 헌책을 많이 팔았다. 새 책을 사지 못하는 학생들이 헌책을 사기 위해 녹두서점에 자주 들렀다. 서점이 있는 광주 계림동거리는 녹두서점 같은 헌책방이 좌우로 60여 개 정도 즐비하게 늘어서 있었다. 아무런 수입도 없었던 나에게 헌책방을 만드는 일은 여간 힘든 일이 아니었다. 2015년에 돌아가신 장두석 선생의 도움이 아니었다면 열기 어려웠을 것이다. 선생님께서 계림신용협동조합에서 100만 원을 융자받을 수 있도록 도와주신 덕분에 문을 열 수 있었다. 장두석 선생은 오래전부터 신용협동조합 운동에 뛰어들어 광주 계림동 천주교회에 계림신협을 만들어 운영하셨으며, 1980년 당시 광주YWCA 2층에 양서협동조합을 만들어 사회과학 분야 책을 공급했다는 이유로 5·18항쟁에 연루되셨다. 내 동생 현주도 그곳 양서협동조합 직원으로 일하다 5·18에 연루되고 만다.

문병란 선생께서 '녹두서점'이라고 서점의 이름을 붙여 주셨다. 녹두서점은 전봉준의 별명인 녹두장군에서 가져온 이름인데, 유신체제 아래에서는 도발적인 느낌이 강하게 들었다. 문병란 선생께서 당시 40대 초반의 기백으로 전투적인 이름을 과감히 붙여 주신 게 아닌가 생각한다. 나 역시 녹두서점이라는 이름을 기꺼이 받아들였다.

1977년 7월, 나는 정말 먹고 살기 위해 서점을 차린 것처럼 처신했다. 그러나 녹두서점을 만든 진짜 목적은 학생들에게 헌책을 팔기 위한 것만은 아니었다.

나는 1974년 4월 이른바 '4·3 긴급조치 4호'로 징역 12년을 선고받고 서울구치소를 거쳐 안양교도소, 광주교도소로 이감되어 복역 중이었다. 다행히 1975년 2월 16일 형 집행 정지로 교도소에서 풀려난 후, 그해 말부터 학습조를 만들어 대학생들의 의식화 작업에 들어갔다. 유신 철권통치 아래에서 의식화 작업을 거치지 않고서는 사회적 모순을 깊게 인식할 수 없었다. 우리나라의 실상을 정확히 이해하기 위해서는 문제의 핵심을 공부하고 공유하는 것이 중요했고, 그런 과정을 거친 사람만이 사회운동에 보다 적극적으로 참여할 수 있다고 생각했기 때문이다. 군대에서 제대한 후 복학한 전남대 정치외교학과 윤상원은 학습조의 기둥 노릇을 했다. 대학 내에서도 의식화된 동아리가 있었지만, 이 동아리들은 당국의 감시 때문에 한계가 있을 수밖에 없었다.

나는 대여섯 명을 한 조로 하는 학습팀을 만들어 6개월 동안 기초학습을 마친 후, 그 학습팀 구성원이 각기 다른 학습팀을 만드는 단계를 통해 매우 빠르고 광범위한 성과를 낼 수 있다고 생각했다. 당시 몹시 가난했던 나는 학습팀을 운영하기 위한 경비를 마련하기 위해 서울 CBS에 근무 중이던 친구 송정민에게 도움을 요청했다. 정민은 내 부탁을 흔쾌히 받아들이고 매달 3만 원씩 나에게 보내 주었다. 나는 그 돈으로 후배들에게 필요한 책을 사서 공급했고, 내 용돈으로 쓰기도 했다. 당시 백낙청 교수의 《민족문학과 세계문학》이 2,000원이 안 되었으니, 3만 원이면 책을 열댓 권쯤 살 수 있는 큰돈이었다.

생각만큼 큰 성과가 나진 않았지만 대학 내에 여러 비밀 학습조가 만들어졌다. 1년 반 정도 비밀스럽게 지도하고 다니면서 내 행적이 정보기관에 노출될 위험이 커졌고, 게다가 늘어난 학습조를 더 이상 통제할 수 없는 지경에 이르렀다.

그래서 나는 차라리 서점을 만들어 간접적으로 의식화 작업을 지원하는 방법이 현명하리라 판단했다. 어려운 가정형편 때문에 중·고등학교 헌 교과서나 참고서를 팔아야 했지만, 청계천 헌책방거리에서 의식화에 필요한 금지된 책들을 '비밀스럽게' 가져와 '비밀스럽게' 후배들에게 공급하는 일이 제일 중요했다. 당시에는 많은 책이 판매 금지되었는데, 그 책들을 구하고 싶은 사람들은 일상적으로 녹두서점에 모였다. 광주 시내에 있는 서점들도 판매 금지된 책들을 바로 반품하지 않고 몰래 숨겨 놓았다가 나에게 주곤 했다. 녹두서점은 전라남도 일대에서 대학생뿐 아니라 비판적 의식을 갈구하는 사람들에게 물줄기를 제공하는 수원이 되어가고 있었다.

무모한 청혼을 받아 준 여자

1977년 10월경이었다. 녹두서점에서 윤상원과 함께 이야기를 하고 있는데 젊은 여자 한 명이 서점으로 들어왔다. 그녀는 우리를 쳐다보지도 않고 서가를 이리저리 둘러보고 있었다. 나는 그녀를 지켜보다가 말을 걸었다.

"무슨 책을 찾으시나요?"

그녀는 우리를 경계하는 눈빛으로 바라보더니 《8억인과의 대화》란 책이 있느냐고 물었다. 그 책은 한양대 리영희 교수의 저서인데, 리교수가 쓴 《전환시대의 논리》와 마찬가지로 출간되자마자 판매 금지된 책이었다.

윤상원과 나는 긴장했다. 판매 금지된 책은 우리가 아주 잘 아는 사람들에게만 팔고 있었기 때문이다. 모르는 사람에게 팔았다가는 무슨 일이 생길지 알 수 없었고, 정보기관에서 프락치를 이용해 서점을 잡으려고 할 수도 있었다.

"혹시 누구 소개로 오셨나요?"

"정선자라는 친구 소개로 왔습니다."

그 소리에 안심했고 한편으로 반가웠다. 정선자는 광주에서 제일 규모가 큰 중앙교회에서 설교하는 정규오 목사의 딸이었다. 중앙교회는 금남로 대로변에 있는 아주 유명한 교회였고, 정규오 목사는 이 지역 보수계를 대표하는 목사였다. 이화여대 국문과를 다니던 정선자는 김지하의 양심선언문을 배포한 사건으로 교도소 생활을 하고 나왔다. 책을 사러 온 여자는 정선자와 전남여고 동창생이라고 자신을 소개했다. 정선자는 후일 김이수 전 헌법재판관과 결혼하게 되는데, 결혼 후 복학하여 이화여대 최초로 기혼자 졸업생이 되었다고 한다.

윤상원과 공범의 눈빛을 교환한 뒤 방 안에 있는 《8억인과의 대화》를 가져와 그녀에게 주었다.

"꼭 큰 상을 드리는 느낌입니다."

그녀는 무안할 정도로 책을 받자마자 대꾸도 하지 않고 그냥 돌아갔다.

당시 녹두서점은 방이 두 개 있었다. 서점 안에 방이 하나 있었고 방 뒤쪽에도 제법 큰 방이 이어져 있었다. 뒷방에는 이양현이 선점숙이라는 소녀와 머물고 있었다. 그들은 결혼을 할 형편이 못 되어 서점 뒷방에서 동거를 했다. 이양현이 31사단에서 군대생활을 할 때 선점숙이라는 여학생이 위문편지를 보내면서 인연을 키웠다고 한다. 선점숙은 위문편지를 보내올 때마다 자신을 '소녀'라고 불렀는데 지금도 이양현은 선점숙을 소녀라고 부르고 있다. 그들은 후에 노동운동에 투신한다. 이양현은 광주 지역 노동운동의 숨은 공로자다. 그를 빼고 광주 노동운동을 이야기할 수 없다. 그는 1980년 5월 27일 새벽, 윤상원, 김영철과 함께 전남도청을 끝까지 지켰고, 총에 맞은 윤상원을 이불 위에 눕혀 놓고 계엄군에게 사로잡히고 만다.

그들은 녹두서점 뒷방에서 동거하는 것이 미안했는지 자주 나를 꼬드기면서 빨리 장가를 들라고 했다. 윤상원을 비롯한 여러 후배들도 결혼하라고 채근했다. 그러나 내 생각은 좀 달랐다. 결혼을 하면 일선에서 사회운동을 하기 어려울 것 같았다. 성격이 모질지 못해서 결혼을 하면 운동에서 멀어지리라 생각했던 것이다. 실은 나 자신이 앞으로 어떻게 삶의 궤적을 그려야 할지 고민하고 있었다. 민청학련에 연루된 것도 내 스스로 결단했다기보다는 윤한봉 선배의 권유를 거절하지 못한 측면이 있었다. 다행히 교도소 생활을 하면서 사회의식도 생겼고, 앞으로 어떻게 살 것인지 소신도 분명해졌지만, 일선에서 전투적으로 살아갈 수 있을지 자신은 없었다. 과연 유약한 성격을 극복하고 강단 있게 사회운동을 할 수 있을까? 그럴 수 없다면 일선의 뒷바라지를 착실히 하는 것은 어떨까? 갈등이 심했다.

후배들은 나를 만날 때마다 '똥차'라고 놀려댔다. 당시에는 20대 후반이면 결혼 적령기여서 내 나이 서른이면 매우 늦은 셈이었다. 나는 후배들이 놀려댈 때마다 똥차인 건 맞지만 '기똥차'이기 때문에 괜찮다고 웃어넘겼다. 하지만 내심 운동의 일선에 서서 전투적으로 살 것인지 아니면 뒷바라지 역할을 할 것인지 많은 갈등을 하고 있었다. 전자라면 결혼하지 않을 생각이었다. 결국 나는 수줍음이 많고 대중을 휘어잡는 카리스마도 없어서 아무래도 일선에서 살기는 어렵다고 판단했다. '그래, 결혼을 하자.'

나는 윤상원에게 결혼은 마음 씀씀이가 너부죽한 사람과 하겠다고 너스레를 떨었다. 내 주변에는 개성이 강한 사람이 많아서 마음이 한

없이 넓은 사람이 아니면 견디기 어려울 것 같았다. 그런데 그런 사람이 어디에 있으며, 있다 하더라도 우리처럼 험하게 사는 사람과 누가 결혼을 하겠는가?

그렇게 시간이 흘러 1977년 12월 무렵이었다. 서점에 한 젊은 여자가 들어왔다. 무슨 일인가 나와 상의할 일이 있는 듯 보였다. 나는 그 여자를 보자마자 다짜고짜 소리를 질렀다.

"왜 이제 왔습니까?"

그 여자를 보는 순간 꼭 우리 집에서 살아야 할 사람으로 보였기 때문이었다.

"무슨 말씀이세요?"

불쾌한 기색이 완연한 그 여자는 나를 미친놈 보듯이 흘겨보았다.

"아, 실례했군요. 당신을 보자마자 그냥 우리 집에서 살 사람이라는 느낌이 들어 저도 모르게 실례했습니다. 용서하십시오."

나는 그 자리에서 그녀에게 그동안의 고민을 털어놓았고, 신기하게도 그녀는 넓은 마음으로 내 이야기를 들어주었다. 알고 보니 그 여자는 정선자의 소개로 몇 달 전 녹두서점에 와서 《8억인과의 대화》를 사간 중학교 교사 정현애였다. 무슨 용기가 났는지 나는 그날 바로 결혼 신청을 했다.

"저는 앞으로도 성실하게 운동 뒷바라지를 할 생각입니다. 저와 결혼해 주세요. 저는 사랑이 어쩌고저쩌고 할 시간도 없고, 그런 걸 할 줄도 모릅니다. 결혼을 전제로 1년 정도 사귀면서 괜찮다는 생각이 들면 하고, '이 사람은 아니다'라는 판단이 들면 아무 때나 가도 좋습니다. 갑자기 이런 이야기를 해서 놀랐겠지만, 당신처럼 마음이 넓어 보이는 사람을 만나다니 기적 같아서 그럽니다. 내 제안에 동의한다면 한 번 더 찾아와 주세요."

참 무모한 짓을 한 것 같았다. 하지만 지금 생각해 보면 실은 그 여자가 나보다 더 무모한 사람이었는지도 모르겠다. 우리가 1978년 11월에 결혼식을 올렸기 때문이다.

전남도청 근처로 서점을 이전하다

박정희 대통령의 죽음으로 민주화 열기가 서서히 무르익어 가는 시점에 녹두서점도 새롭게 태어날 필요가 있었다. 서점의 이름도 제법 알려졌고, 이제는 얼마 정도 빚을 낼 수도 있었다.

1979년 12월, 나는 서점을 전남도청과 가까운 전남여고 쪽으로 옮기고 완전히 새로운 책만 취급하기로 결심했다. 윤상원과 상의해서 서점 살림살이가 괜찮아지면 그에게 서점을 넘겨줄 생각도 있었다. 그러나 윤상원은 나와 서점을 같이 운영하는 것에는 동의하면서도 통째로 서점을 맡을 생각은 없는 듯했다.

전남대 법대생 박관현과 들불야학 학생들이 이삿짐을 모두 나르고 책도 가지런히 정리해 주었다. 저녁에 강신석 목사를 비롯한 많은 사람이 방문해 축하해 주었는데, 막상 이사를 도와준 박관현은 들불야학 학생들과 부엌방에서 밥을 먹으며 얼굴을 드러내려 하지 않았다. 공장에 다니는 들불야학 학생들과 같이 있어야 한다고 생각하는 것 같았다. 나와 윤상원은 미소로 박관현의 뜻을 존중했다. 박관현은 나중에 1980년 전남대학교 학생회장이 되어 사자후를 토하는 인물이 된다. 박정희 대통령의 죽음을 뒤로하고 녹두서점이 본격적으로 부산해지기 시작했다.

2부

항쟁 속으로

감옥에서

김상윤

유신체제의 붕괴, 술렁이는 대학가

유신체제에서는 모든 정보를 국가가 틀어쥐고 있었다. 국민은 알 권리를 박탈당했고, 하고 싶은 말도 하지 못한 채 입에 재갈을 물고 있는 상황이었다.

이러한 시대에 녹두서점은 정보가 교차하는 공간이었다. 전남대학교와 조선대학교 학생들을 비롯하여 새로운 정보와 시대정신에 목말라하던 많은 사람이 수시로 서점을 드나들었다. 게다가 서울 등 타 지역 소식이 서점을 통해 전라남도 일대에 퍼져 나가고 있었다. 윤한봉 선배의 현대문화연구소와 녹두서점은 전남 운동권 정보의 통로 역할을 했다.

박정희 대통령의 암살 이후 녹두서점도 분주해졌다. 학생들의 출입도 많아졌고, 새로운 소식을 들으려는 사람들의 방문도 부쩍 늘어났다. 대학 안에서 벌어지는 여러 문제로 상의하러 오는 후배들도 많았다. 예전부터 학습 자료를 구하거나 새로운 책을 문의하러 오던 학생뿐만이 아니라 처음 보는 학생들도 많아졌다. 녹두서점에 오고 싶어도 혹시 감시당할까 봐 무서워 오지 못했던 학생들도 이제 부담 없이 찾아왔다.

무지막지한 통제를 벗어난 대학은 큰 해방감을 느끼고 있었다. 그러나 가혹한 통제가 사라졌다고 하여 대학이 바로 자유로워지는 것은 아니었다. 1972년 10월 17일부터 시작된 유신체제에서 교육을 받아온 학생들이 즉각 민주화운동의 일선에 나설 수는 없었다. 실제로 대학에는 학생회도 없었다. 이미 병영화된 대학은 군대식 조직을 통해 학생들을 통제하고 있었다. 사회 전체가 거대한 민주화의 요구로 요동쳤지만, 민주화운동의 선봉이 되어야 할 대학은 여전히 마비된 의식 속에 머물러 있었다.

1979년 11월 어느 날이었다.

"선배님, 인사드리겠습니다."

나이가 썩 들어 보이는 학생이 나에게 선배님 운운하며 말을 걸어왔다.

"저는 전남대 철학과 3학년 한상석입니다. 광주일고 19회니까 선배님 한참 후배입니다."

7년 후배라는 한상석은 여러 차례 녹두서점에 찾아와 침착하고 진지하게 대화를 나눴는데, 요지를 정리하면 이렇다.

현재 민주화운동 일선으로 뛰어든 학생들도 있지만, 많은 학생이 현 상황을 제대로 인식하지 못하고 있는 것 같다. 학생회도 없어서 학생들의 움직임을 조율할 수 있는 조직도 없는 셈이다. 대학이 이런 실정이니 아무래도 단계를 밟아가면서 사회 전체의 민주화 흐름에 동참하도록 하는 것이 옳을 것 같다. '학원자율화 추진위원회(학자추)'를 먼저 만들어 학생들의 광범위한 의견을 수렴하고, 그 의견들을 토대로 자율적인 학생회를 만드는 것이 순서라고 생각한다. 나중에는 학생회가 전면에 나서서 대학의 민주화운동을 선도해야 한다. 선배의 큰 지도와 지원을 바란다.

학자추가 학내 민주화를 위해 제반 활동을 하고 총학생회를 출범시킬 때까지 상당한 경비가 필요한데 나에게 그 경비를 빌려 달라고 부탁했다. 학생회가 출범하면 정식으로 경비 신청을 해 빌린 돈을 제대로 갚을 테니 우선 자금을 지원해 달라는 것이다. 그날 이후부터 한상석은 여러 번 녹두서점에 들러 학자추의 활동 내용을 알려 주었고, 필요한 만큼 경비도 가져갔다. 그리고 전남대 총학생회가 출범한 이후 한상석은 그때까지 가져간 경비 120만 원을 한 푼도 빠짐없이 모두 돌려주었다. 학생과에서 정식으로 경비 인정을 받아 가져온 것이다.

전남대 총학생회가 부활하다

1980년 3월 어느 날, 녹두서점에 들른 한상석은 공청회 이야기를 꺼냈다. 한상석은 학자추를 통해 전남대 총학생회의 부활과 앞으로 일정에 대해 몇 차례 공청회를 열어 의견을 수렴하고 있었다. 그런데 공청회에 혜성 같은 사람이 나타났다는 것이다. 박관현이라는 법대 학생이 공청회에서 연설을 했는데, 연설하는 자세가 불같아 모든 청중을 휘어잡았다고 했다. 또한 연설 내용이 너무 좋아 한상석 자신도 크게 공감했다면서 드디어 총학생회장 감이 나타난 것 같다며 좋아하는 기색이 역력했다.

나는 마음속으로 미소를 지었다. 박관현이 누구인가. 그는 광천동 천주교회에 있는 들불야학 강학(講學: 야학 학생들을 가르치면서 그들에게 배운다는 뜻의 들불야학 선생의 명칭)이 아닌가. 생김새는 투박했지만 강단지고 예의 바르며 구성지게 노랫가락도 잘 뽑아 들불야학에서 인기 있는 강학이었다.

윤상원에 의하면 박관현이 들불야학에 참여하게 된 과정은 그리 간단치 않았다고 한다. 박관현은 사실 사법고시를 준비하고 있었단다. 그는 '사회조사반'이라는 동아리 회원이었는데, 그 동아리는 '광천산업단지 실태조사'를 할 때 주도적으로 참여하게 된다. 이는 광주 산업단지에 관한 유일한 실태조사로, 당시 노동조건을 기록한 매우 실증적인 보고서였다.

들불야학 강학들은 박관현의 역량을 야학에 끌어들이고 싶어 했다. 하지만 그는 노동문제에 깊이 빠지면 사법고시 준비에 차질이 올 것을 우려해 야학 참여만큼은 완강히 거절했다고 한다. 그러나 결국 그는 야학에 참여했고, 이제는 시대적 요청인 민주화운동에 동참할 수밖에 없는 운명을 받아들이고 있었다.

평소 박관현은 헝클어진 머리칼, 허름한 옷차림에 고무신을 신고 다녔다. 나는 윤상원에게 박관현의 옷차림부터 바꾸자고 제안했다. 독특하고 괴상하게 보일 수 있는 모습을 버리고 많은 사람 속에서 같이 호흡하는 인상으로 바꿔야 한다고 생각했다. 윤상원은 내 말에 즉각 동의했다. 박관현이 전남대 총학생회장 후보가 되자 윤상원은 자신의 양복을 박관현에게 입혔고, 고무신을 버리고 구두를 신게 했다. 박관현은 몹시 쑥스러워했지만 연단에 오르면 언제 그랬냐는 듯 '민주화운동의 새벽기관차'답게 사자후를 토하고 다녔다.

각 단과대학도 학생회장 선거로 분주하기는 마찬가지였다. 내가 복학한 인문사회대에서도 학생회장 선거가 치열했다. 어느 날 사회학과 박선정이 나를 찾아왔다. 그는 땅딸막하지만 안경 너머 눈매가 날카롭게 빛나는 야무진 학생이었다. 사회학과에 입학하자마자 녹두서점 단골이 되어 많은 사회과학책을 샀지만 원체 과묵하여 별 대화가 없었던 사이였다.

"선배님, 제가 인문사회대 학생회장에 출마한 사실은 알고 계시지요?"

"알고 있지."

사실 박선정은 선두주자 두 사람보다 한참 처지는 3등이어서, 안타깝게도 학생회장에 당선되기는 어렵다고 보고 있었다.

"선배님, 지금은 매우 중요한 시기가 아닙니까. 박관현 선배가 확실히 당선될 것이고 또한 총학생회장 역할도 잘하겠지만, 그에 맞춰 총학생회 구성도 제대로 되어야 탄력을 받지 않겠습니까? 만약 단과대학 학생회장들 사이에 의견이 엇갈리는 경우가 생기면 대학민주화와 우리나라 민주화에 차질이 빚어질 수도 있을 겁니다. 그래서 드리는 말씀인데 박관현 총학생회장 후보가 러닝메이트 제도를 채택했으면 합니다."

"내가 알기로는 총학생회 부회장으로 공대 이승룡이 러닝메이트 인데?"

"그렇습니다. 제가 드린 말씀은 박관현 후보가 단과대학 학생회장 후보를 러닝메이트로 지정해야 한다는 뜻입니다."

"인문사회대를 포함해서 모든 단과대학 후보들을 러닝메이트로 해야 한다, 그런 뜻인가?"

"그렇습니다. 러닝메이트가 어려운 단과대도 있겠지만, 가능한 한 많은 단과대 후보를 러닝메이트로 지정하는 것이 좋을 것 같습니다."

박선정의 제안이 좋다고 생각했다. 실제로 민주화에 대한 냉철한 의식을 가지고 있으나 당선 가능성이 낮은 후보들이 상당했다.

"저는 지금 상태로는 당선되기 어렵다는 것을 잘 알고 있습니다. 그러나 박관현 후보의 러닝메이트가 되면 확실히 당선될 수 있습니다. 서로 믿을 수 있는 동지들이 뭉쳐야 한다고 생각합니다. 제가 나설 수는 없지만, 선배님이 나서 주시면 러닝메이트는 가능할 것입니다."

그래야 할 것 같았다. 모든 단과대학 후보를 알지는 못하지만, 민주화 시대에 어울리지 않는 후보가 앞서고 있다는 소문을 듣고 있었다. 정보기관의 공작도 있을 법했다.

"박관현을 만나 권유해 보겠네. 판단이야 자기들이 알아서 하지 않겠나?"

"선배님, 고맙습니다."

박선정은 특유의 빛나는 눈빛으로 나를 바라보면서 결기를 추스르는 모습이었다. 공을 넘겨받은 나는 박관현 선거캠프의 총무부장 역할을 하던 양강섭을 만났다. 그는 '민주운동의 새벽기관차'라는 기치 아래 내세운 선명성이나 엄혹한 유신체제 아래서 박관현이 쌓아 온 경력이 타 후보들을 압도하고 있다고 말했다. 나는 양강섭에게 각 단과대학을 러닝메이트로 엮는 것은 어떠냐고 물었다. 양강섭은 좋은 제안이라며 생각해 보겠다고 말했다. 그러자 나는 인문사회대 학생회장 러닝메이트로는 박선정을 검토해 보면 좋겠다는 의견만을 남기고 그곳을 나왔다. 내가 선거에 깊이 개입해서는 안 된다고 생각했기 때문이다. 다른 단과대학에서는 어떻게 되었는지 확인하지 못했으나 인문사회대는 박선정을 러닝메이트로 발표했고, 결국 그가 인문사회대 학생회장으로 당선되었다. 물론 박관현은 70퍼센트에 가까운 압도적인 표차로 총학생회장에 당선되었다. 전남대에서 학생들의 직접 투표로 총학생회가 부활한 것이다.

학내 민주화의 요구가 교내를 휩쓸다

전남대의 경우 학생회가 부활하기 전에 이미 어용교수 문제로 교내가 시끄러웠다. '어용교수 백서'가 발표되고, 지목된 교수들의 버티기가 계속되자 학생들은 서서히 집단행동으로 뜻을 관철하려 했다. 총학생회에서 어용교수들의 연구실을 사실상 폐쇄하는 정침식(釘針式: 교수실에 못을 박아 출입을 못 하게 하는 의식)을 했고, 정치외교학과 주수원 교수의 중재로 모임을 가졌으나 해결의 기미가 보이지 않았다. 교수들이 버티고 있는 한 해결할 방법이 없었다. 총학생회 부활 후 전남대 교내 시위는 어용교수 퇴진이라는 구호 아래 시작되었다. 5월이 되자 학내 시위가 무르익었다. 학생들은 학교를 벗어나 도청 앞에서 시위할 계획을 세웠다. 총학생회는 '반민주 반민족 행위자 매장비'를 용봉탑 앞에 세우는 등 본격적으로 민주화 투쟁에 나설 준비를 갖추었다.

조선대학교의 경우 긴급조치 9호로 가장 먼저 구속되었던 김운기와 '교육지표 사건'으로 구속되었던 복적생들이 중심이 되어, 교내 민주화를 들고 강력한 투쟁을 전개하고 있었다. 본래 조선대는 많은 전라남도 유지의 성금으로 만들어진 대학이었다. 그런데 여러 우여곡절을 거쳐 조선대 설립자는 오직 박철웅 총장 한 사람으로 둔갑했고, 박철웅 한 사람이 마음대로 움직이는 일인독재의 전형이 되고 말았다. 조선대는 이런 사태를 근본적으로 뜯어고치지 않고서는 한 발짝도 나아갈 수 없다는 판단 아래 '조선대 민주화'를 가장 큰 목표로 설정했었다. 교내 시위는 매우 격렬했다.

이런 상황에서 어느 날 조선대학교 상무이사가 녹두서점을 방문했다. 정진갑 상무이사는 내 친구의 아버지이자 처가 쪽으로 당숙이 되는 분이다.

"지금 전국적으로 우리나라 민주화를 요구하는 시위가 격렬한데,

우리 조선대학교만 학내 문제로 떠들고 있네. 나라가 민주화되면 학교야 자동적으로 민주화될 텐데, 생각들이 짧아서 큰일이야. 자네가 조선대의 움직임을 보다 큰 쪽으로 유도할 수는 없을까?"

"제가 무슨 힘이 있어 조선대 운동의 흐름을 바꿉니까?"

사실 말씀을 그렇게 드렸지만, 조선대학교 설립 문제는 아주 중요해서 나 역시 지금 그 문제를 다뤄야만 한다고 생각하고 있었다. 조선대 학생들이 민주화 인식이 낮아서 그런 것이 아니다. 박철웅 총장을 정점으로 한 조선대 문제는 사학 적폐의 전형으로 지금이 이를 바로잡을 수 있는 적기이기도 했다. 정진갑 상무이사는 교내 시위가 격렬해지자 상무이사로서 직분을 다하기 위해 우리나라의 민주화를 내세우며 저지하고 싶었을 따름이었다. 그러나 그도 나중에 조선대 학생 운동 세력에게 자금을 지원했다는 죄목으로 우리와 함께 상무대 영창에서 옥고를 치르게 된다.

전국의 대학들도 사정은 엇비슷했다. 유신체제 아래 병영화된 대학들이 일시에 민주화운동을 할 수는 없었다. 대학마다 자신들이 처한 특수한 상황에 따라 교내 시위 위주의 움직임이 지속되었다. 그러한 과정에서 종합대학이나 전문대학을 가리지 않고 총학생회가 부활했고, 이를 중심으로 서서히 민주화운동이 대오를 형성해 갔다. 한편 이런 거대한 흐름과 달리 신군부라 불리던 전두환 세력은 점점 권력의 상층부를 잠식해 가고 있었다. 따라서 운동권 내부에서는 '민주화의 대세는 거스를 수 없다'는 대세론과 '군부세력의 쿠데타'를 우려하는 신중론이 대립하고 있었다. 5월이 되자 전국의 대학들이 거대한 물결을 이루며 대학 밖으로 시위를 확장해 갔다.

교수와 학생들이 5·16화형식을 열다

5월 13일부터 전국적으로 대학가의 시위가 가두시위로 전환되었다. 아마 전국 대학이 서로 소통하고 있었을 것이다.

전남대는 하루 늦은 5월 14일부터 가두시위에 들어갔다. 전남대 정문에서부터 전남도청까지 이어지는 시위였는데, 아무런 제지도 없는 평화 시위였다. 경찰 측에서도 이번 시위는 막을 수도 막아서도 안 된다는 판단을 하고 있었다. 도청 분수대 주변에서 전남대 박관현 학생회장이 군중을 사로잡는 특유의 명연설을 했다. 이때부터 박관현은 광주시민들에게 '제2의 김대중'이 나타났다는 찬사를 듣게 되었다.

시위가 끝나고 다시 학교로 돌아갈 때는 전남대 교수 여러 명이 대형 태극기를 마주잡고 선두에 섰다. 학생들은 감격했고 많은 시민이 박수를 보냈다. 유신체제 아래서 정보기관의 강요로 학생들을 감시해야 했던 교수들이 이제 '민족민주화성회'라 명명된 시위의 선두에 서서 국민에게 민주화의 대세를 선포하는 모습이었다. 학생들은 곳곳에 엄청난 유인물을 뿌렸고, 특히 집중적으로 공단 지역에 유인물을 살포했다.

5월 15일 민족민주화성회를 할 때는 학생들의 시위를 구경하는 시민들이 엄청나게 늘어났다. 모두 신바람이 난 얼굴이었고, 민주화될 세상을 갈망하는 눈빛이었다. 그런데 서울에서는 5월 15일 서울역 회

군을 끝으로 '신군부에게 빌미를 주지 않기 위해서'라는 명분 아래 일단 시위를 중단하고 대세를 관망한다는 결정을 내렸다. 전국에 있는 대학들도 보조를 맞추기 위해 모두 가두시위를 중단하기로 했다는 소식이 들렸다. 그러나 전남대학교는 다음 날 시위를 계획하고 있었기 때문에 5월 16일 시위 준비에 들어갔다.

학교로 돌아온 나는 박관현 회장을 만나 내일 있을 시위에 관해 몇 가지 제안을 했다. 여러 신문에서는 시민들이 학생 시위에 대해 그다지 긍정적이지 않다는 보도를 내고 있었다. 그렇지 않다는 것을 보여주고 싶었다. 나는 박관현에게 우선 횃불 시위를 하자고 제안했다. 그리고 이 시위를 할 때 시민들이 모두 소등한다면 시민들이 학생 시위를 적극적으로 지지하고 있다는 증거가 될 것이다. 마침 내일이 5월 16일이니 시위의 마지막에 모든 횃불을 모아서 '5·16화형식'을 분수대 위에서 거행하자고 했다. 박관현 회장은 학생회 간부들과 상의한 뒤 시민이 소등하는 문제는 불안을 야기할 수 있고 불상사가 날 위험이 있어서 하지 않기로 했다고 전해 왔다. 대신 횃불 시위와 5·16화형식은 거행하기로 했다.

5월 16일에 실제로 횃불 시위가 진행되었고, 도청 앞 분수대로 합류한 시위대들의 횃불은 모두 분수대 위 5·16화형식에 사용될 계획이었다. 전남대 총학생회장 박관현의 포효가 쏟아졌고 여러 학생들의 릴레이 사회로 민족민주화성회의 열기가 달아올랐다. 분수대 주변은 인산인해를 이루어 사람들이 접근하기도 어려웠다. 나는 분수대 바로 아래에서 전체적인 진행을 지켜보고 있었는데, 전남대 영문과 이경순 교수가 꽉 막힌 시위대를 뚫고 나를 찾아왔다.

"박석무 선생님과 전홍준 선생님이 뵙자고 합니다. 아주 시급하고 중요한 일이 있어서 꼭 모시고 오라던데요!"

이경순 교수는 전남대 영문과 재학 시절인 1973년 '함성지 사건'에 연루되어 박석무 선생과 함께 재판을 받았던 경험이 있었다. 그의 아버지는 일제강점기 광주항일학생운동의 주역이셨던 이기홍 선생이다.

나는 어렵사리 분수대 근처를 빠져나와 이경순 교수를 따라 어느 가게로 들어갔다. 탁자에 막걸리 잔을 앞에 둔 채, 박석무 선생과 전홍준 선생이 심각한 표정으로 나를 맞이했다.

"상윤이, 군부의 움직임이 심상치 않아. 이대로 가만히 있을 놈들이 아냐. 학생들이 횃불 시위를 하고, 게다가 5·16 화형식까지 한다니 몹시 걱정이 되네. 군부가 나올 수도 있는데 무슨 대비책이라도 있나?"

대비책이 있을 수 없었다. 신군부가 군대를 동원해 민주화의 열기를 엎어 버린다면 도대체 무슨 대책을 세울 수 있단 말인가.

"그런 우려는 진작부터 있었어요. 어제 서울역 시위를 끝으로 대학생들이 모든 시위를 중단한 것도 신군부가 쿠데타를 일으킬 명분을 주지 않기 위한 고육지책 아니겠습니까? 그러나 그런 우려가 있다고 해서 학생들이 아무 일도 하지 않고 조용히 있을 수는 없습니다. 민주화라는 대세를 뒤엎을 수 없도록 분위기를 만드는 일도 중요합니다."

"그럼에도 명분을 잘 만들어 놓을 필요가 있네."

두 선배는 내 말에 수긍하면서도 이를 강조했다. 신군부가 쿠데타를 일으킬 경우 '빨갱이 사냥'의 광풍이 일어날 것이 두렵기도 했다. 그들이 정권을 장악하려는 명분으로 매카시즘 선풍을 일으킬 것이 명확했다. 두 선배는 간절한 어투로 '국군 장병에게 드리는 글' 같은 성명서라도 즉각 발표해야 한다며 지금 바로 나에게 글을 쓰라고 채근했다. 나는 할 수 없이 그 자리에서 글을 썼다. 두 선배는 내 글을 읽어 보더니, 지금 바로 분수대 위에서 이 글을 낭독하도록 독려했다. 나는 간신히 인파를 뚫고 분수대 앞으로 나아갔다. 전남대 총학생회 총무부장인 양강섭에게 글을 낭독하도록 했는데, 뜨겁게 달아오른 분위기와 달리 차분한 대화체의 내용 때문에 좀 생뚱맞은 발표문이 되고 말았다. 이 성명서는 신군부 쿠데타 앞에서 우리의 명분을 살려 주는 데 그다지 도움이 되지 못했다.

"전국의 학생회장들이 연행되고 있어!"

5월 19일은 가톨릭농민회 전남지부가 '함평고구마 사건' 2주년을 기념하는 날이었다. 2년 전 함평 가톨릭농민회는 주정 원료인 고구마 판매 문제로 농협과 대대적인 투쟁을 했고, 광주터미널 부근에 있는 북동성당에서 여러 날 농성을 벌여 결국 승리를 쟁취했다. 이 투쟁에는 농민 운동가들만 참여한 것이 아니라 전남 지역의 운동 역량이 모두 동원되었다고 해도 과장이 아니다. 문익환 목사를 비롯하여 많은 민주 인사가 광주로 내려와 힘을 보탰고, 윤공희 대주교도 앞장섰으니 이 투쟁이 전국적으로 얼마나 큰 파급효과를 가졌는지 알 수 있을 것이다.

함평고구마 사건 2주년 기념식은 북동성당에서 5월 19일 거행하기로 했다. 당시 북동성당 맞은편에 광주터미널이 있어서, 이곳에서 집회가 열리면 전남 각지로 순식간에 소식이 퍼지게 되어 있었다. 가톨릭농민회 전국본부에서 이병철이 먼저 내려왔고, 전남지부 총무인 노금노가 실질적인 행사를 준비했다. 이 기념식에는 전국의 농민 운동가는 말할 것 없고, 여러 운동에 종사하는 사람들이 대거 합류할 예정이었다. 노금노는 이 기념식에 대학생들이 참여하면 좋을 것 같다는 뜻을 전해 왔다. 나는 농민운동과 학생운동이 협력해야 한다고 생각했기에, 전남대 총학생회와 농학연대의 협의를 맡기로 했다.

5월 16일 횃불 시위가 끝난 후 17일부터는 일단 시위를 중지하기로 했다. 16일부터 시위를 중지하기로 한 서울 행동지침에 합류하기 위해서였다. 나는 박관현 회장과 양강섭 총무부장에게 가톨릭농민회의 뜻을 전했고, 그들도 가급적 많은 학생이 참여하도록 노력해 보겠다고 약속했다. 17일 저녁 식사 후 이병철과 노금노가 녹두서점에서 나와 함께 농학연대에 대한 최종적인 검토를 할 참이었다.

전남대 서명원 학생과장의 요청으로 윤한봉 선배와 함께 한 식당에서 저녁을 먹었다. 우리는 학생들의 거센 시위가 3일간 계속되었고, 횃불 시위에 이어 5·16화형식까지 거행하며 박정희 독재정권의 잔당들에게 노골적인 적개심을 드러냈기에, 신군부는 학생들의 움직임을 매우 긴장하며 바라볼 수밖에 없다는 이야기를 나눴다. 서명원은 비록 대학 학생과장이었지만, 학생운동 출신들에게 존경받는 분이기도 했다. 훗날 서명원 학생과장도 5·18 때 구속 수감되고 만다. 저녁 식사가 거의 끝나갈 무렵 총무부장 양강섭에게 전화가 왔다. 서점에 있는 아내에게 식당 전화번호를 주며 긴급시 연락할 수 있도록 조치해 놓은 상황이었다.

"저희는 지금 원효사 근처에 있는 관광호텔에 있는데 이상한 소식을 들었습니다. 이화여대에서 전국 대학의 학생회장 모임이 있었는데, 모두 연행되었다는 소식입니다. 사실인지 확인해 주십시오. 저희는 거기에 참석하지 않았습니다."

'올 것이 온 건가.'

나는 즉시 녹두서점으로 갔다. 이병철과 노금노가 벌써 와서 기다리고 있었다. 양강섭 총무부장에게 들은 소식을 그들에게 전했다. 그들은 깜짝 놀라면서 서울로 확인해 보자고 했다. 이병철은 유인태, 이해찬 등 여러 사람에게 전화를 했다. 모두 통화 중이었다. 아무래도 무언가가 통신장애를 일으키고 있는 것 같았다. 이번에는 내가 CBS 기자 송정민에게 전화를 걸었다.

"광주에 있는 친구입니다. 송정민 기자 좀 바꿔 주세요."

"사람 이름 대지 마세요. 이 전화 끊습니다."

아무래도 올 것이 온 것 같았다. 우리는 사실을 명확히 확인할 필요가 있었다. 이병철이 수첩을 뒤적이더니 전화번호를 내밀었다. 가톨릭노동청년회였다. 어떤 여자가 전화를 받았다. 상황이 너무 긴박하게 돌아가고 있었기 때문에 나는 내 신분을 명확히 밝히지 않으면 안 된다고 생각했다.

"여기는 광주입니다. 저는 민청학련 관련자로 녹두서점을 운영하고 있습니다. 제가 질문할 테니 대답만 해 주세요."

"저는 잘 모르는데." 아주 어눌한 목소리였다.

"이화여대에서 대학교 학생회장들이 모두 잡혀갔다고 하던데 사실입니까?"

"저는 잘 모르는데, 뭐 그런 말들을 하는 거 같아요."

"혹시 계엄령이 전국으로 확대되지 않았나요?"

"저는 그런 거 잘 몰라요. 왔다 갔다 하는 사람들이 그런 말 비슷하게 하긴 하던데."

모든 전화가 도청되고 있다는 것을 아는 사람이었다. 긴박한 상황을 알려 줘야 할 텐데, 전화가 도청되고 있어서 어눌하게 말하는 것이 분명했다.

"아무래도 안 되겠지?"

우리는 사태를 파악하고 각자 처지에 맞게 행동하기로 하고 헤어졌다. 그때 양강섭에게서 또 전화가 왔다.

"형님, 우리는 지금 시청 근처 대지호텔에 있습니다. 상황이 어떤가요?"

"학생회장들이 연행된 건 사실이고, 비상계엄도 확대된 거 같아. 이 전화도 도청되니 지금 당장 그곳을 떠나라. 내 말을 심각하게 듣고 지금 당장 그곳을 떠나!"

머리에 권총을 들이대다

나도 재빨리 피해야 할 것 같았다. 그때 서점 뒤에 있는 본채에서 아내가 졸린 표정으로 나에게 다가왔다. 서점에 사람들이 북적대는 일이 많아지자 도통 잠을 잘 수 없었던 아내는 서점 건물 주인이 사는 본채에 방을 하나 얻어 거처로 삼고 있었다. 이제 모두 돌아갔겠거니 하고 일어나 서점을 둘러보러 나온 것이었다. 나는 상황이 심상치 않아 아무래도 피해야 할 것 같다고 말하고, 조그만 금고에서 돈을 꺼냈다. 아내는 우선은 자고 내일 생각하자고 했다. 그때 갑자기 전화벨이 울렸다. 여자 목소리였다.

"거기 화순인가요?"

"아닌데요." 전화를 끊었다. 아내는 그냥 자라고 했다. 다시 전화벨이 울렸다.

"거기 화순 아니에요?"

"아니라니까요."

그때 밖에서 셔터를 두드리는 소리가 크게 났다. '후배들이 찾아왔나?' 셔터를 올렸다.

"김상윤이지?"

검은 물체가 내 머리에 권총을 들이대며 물었다. 함께 온 서광주 정보과 형사가 고개를 끄덕이며 김상윤이 맞다는 신호를 보냈다. 네 명이 나를 체포하러 온 것이다.

"차에 타!" 밖에는 군용 지프차가 시동을 건 채 서 있었다. 체포되는 와중에도 나는 갑자기 일어난 일에 혼비백산한 아내에게 내복을 달라고 했다. 그동안의 경험으로 5월에도 조사받는 곳이 몹시 춥다는 것을 알고 있었기 때문이다. 아내가 가져온 옷을 입고 차에 타자 그들은 내 머리를 차 바닥에 처박았다. 나는 어디로 끌려가는지도 모른 채 자정이 다 된 시간에 지프차에 실려 연행되었다. 잡혀가면서 생각해보니 이들은 서점 근처에서 잠복하고 있었던 것 같다. 자정이 지나면 나를 체포하려고 했는데 서점의 셔터가 내려지자 근처 다방에서 여자를 시켜 전화로 내가 서점 안에 있는지 확인한 듯했다.

505보안대 지하실의 비명 소리

내가 끌려간 곳은 화정동에 있는 505보안대 지하실이었다. 컴컴한 지하실 복도에는 벌써 고문당하는 사람들의 비명이 낭자했다. 나는 기가 죽어서는 안 된다고 마음속으로 다짐했다. 나를 조사하는 수사관에게 "학생들을 무시하면 안 된다"고 오히려 큰소리를 쳤다. 그러자 뺨을 때리더니 무릎을 꿇렸다. 정강이 사이에 작대기를 집어넣고 밟았다. 저절로 신음이 터져 나왔다. 무얼 정확히 물으려는 것인지 자신들도 모르는 것 같았다. 조사 분위기는 어수선했고, 조사하다가 들랑날랑 갈팡질팡하는 모습이었다. 조사보다는 검거가 더 급한 것 같았다.

"윤한봉은 어디 있나?"

"저녁을 같이 먹었는데 어디로 갔는지 모릅니다."

"박관현은 어디 있나?"

"시청 근처 대지호텔에 있을 겁니다."

"뭐?"

수사관은 조사하다 말고 후닥닥 뛰어나갔다. 나는 방치된 채 혼자 한 시간 가까이 옆방에서 들려오는 비명에 몸서리를 쳤다.

"야 이 개새끼야! 왜 박관현 있는 곳을 빨리 말하지 않았어!"

빈손으로 돌아온 수사관은 나를 냅다 구둣발로 찼다. 거물을 잡을 줄 알았는데, 대지호텔에 가 보니 박관현이 없었던 것이다. 분명히 투숙은 했는데 바로 나갔다고 했을 것이다.

"물어보는 대로 다 대답했잖아요?"

그날 밤부터 지옥 같은 시간이 시작되었다.

2장

서점에서

정현애

남편이 어둠 속으로 사라졌다 _1980년 5월 17일

그동안 이어진 대학생들의 시위가 5월 16일 밤 횃불 시위를 끝으로
소강상태에 들어갔다. 학생들도 민주화에 대한 갈망을 충분히 표현했
다고 생각하고 일단 휴식에 들어간 것이다. 연일 이어진 민족민주화
성회 준비 때문에 북적이던 서점도 좀 조용해졌다. 서점에는 책을 사
러 온 손님들만 간간이 들어왔다. 남편은 전남대 학생과장인 서명원
선생, 윤한봉 선배와 저녁 약속이 있다면서 가톨릭농민회 노금노 총
무가 서점에 오면 바로 연락해 달라고 했다. 윤상원 씨는 나와 함께
저녁을 먹고 난 후 오후 7시경 쉬겠다며 들불야학이 있는 광천동으로
돌아갔다. 나도 일주일 내내 한 시간 넘게 걸리는 장성 삼계중학교까

지 통근하고, 밤에는 민족민주화성회를 준비했기에 며칠째 제대로 잠을 자지 못해 매우 피곤했다. 빨리 자리에 눕고 싶었으나 아직 서점을 닫을 수 없었다. 간간이 책을 사러 오는 손님도 있었고, 누군가 긴급한 일로 상의하러 올지도 몰랐기 때문이다.

윤상원 씨가 가고 나서 얼마 되지 않아 전남대 총학생회 양강섭 씨가 남편을 찾는 전화를 했다. 무언가 긴박하고 흥분한 듯했다. 남편이 식사하러 간 식당 전화번호를 알려 주었다. '무슨 일이 벌어지고 있나?' 그러나 이런 일들이 다반사로 일어나서 대수롭지 않게 생각했다.

저녁 8시가 조금 지났을까. 노금노 씨가 내가 잘 모르는 분과 함께 서점으로 들어왔다. 남편한테 흘려듣기로는 5월 19일 북동성당에서 있을 '농민집회'에 관해 의논하려고 온 것 같았다. 곧이어 남편이 나타났다. 세 사람은 농민회 집회 내용이며 학생들의 지원 방안 등 여러 사안을 주고받다가 때때로 현 시국에 관한 이야기도 했다. 무슨 일인지 세 사람의 표정이 너무 심각해 보였다. 남편은 나에게 먼저 들어가서 자라고 했다.

불길한 꿈을 꾸다 소스라치게 놀라 잠에서 깨어났다. 벌써 밤 11시가 넘어가고 있었다. 손님들이 돌아갔는지 서점은 조용했다. 남편이 불안한 모습으로 말했다.

"여기서 나가야 할지도 모르겠어."

나는 너무 피곤하여 오늘은 자고 내일 생각하면 안 되느냐고 물었다. 그런데 갑자기 전화벨이 울렸다. 남편이 전화를 받았다.

"아니라니까요. 여기 화순 아니에요."

남편은 전화를 끊고 어떤 여자가 자꾸 화순이냐고 묻는 전화를 두 번이나 했다면서 투덜거렸다. 갑자기 셔터를 두드리는 소리가 요란하게 들렸다. 남편은 고개를 갸웃거리면서 셔터를 올렸다. 그러자 밖에서 여러 사람이 남편을 잡아채는 소리가 들렸다. 남편은 나를 향해 큰 소리로 내복을 가져오라고 외쳤다. '내복이 어디 있지? 벽장 속에 있을 거야.' 당황했지만 방으로 뛰어들어 가 벽장문을 열었다. 벽장이 높아 평상시에 의자를 딛고 올라가야만 했지만 그날은 가볍게 몸이 올라갔다. 양말과 웃옷을 들고 밖으로 달려 나갔다. 남편이 옷을 받자마자 그들은 남편을 지프차에 태워 어둠 속으로 사라졌다.

사람 하나가 이렇게 흔적도 없이 사라질 수 있다니! 막막하기만 했다. 후들거리는 다리로 방으로 들어오니 남편이 차던 시계가 눈에 들어왔다. '왜 시계를 못 챙겨 주었지?' 시계가 없어서 남편의 시간이 멈춰 버릴 것만 같았다. 나는 손 하나 까닥하지 못했다. 머릿속도 텅 비어 버린 것 같다. 그 순간 남편의 말이 갑자기 떠올랐다. '알려라.' 유인물 하나가 눈에 들어왔다. 민족민주화성회 때 읽은 유인물 같았다. 주위를 둘러보니 각종 집회 유인물, 전국 운동단체에서 발행한 문건들이 널려 있었다. '어쩌면 이것들이 남편을 옥죄는 증거가 되지 않을까?' 이러고 있을 때가 아니라는 생각이 퍼뜩 들었다. '정말 일이 나 버렸구나. 유인물들을 치워야겠다.' 여기저기에 널려 있는 문건들을 모으기 시작했다. 문건들은 서점 안에도 많이 있었다. 다 모아서 책보자기에 묶은 뒤 우선 창고에 내놓았다. 다시 방 안으로 들어와 찬

찬히 생각을 정리해 보았다.

갑자기 전화벨이 울리다 _1980년 5월 18일 자정

5월 18일 0시 30분경 갑자기 셔터를 두드리는 소리가 요란하게 들렸
다. 오싹했다. 아는 사람이 왔을 수도 있겠다 싶어 문을 열고 나갔다.
키 큰 남자가 들어섰다.

"윤한봉이 있는 데를 아요?"

"모릅니다."

"윤한봉이를 모르요?"

"압니다."

"상윤이는 윤한봉만 잡으면 나갈 것이요. 윤한봉이 때문에 데려간
거요."

"정말 몰라요."

"현대문화연구소는 아요?"

거기는 사무실이기 때문에 밤중에는 아무도 없을 거라고 생각했다.

"여기 옆 건물에 있어요." 그때 다른 남자가 또 들어왔다.

"연구소에는 아무도 없소. 갑시다."

"윤한봉이 있는 데를 알면 광주서부경찰서로 전화하시오. 그러면
상윤이는 금방 나올 것이요."

어림없는 수작을 하고 갔다. 결혼생활 1년 6개월 동안 녹두서점 생
활을 하면서 이런 상투적인 수법은 이미 꿰고 있었다. 일기나 편지조

차 우리를 감시하는 데 써먹지 않았던가?

생각해 보니 앞으로 더 많은 사람을 잡아갈 것 같았다. 또 남편이 연행되었다는 소식을 알려 주어야 다른 사람들도 신속히 대처할 수 있을 것이다. 오밤중이었지만 사방에 전화를 걸었다. 전남구속자협의회 회원들은 집에 전화가 거의 없었다. 교수, 목사, 변호사 등 내가 알고 있는 모든 사람에게 남편이 연행되었다는 사실을 전화로 알렸다. 전남대학교의 명노근 교수와 이홍길 교수 등 전화를 받은 사람들은 모두 침통해했다. 결혼식 주례를 서 주셨던 문병란 선생에게도 전화를 했더니 사모님이 받았다.

"야밤에 웬일이요?"

"상윤 씨가 잡혀갔어요."

"상윤이 삼촌이요? 여기 한봉이 삼촌이 있으니까 바꿔 줄게요."

"윤한봉 씨에게 빨리 숨으라고 하세요. 한봉 씨 잡으러 형사들이 서점까지 왔어요. 절대 연구소에 가면 안 된다고 하세요."

"뭔 일일까? 아무튼 알릴게요. 너무 걱정하지 말아요."

전화를 끊고 나니 큰 한숨이 나왔다. 급한 대로 알려야 할 곳에는 연락을 다한 것 같았다.

그런데 갑자기 전화벨이 울렸다. 수화기를 드는 게 무서웠지만 전화를 받았다. 새벽 2시경이었다. 전혀 모르는 여성의 목소리였다.

"여보세요."

"거기가 어디예요?"

"누구세요?"

"남편이 잡혀가면서 쪽지를 주던데요. 쪽지에 적혀 있는 전화번호로 연락하라고 해서 전화했어요."

"남편이 누군데요?"

"정동년입니다."

"아, 여기는 녹두서점입니다. 남편은 언제 잡혀갔나요?"

"새벽 1시 넘어서요."

"무슨 일이래요?"

"저도 모르겠습니다."

"제 남편도 잡혀갔어요. 내일 만나서 상의하지요. 날 밝는 대로 서점으로 오세요."

남편만 잡혀간 것이 아닌 것 같았다. 도대체 무슨 일이 일어나고 있는지 알 수 없으니 점점 두려워졌다. 그때까지만 해도 정동년이 5·18 내란수괴가 되고, 남편이 내란 중요임무 종사자로 조작되리라고는 짐작도 하지 못했다.

대략적으로 유인물들을 정리했고, 연락할 곳도 다 한 것 같았다. 시댁이나 윤상원 씨 집에는 전화기가 없기 때문에 연락할 수가 없었다. 날이 밝아야만 이웃집에라도 전화를 걸어 상황을 알릴 수 있을 것이다. 이런저런 생각에 시달리면서 뜬눈으로 밤을 새웠다. 두렵고 무서웠다.

상황실이 된 녹두서점 _1980년 5월 18일 새벽

동이 트자 마음이 좀 가라앉는 것 같았다. 새벽 6시경 문을 두드리는 소리에 나가 보니 아기를 업은 박형선 씨 부인 윤경자, 하태수 씨 부인, 문덕희 씨 부인 등 서너 명이 서점에 와 있었다. 송백회에서 같이 활동하는 회원들이었다. 모두 얼굴이 말할 수 없이 초췌했다. 어젯밤 12시 조금 넘어 권총으로 무장한 남자들이 남편들을 연행해 갔다고 했다. 시간이 지나자 10여 명의 여성이 더 모였다. 광주에서 연행된 사람만 10명이 넘는 것 같았다. 윤강옥 씨 부인은 어제 저녁에 남편이 들어오지 않았다고 했다. 서점에 온 여성들은 모두 시댁이나 친정집으로 전화를 했다. 내 동생 정현순도 찾아 왔다. 사정을 들은 동생은 방에 있는 부인들을 위해 아침밥을 짓겠다며 부엌으로 들어갔다. 정현순은 그날 이후 27일 연행될 때까지 식사, 전화, 시위 참여, 화염병 제작, 상황 정리 등 녹두서점에서 하는 모든 일을 도왔다.

곧이어 서점으로 대학생으로 보이는 청년 둘이 들어섰다.

"무슨 일이 일어났습니까? 일찍 학교에 갔더니 총 든 군인들이 왔다 갔다 해서 학교로 들어가지 못하고 여기로 왔어요. 형님은 안 계십니까?"

"어젯밤에 잡혀갔어요. 다른 선배들도 연행되고, 또 다른 민주 인사들도 잡으려고 하는 것 같아요. 학생들도 어서 몸을 피하는 것이 좋겠어요. 계엄령이 확대되었답니다."

"알았습니다. 부디 조심하세요."

"어서 피하세요."

학생들은 전남여고 쪽으로 빠르게 걸어갔다. 그런데 그때 골목에서 건장한 남자들이 튀어나오더니 방금 서점에서 나간 학생들을 잡아가는 것 같았다. 형사인 듯했다. 어젯밤부터 우리 집을 내내 감시했던 모양이었다. '서점에 왔다 가는 학생들을 모두 연행하는 것은 아닐까? 오늘이 일요일이어서 학생과 손님들이 많이 올 텐데……' 두렵고 걱정되었다.

또 다른 학생이 서점으로 들어왔다. 그 학생은 학생회에서 '계엄령이 내리면 도청에서 모이자'고 해서 도청 앞으로 갔더니 아무도 없어서 가까운 서점으로 왔다고 했다. 상황을 설명하고 골목과 연결된 서점 뒷문으로 안내하여 학생을 내보냈다. 곧바로 군대에서 2주일 전에 제대한 시동생 김상집과 윤상원이 도착했다.

전화벨이 울렸다. 시외전화였다. 수화기 너머에서 서울 '국민연합' 간부라면서 광주의 상황을 물었다. 문익환 목사님을 의장으로 둔 '민주주의와 민족통일을 위한 국민연합'에서 인권국장으로 일하는 최형호였다. 서울에서는 김대중을 비롯한 민주 인사들이 많이 연행되었으며, 김영삼은 자택에 연금되었다는 소식을 전해 주었다. 다른 지방에서도 연행된 인사들이 있다고 말했다. 어젯밤 12시를 기해서 신군부에서 일제히 검거령을 내렸다고 했다. 나는 광주에서도 얼추 10여 명이 넘게 연행되었다고 전했다. 그분은 또 연락하자면서 전화를 끊었다. 서울에서 광주의 상황을 알고 있다는 사실이 큰 위안이 되었다.

남편을 연행한 사람들이 광주서부경찰서로 오라고 했는데 이는 새빨간 거짓말이었다. 윤상원 씨가 여기저기 전화를 해 보더니, 연행된 사람들은 우리가 짐작한 대로 경찰서가 아닌 505보안대로 잡혀간 것 같다고 했다. 전남대 박관현 회장은 잡히지 않은 것처럼 보였다. 남편이 잡혀가기 전에 긴급히 연락해서 바로 피신한 것 같았다. 시동생 김상집도 광주서부경찰서에 전화를 해 봤는데 역시나 경찰 쪽에서는 아무것도 모르는 것 같았다. 그러는 사이 학생 여러 명이 왔다 갔다.

전화통이 불나는 것 같았다. 여기저기에서 안부를 물었고, 학생들이 집결 장소를 묻기도 했다. 몸을 피한 사람들도 전화했으며, 지인들이 걱정하며 안부의 전화를 걸어오기도 했다. 서울, 부산, 전주에서도 전화가 왔다. 서울과 전주에도 군인들이 들어왔다고 했다. 나는 전화기 옆을 떠날 새가 없었다.

윤상원 씨는 무슨 일이 있을지 모르니 서점 안에 유인물이나 문건을 잘 정리하는 것이 좋겠다고 말하고는 서가 뒤쪽에서 문건 하나를 들고 나와 나에게 건네주었다.

"이 문건은 절대로 저놈들에게 들어가면 안 됩니다."

무엇이냐고 했더니 노동 관련 문건이라며 남편도 모른다고 했다. 알았다고 대답하고 우선 급한 대로 금고 안에 넣어 두었다.

군인들의 무자비한 구타가 시작되다 _1980년 5월 18일 낮

오전 8시경 전남대 정문 앞에서 학생과 계엄군들이 대치 중이라는 전화가 걸려왔다. 김상집과 윤상원 씨는 전남대 앞으로 가 보겠다며 집을 나섰다. 그 사이에 상원 씨가 맡긴 문건을 그대로 금고에 넣어 두기 꺼림칙하여 부엌에 있는 밥 바구니 속에 넣어 놓았다. 9시경 윤상원 씨에게 전화가 왔다.

"전남대 정문 앞인데요. 군인들이 학생들과 대치하고 있습니다."

"군인들이 있어요?"

"공수특전단이라고 하는데, 완전히 무장하고 사정없이 학생들을 때리고 있어요."

"학생들은 도청 앞이라고 하던데요."

"도청 앞에서 모인다고 알고 있는 학생들이 있으면 전남대 정문 앞으로 오라고 해 주세요."

"알았습니다. 학생들은 얼마나 되는데요?"

"교문 앞에 한 50명쯤……. 여기저기 골목에 숨어 있으니 정확히 잘 모르겠습니다."

전화를 끊고 상황일지에 '9시 전남대 정문 앞 50명 정도. 전남대 정문 앞으로'라고 적었다.

서점에 오는 학생들에게 전남대 정문 앞 상황을 이야기했다. 형사들이 있을 수 있으니 조심하라고 당부하며 책을 한두 권씩 들고 나가게 했다. 돈을 내는 학생도 있었지만 내지 못하는 사람도 그냥 책을 들고 나가게 했다. 형사들과 마주치더라도 책을 사기 위해 들렀다고 둘러대기 위해서였다. 전화로 상황을 물어보는 학생들에게도 그렇게 알렸다. 얼마 후 기막힌 소식들이 들어오기 시작했다. 특전사 출신 군인들이 학생들을 무지막지하게 구타하여 학생들이 피를 흘리면서 끌려가고, 병원으로 실려간다는 것이다. 사람들이 보든 말든 때리는 것은 말할 것도 없고 일부러 보란 듯이 더 두들겨 팬다는 내용이었다.

오전 10시경 윤상원 씨에게 다시 전화가 왔다.

"지금 대학생들이 신역(기차역)으로 가고 있습니다. 공용터미널을 지나 도청 쪽으로 갈 것 같습니다. 학생들에게 그렇게 알려 주세요."

"전남대 정문 앞으로 가라고 했는데…… 알았습니다."

"학생들이 지금 한 200명쯤 되는데 점점 불어나고 있어요. 금남로로 나가면 서점으로 가겠습니다."

"예."

일지에 그대로 적었다.

집으로 돌아갔던 연행자 부인들이 다시 서점으로 왔다. 곧이어 '펑' 하는 소리가 들렸다.

"군인들이다!"

사방에서 외치는 소리와 함께 매캐한 최루가스 냄새가 났다. 동생 정현순과 내 친구 윤영숙은 얼굴을 감싸며 서점으로 뛰어들어 왔다. 윤영숙은 해남에서 교사로 재직하고 있었는데 주말이어서 서점에 찾아왔었다. 서점에 온 김에 정현순과 함께 금남로에 나갔다가 곤봉으로 등을 세게 맞았다고 했다. 나는 바로 셔터를 내렸다. 문을 내리자마자 셔터를 두드리는 소리가 났다. 살펴보니 윤상원과 김상집 그리고 알 만한 후배들과 상당수의 대학생들이 서 있었다. 얼른 서점 안으로 들어오게 했다.

그들에 의하면, 학생들이 전남대 정문 앞에서 공용터미널을 지나 금남로로 나오자 도청 앞에 있던 군인들이 "와" 하는 소리와 함께 최루탄을 터트리면서 학생들에게 사정없이 곤봉을 휘둘렀다고 한다. 금남로 일대에서 군인들의 무자비한 공격으로 학생 시위대가 흩어지고 말 았다는 것이다. 계엄군들이 골목으로 피하는 학생을 쫓아가서 사정없 이 곤봉으로 때리고, 학생들이 쓰러지면 질질 끌고 갔다고 했다. 군인 들은 술에 취한 사람처럼 미친 듯이 사람들에게 달려들어 폭력을 가하 고, 심지어 이에 항의하는 노인까지 곤봉으로 마구 때렸다고 했다. 거 리는 공포의 도가니로 변하고 있었다. 정말로 군인의 세상이 되는 것 인가? 서점으로 피한 학생들 중에도 피를 많이 흘리는 학생이 있어 우 선 집에 있는 구급약으로 응급조치를 했다. 곧 집에 있는 구급약이 동 이나 버렸다. 밖으로 나가 약과 치약, 샴푸, 초를 많이 사 왔다. 최루탄 에 대비하고 시위하는 학생들에게 나눠 주기 위해서였다.

　서점에 모인 학생과 시민들은 보고 들은 이야기를 서로 전했다. '경 상도 군인들이 전라도민을 다 죽이러 왔다더라.' '군인들을 사흘간 굶 긴 후에 약을 먹였다더라.' '군인들이 북한 간첩놈들 다 죽여 버리겠 다고 말했다더라.' 등등. 시위하는 학생들은 말할 것도 없고 길에서 구경하는 사람들도 두들겨 패서 끌고 가고, 상가에서 내다보는 사람 들도 2층까지 올라가 곤봉으로 때려 끌고 갔다고 했다. 그 이야기를 듣고 있던 우리들은 모두 경악하면서 벌벌 떨었다. 남편들이 대부분 민청학련 사건이나 민주화운동에 연루된 사람들이었기에, 계엄군이 무고한 시민에게 이토록 무자비하다면 남편들에게는 어떻게 할 것인 가 걱정이 들었기 때문이다. 그때 누군가가 잡혀간 사람들에게 면회 가는 일보다 다른 민주 인사들을 피신시키는 것이 급선무라고 이야기 했다. 잡혀간 사람들은 어쩔 수 없지만 그렇지 않은 사람은 절대 잡혀

가게 해서는 안 된다는 말이었다. 걱정만 하고 있을 수는 없었다. 우선 우리가 할 수 있는 일을 윤상원 씨와 함께 정리해 보았다.

> 첫째, 상황을 간략하게 정리해 놓는다. 피신한 사람, 궁금해하는 사람, 다른 지역에서 상황을 물어 오는 사람들에게 정확한 내용을 전하자.
> 둘째, 될 수 있는 한 많은 사람이 잡히지 않도록 연락을 한다. 특히 전남대 학생회장 박관현과 회장단들이 잡히지 않도록 해야 한다.
> 셋째, 이 상태로는 시위가 그냥 사그라들지 않을 것 같다. 또한 시위가 시내 쪽에서 일어날 가능성이 많기 때문에 서점은 계속 열어 놓는다.

서점에 있는 식량이 금방 동이 났다. 서점에 들르는 사람들에게 식사를 대접할 수 있도록 부인들도 반찬을 가져오기로 했다. 나는 부상당한 사람이 많이 올 것 같아 근처 약국에서 약품을 더 사 왔다. 주로 붕대와 반창고, 소독약 정도였다. 약국 주인은 상황을 짐작했는지 물건 값보다 더 많은 약품을 주었다. 윤상원 씨와 시동생은 다시 거리로 나갔고, 서점에는 여성들과 학생들이 계속 들락날락했다. 나는 상황을 정리하여 그들에게 알려 주었다.

전화벨이 요란스럽게 울렸다. 시외에서 오는 전화가 많았다. 이번에도 아침에 통화했던 국민연합 간부 최형호의 전화였다. 서울에서도 많은 사람이 잡혀갔고, 곧 시위에 들어갈 준비를 하고 있다고 했다.

"시위가 곧 전국적으로 일어날 것이니 광주에서 계속 버텨 주십쇼."

전주에서 연락이 왔다. 전북대 앞에서 시위를 하다가 학생들이 연행됐다는 것이다. 안동과 원주에서도 전화가 왔다. 내 전화를 받고 피신한 전남대 교수님들, 황석영 씨 등 다른 지역으로 볼일 보러 간 사람들도 사정을 알아보기 위해 전화를 했다. 오후 3시경 박관현 학생회장 심부름이라며 누군가가 조심스럽게 전화를 했다. 현재 자신들은 담양에 있으며, 남편 김상윤과 윤상원 씨의 안부 그리고 광주 사정을 물었다. 그동안의 상황을 간단하게 알려 주었다. 지금은 나올 때가 아니니 잘 숨어 있으라고 했다. 윤상원 씨도 그렇게 생각하고 있다고 전했다.

그 사이에도 많은 사람이 서점에 들렀다. 청년들과 학생들이 드나들면서 거리에서 싸운 이야기, 목격한 이야기를 전해 줬다. 서점에서 이 상황을 지켜보던 시부모님과 친정어머니는 서점을 닫고 집으로 가자고 하셨다. 하지만 갈 수 없었다. 계속해서 산발적으로 시위 소식이 들려왔다.

해가 넘어갈 무렵 7시쯤 되었을까? 요란한 사이렌 소리가 들려 나가 보았다. 서점 건너편 병원으로 온몸이 축 처진 남자 한 명이 들것에 실려 옮겨지고 있었다. 군인들이 때려서 데려가는 것을 보고 학생과 시민들이 계속 소리치며 쫓아갔더니 그냥 두고 갔다는 것이다. 때마침 지나가던 구급차가 있어 가까운 병원으로 옮기는 중이라고 했다. 곧바로 들것이 나왔다. 상처 부위가 커서 개인병원에서 치료할 수 없어 대학병원으로 가야 한다고 했다. 머리에 흐르는 피를 보니 마음이 더욱 어지러웠다. 차가 떠났다. 살아 있기를, 나쁜 일이 일어나지 않기를 바랐다. 밖에 나갔던 윤상원 씨와 시동생이 돌아온 뒤 소식지를 만들자는 이야기가 나왔다.

"궁금해하는 시민과 학생들이 많은데 방송과 신문에서 제대로 싣지 않으니 오늘 일어난 일을 알려야 할 것 같습니다."

"전화로도 알리긴 하지만 한계가 있어요. 필요한 일인 것 같아요. 그런데 어떻게요?"

"서점에서는 어렵고, 광천동에 가서 소식지를 만들어야겠습니다. 야학에서 쓰는 등사기가 있으니 강학이나 야학생들과 함께 만들 수 있을 것 같습니다."

"내용은 오늘 상황을 정리한 것으로 하고, 종이가 필요할 것 같은데요."

따로 가진 돈이 없어서 금고를 열어 보았다. 오늘 서점에 온 사람이 많더니 책이 제법 팔렸나 보다. 식량과 약품 그리고 치약도 샀지만, 금고에는 19만 원이 넘는 돈이 있었다. 이 돈을 윤상원 씨에게 주었다.

"무슨 일이 있으면 이 돈은 내가 월급을 타간 것으로 정리합시다."

나는 그러자고 했다. 이런 일이 항쟁 기간에 계속 이어졌다. 그가 광천동으로 가고, 나머지 사람들도 모두 돌아간 뒤 홀로 서점에 있으니 연행된 남편이 금방이라도 돌아올 것 같았다. 부상당한 학생들이 무사히 집에 갔는지 걱정되었다. 내일은 어떤 일이 벌어질까? 불안이 옥죄여왔다.

"광주는 어떻게 되어 가고 있습니까" _1980년 5월 19일 오전

아침 일찍 유인물과 편지 등을 들고 안채 부엌으로 갔다. 주인 할머니가 부엌에서 불을 지피고 계셔서 같이 태워 달라고 부탁했다. 시동생 김상집도 일찍 나왔다. 7시경 손님이 한 분 찾아왔다. 전화로만 목소리를 주고받던 서울 국민연합의 최형호 씨였다. 국민연합에서 직접 광주의 상황을 알아보기 위해 보냈다고 했다. 뒷방으로 안내했다. 머지않아 서점에 도착한 윤상원 씨는 유인물 한 장을 들고 왔다. 민주 인사 연행 소식과 18일 시위 내용을 간단하게 16절지 갱지 위에 등사한 최초의 소식지였다. 아침 일찍 전부 배포했다고 했다.

최형호 씨는 5월 20일에 국민연합에서 전국 동시다발적으로 시위를 준비하고 있으니 20일까지 계속 시위를 해 달라고 했다. 그의 말에 우리는 무척 고무되었다. 내일이면 전국에서 시위가 벌어진다고 생각하니, 광주에 있는 민주 인사들이 고립된 채 외롭게 혼자 싸우지 않아도 될 것 같았다. 최형호 씨는 서점 뒷방에서 윤상원과 의견을 나누고 돌아갔다.

윤상원과 김상집, 정현순과 나는 어제에 이어 오늘도 계속 이곳저곳에 연락하고 조직을 점검하며 상황을 분석했다. 시위에 직접 참여하는 사람들에게는 자신을 보호하기 위해 송곳과 면도칼이라도 소지하라고 전달했고, '공수가 곤봉으로 내리치면 일단 머리를 막아 쓰러지지 않도록 한 후 오른손으로 칼이나 송곳으로 공수 허벅지를 찌르고 도망가라'는 행동 요령을 알려 주었다.

회의를 마친 뒤 현순이는 회사에 출근하러 갔고, 나는 아무래도 학교에 출근하는 것이 어렵다고 생각해 연가를 내려고 학교로 갔다. 교실에 들어가니 아이들의 얼굴이 활기차 보였다. 교무실에 있는 교사들도 별다른 동요가 없는 듯했다. 조회가 끝난 후 교장, 교감 선생님께 사정을 말하고 조퇴 허락을 받았다. 그때까지만 해도 조퇴가 4개월 넘게 이어지리라고는 꿈에도 생각하지 못했다. 퇴근 준비를 하고 장성에서 광주로 가려고 교문을 나서는데 선생님 한 분이 나에게 다가왔다.

"소식 들었습니다. 김상윤 형님의 후배입니다. 걱정되시겠습니다. 얼마 안 되지만 사식이라도 넣어 주십시오."

그러고는 봉투를 손에 쥐여 주었다. 갑자기 울컥해 눈물이 나올 것 같았다.

"감사합니다. 제가 아직 선생님 성함을 모릅니다."

"삼계고등학교에 근무하는 국어선생이라고 하면 아실 겁니다. 어서 가 보십시오."

짧은 인사를 남기고 그는 교실 쪽으로 걸어갔다. 이름을 모르는 편이 나을 수도 있다고 생각하며 버스를 탔다.

버스가 광주 시내로 진입하자 시내가 뒤숭숭하다는 느낌을 받았다. 10시경 버스정류장에 도착하니 사람들이 여기저기에서 수군거렸다. 무슨 일인가 싶어 옆에 있는 아저씨에게 물어보았다.

"이 앞으로 데모하던 학생들 무리가 지나갔는데 군인들이 쫓아왔어요. 학생들이 다급해서 대합실로 뛰어들었는데, 군인들이 다짜고짜 때리고 쓰러진 학생들을 화장실로 질질 끌고 가더니 트럭에 싣고 갔답니다. 두 명은 이미 숨이 끊어졌대요. 무서운 세상이에요."

도저히 이해할 수 없었다. 머릿속이 하얘졌다. 사람이 죽었다는 화장실로 가 봤다. 이미 청소부 아주머니들이 닦아 놓아서 흔적도 남아 있지 않았다. 서점으로 가기 위해 정류장 밖으로 나왔다.

군인들이 길 양쪽으로 2미터 정도 간격을 두고 총을 들고 서 있었다. 총 끝에 대검이 꽂혀 있었다. 대검의 날이 반짝거렸다. 서점에 무슨 일이 생기지 않았는지 걱정되어 달려가고 싶었지만 발이 떨어지지 않았다. 빠르게 걸어가는데 군인 목소리가 들렸다.

"광주 놈들 다 때려 죽여야 해."

뒤돌아보지도 못하고 계속 걸었다. 네거리를 건너자 더 이상 군인들은 없었다. 서점에 도착하니 등이 땀으로 흥건히 젖어 있었다. 서점 안에는 어제와 마찬가지로 여자들과 학생들 그리고 처음 보는 일반인들이 가득했다. 서점 안에 있는 모든 사람에게 눈인사를 했다.

"정류장에서 내리자마자 거기서 사람이 죽었다고 하는데 무슨 말이에요?"

상황을 정리하고 있던 윤상원과 김상집에게 물었다.

"우리도 그 소식을 들었습니다. 그곳에서 시위하다 도망친 학생들이 이리로 왔어요."

"어떻게 시민들이 다 보는 앞에서 그럴 수가 있습니까? 더군다나 거기는 전라도 각지로 가는 시외버스와 전국 고속버스가 왕래하는 곳인데 일부러 시민들 보라고 하는 것처럼……."

"시내에서도 학생들이 조금만 모이면 군인들이 마구 때리고 잡아가고, 항의하는 시민들도 마구 때리고, 무조건 옷 벗기고. 심지어 여

학생들도 옷 벗기고 때려서 잡아간다는군요."

저마다 보고 들은 참상을 이야기했다.

"이 군인들은 공수특전대로 간첩 잡는 부대라는데요. 월남에서 제일 사람을 많이 죽인 군인들이라고 합디다."

"이런 난리는 생전 처음이에요."

"인민군 점령 때도 이렇지는 않았대요."

"부상당한 학생을 싣고 가는 택시기사도 잡아서 때린답니다."

계엄군이 시민을 자극할수록 시위에 참여하던 시민과 학생, 여성들이 점점 더 많이 서점으로 몰려들었다.

1980년 5월에 특별히 광주만 데모를 많이 한 것은 아니었다. 전국 곳곳에서 데모가 일어나고 있었다. 무슨 영문인지 모르겠지만 광주가 덫에 걸려든 것 같았다. 거대한 음모에 휩싸인 기분이랄까.

계속해서 많은 전화가 왔다. 주로 시외에서 문의가 와 우리는 상황을 더 자세히 정리해 놓아야 했다. 오후 5시경에 남편 친구인 위상복 씨가 독일에서 전화를 걸어왔다. 나는 광주 상황을 자세히 말해 주었다. 이 내용은 곧 독일 교포들에게 알려졌다고 한다. 남편의 또 다른 친구인 CBS 기자 송정민 씨에게서도 전화가 왔다. 국회를 출입하는 기자여서 많은 사실을 보도해 달라고 요청했고 다른 언론사에도 알려 달라고 했다. 정보를 전달해 주는 사람도 많았다. 그중 한 분이 김상형 전남대 사회학과 교수였다. 그는 군부대의 이동 상황을 알려 주었다. 5월 18~19일에는 7공수가 투입되었으며, 19일에 11공수, 20일은 3공수, 20사단이 투입될 거라고 알려 주었다. 특히 부산항에 미 항공모함이 도착했다는 소식까지 전해 주었다. 항공모함에서 헬리콥터가 떴는데 10분 후면 광주 상공에 나타날 것이라고 알려 주었다. 실제로 10분 후에 헬기가 우리를 지켜보며 저공비행을 했다. 김상형 교수의 정보는 모두 정확했다. 그러나 나는 그를 잘 몰랐기 때문에 전적으로 믿지는 못했다.

시위에 참여한 사람들에게 소금을 넣어 만든 주먹밥을 한 덩이씩 나누어 주었다. 모두 두려워했지만 옆에 아는 얼굴들이 있어서인지 시간이 지나자 사람들의 얼굴이 조금씩 펴지는 것 같았다.

"아따, 이렇게 먹어도 맛있소!"

"형수는 이럴 줄 알고 쌀을 많이 사 놨소?"

"쌀을 많이 사 놓긴 했는데, 어제 오늘 밥을 어찌나 먹었는지 쌀이 거의 떨어져가네요. 쌀 사러 가야겠습니다."

"내일 집에서 좀 가져올게요."

"어제 오늘 여기서 밥 먹은 사람이 다 가져오면 쌀 부자 되겠네."

"형은 잡혀갔지만 형수님은 부자 되니 좋겠소."

그 말에 모두 웃었다. 그렇게 웃으니 기분이 좋아졌다. 공포도 걱정도 잠시 멈춘 것 같았다.

윤상원 씨가 밖에서 싸운 이야기를 들려줬다. 양동 복개상가 쪽으로 쫓겨 가는데, 군인 한 명이 무리에서 떨어져 계속 쫓아왔다는 것이다. 쫓기던 시민들이 그 군인이 혼자라는 것을 알고 뒤돌아서 군인에게 덤볐는데, 그 군인은 철모를 시민들에게 빼앗기고 두들겨 맞다가 다른 군인들이 오자 겨우 도망갔다고 한다. 다른 학생도 군인들에게 쫓겨 골목에 혼자 숨었는데, 골목 밖에서 많은 사람이 소리를 치니까 쫓아오던 군인이 겁을 먹고 도망쳤다고 했다. 윤상원은 비록 무장한 계엄군이더라도 여러 사람이 함께 덤비면 해 볼 수 있다고 했다. 시위에 참여하는 시민들도 점점 많아졌다. 시민들은 계속해서 자신들을 대변할 지도부를 요구하고 있었다.

'아침에 의논한 대로 우리들도 대여섯 명이 뭉쳐서 다니자', '혼자 떨어져 나온 군인이 있으면 품에 지닌 송곳이라도 들고 싸워 보자' 등의 이야기들을 주고받았다. 비장함과 동시에 함께해야 한다는 생각도 많이 했다. 서점에 있던 이들은 식사를 하고 다시 거리로 나갔다. 나는 서점에 남아서 다친 사람들을 치료했는데, 어느새 방에도 부엌에도 뒷문 밖에도 사람들이 넘쳐 났다.

계속해서 상황일지를 정리하며 전화에 응대했다. 서울 국민연합의 최형호 씨가 또 전화를 했다.

"광주는 어떻게 되어 가고 있습니까?"

"학생과 시민들이 계엄군 물러가라고 외치고 있습니다. 다친 사람도 많고 끌려간 사람도 많아요. 죽은 사람도 있습니다. 그러나 시민들은 계속 싸우고 있습니다."

"고생이 많군요. 광주는 역시 대단합니다. 다른 지역에서도 곧 일어날 겁니다. 조금만 버텨 주십시오. 불이 꺼지면 안 되거든요."

"이러다가 광주만 죽게 될 것 같아요. 빨리 움직여 주셔야 합니다."

"알았습니다."

점심시간이 지나자 남편의 지인들이며 후배들이 소식을 듣고 많이 찾아왔다. 그중에서 전홍준, 이양현, 정상용 씨가 보였다. 이 세 사람이 오니 어쩐지 힘이 났다. 운동권 일선이라 할 만한 사람들은 잡혀갔거나 피해 있는 중이었고, 운동권 이선이라 할 수 있는 들불야학이나 극단 광대 사람들이 전면에 나선 상황이었다. 전홍준, 이양현, 정상용은 오래전부터 이른바 운동권에 몸담았던 사람들이었기에 나는 심리적으로 의지하고 싶은 마음이 들었다. 사실 그동안 윤상원 씨가 운동권 선배들과 접촉하기 위해 매우 분주하게 움직였으나 별 소득이 없어 보였다. 이제 윤상원도 앞으로 이 세 사람과 함께 의견을 나눌 것이다.

송백회 회장이자 황석영 선생의 부인인 홍희윤, 들불야학을 돕던 서울대 제적생 전복길의 어머니도 오셨다. 그동안 윤상원과 김상집하고만 의논하다가 같이 상의할 수 있는 사람이 많아지니 정말 반가웠다. 홍희윤 회장은 이번에 녹두서점의 역할이 정말 크다고 말했다. 전복길의 어머니는 박관현이 잡혀서 죽었다는 소문이 퍼져 있다고 전해 주었다.

"아무래도 전남대 학생회가 이 상황에서 지도부가 되어야 하는데 아직도 모습을 드러내지 않는 것을 보니 이미 죽은 모양라고 짐작하고 소문이 난 것 같습니다." 윤상원이 말했다.

정상용은 남편의 운동권 후배로 보성기업에 근무하고 있었다. 이양현 역시 남편의 후배로 노동운동 조직을 만드는 데 열중하고 있었다. 이양현은 노동운동을 하는 사람들이 전면에 나서면 일을 더 위험하게 만들 수도 있다며 걱정을 했다. 극단 광대 대표인 박효선은 본인은 함께하겠지만 이렇게 위험한 상황에 단원들을 불러 모으는 일이 솔직히 어렵다고 했다.

나는 윤상원, 김상집, 정상용, 이양현, 박효선과 함께 상황을 정리해 보았다.

계엄군의 무자비한 진압에 분노한 시민 학생들이 대규모로 저항하고 있으나, 이 움직임은 자연발생적인 것이어서 오래 지속되기 어렵다. 반드시 지도부가 있어야 한다. 우선 지도부가 만들어질 때까지 우리가 할 수 있는 한 최선을 다하자.

계엄군은 시민과 학생들을 완전히 적으로 여기는 것 같다. 무자비한 진압은 시위를 막기 위한 것이 아니라 의도적으로 더욱 자극하기 위한 도발 같다.

시민과 학생들은 혼란과 공포 속에서도 상황에 맞는 대책을 제시하고 적절히 잘 대응하고 있다. 젊은 학생들을 살리기 위해 시민들이 동참해야 하고, 반드시 학생지도부가 전면에 나서야 한다.

현재 유언비어가 지나치게 난무하고 있고, 이 상태로 가면 분노한 시민들이 어떤 일을 저지를지 모른다. 학생지도부가 전면에 나서야 하고, 평상시 민주화운동을 주도했던 사람들도 나와서 일반 시민을 대표하는 지도부를 만들어야 한다. 그러나 전남대 총학생회는 일부 연행되었고 나머지는 대부분 피신했다. 게다가 운동권 일선에 있던 사람들도 예비검속되었거나 피신한 상태에서 어떻게 지도부를 만들어야 할지 난감하다. 이 혼란의 책임을 결국 민주화운동을 했던 사람들에게 모두 뒤집어씌울 것이 뻔하지 않은가?

우리가 지금 할 수 있는 탁월한 묘책이 떠오르지 않는다. 그러나 자발적으로 참여하는 시민들을 그대로 내버려 두고 보고만 있을 수는 없다. 계엄군에 저항하는 시민들은 평소에 민주화운동을 해 본 사람들이 아니어서 계엄당국에 요구하는 내용도 중구난방이며, 오직 살상을 일삼는 계엄군을 몰아내기 위해 주변에 있는 돌멩이나 던지고 목이 쉬도록 외치는 일을 하고 있을 뿐이다. 우리들이라도 중심이 되어 시민들과 함께 조직적으로 싸우는 방법을 찾아야 한다. 시위 소식과 시위의 정당성 그리고 우리의 요구를 명확히 밝히는 소식지를 만들자. 부상자를 치료하고, 밥과 물을 제공하며, 최루탄 가스를 피하기 위해 치약이나 랩을 준비하자!

도망가야 하는가, 함께해야 하는가 _1980년 5월 19일 오후

오후가 되면서 여기저기에서 일어나고 있는 시위 소식이 계속 들려왔다. 시민들의 저항이 불어나고 있었다. 구호를 외치면서 시위를 하거나 돌멩이를 나르기도 하고, 물을 떠오는 여성들도 점점 늘어나 시위대에서 여성들이 거의 반을 차지할 정도라고 했다. 군인들도 부모가 있으니 나이가 많은 사람에게 함부로 하지 못할 거라면서 앞장서는 어르신도 있다는 소식도 들렸다.

오후 3시경 상황을 정리해 놓고 나니 밖의 사정이 궁금했다. 잠을 제대로 자지 못해 머리가 지끈거렸다. 동생과 함께 금남로로 나가 보니,

중앙교회 네거리에 많은 사람이 모여 있었다. 어제 서점에 들렀던 학생이 대중 앞에서 연설을 하고 있었다. 시민들은 "나가자! 나가자!" 하고 소리치며 모두 일어나서 도청 쪽으로 나아갔다. 저만큼 군인들이 보였다. 몸이 떨렸다. 동생과 손을 잡고 "물러가라! 구속자를 석방하라!"고 외쳤다. 시민들과 함께 어깨를 걸고 스크럼을 짰다. 철거덕 철거덕 하는 군홧발 소리와 함께 군인들이 달려오며 최루탄을 던졌다. "앉자, 앉자" 하고 누군가 소리쳤지만 너무 매운 최루가스 때문에 아무것도 보이지 않았다. 사람들은 흩어졌고 나는 동생과 함께 골목으로 뛰었다. 숨이 차서 달리기도 힘들었다. 사람들은 신발이 벗겨져도 그대로 달렸다. 쓰러진 사람도 있었다. 저만큼 가게 문을 닫고 있던 사람이 빨리 들어오라고 손짓하는 모습이 보였다. 우리는 가게로 뛰어들어갔다. 군인들이 가게 앞을 지나갔다. 굳게 닫힌 가게 안에는 촛불이 켜져 있었다. 누군가가 물을 줘서 급히 마시고 둘러보니 우리 말고도 일고여덟 명이 보였다. 우리는 가게 주인에게 고맙다고 인사했다. 최루탄은 정말 매워서 견디기 힘들었다. 골목이 조용해진 뒤 한참 후에 우리들은 눈인사를 하고 가게를 나와 서점으로 향했다.

서점에 도착하니 많은 사람이 모여 있었다. 방금 현장에서 만났던 사람들도 있었는데 서로 경험한 이야기들을 주고받았다. 방 뒤쪽으로 가니 김효석과 김병인 학생이 병에 무엇을 담고 있었다.

"이게 뭐예요?"

"화염병인데 형수님은 모르는 일로 하세요."

"여기는 워낙 사람들이 많이 오는 곳이에요."

"압니다. 재료도 없어서 만들기도 어렵습니다."

현장 상황에 대해 한참 이야기를 나누는데 생머리에 미니스커트를 멋지게 입은 예쁜 아가씨가 서점으로 들어왔다. 아는 사람이 아니었다. 남편의 주변에도 이런 여성은 없었다. 세련된 옷맵시나 풍기는 분위기가 서점에 오는 사람과는 많이 달랐다. 그녀는 남편의 후배인 박몽구와 같이 학습했다며 '고등학생들을 데모에 가담하게 할 수 있다, 박관현 회장과 연결해 달라'는 상식 밖의 말을 횡설수설 늘어놓았다. 순간 의심이 들었다. 끊임없이 여기저기를 살피며 방 안을 들여다보았기 때문이다. 잘 모르겠다고 했더니 갑자기 그 여자는 휙 돌아서서 나가 버렸다. 뒤따라가 보니 저만치 총총 걸어가고 있는데 그 앞에 남자들 두세 명이 보였다. 그녀와 아는 사이처럼 보였다. 소름이 돋았다. 우리를 계속 감시하는 것 같았다. 뒤에서 보고 있던 동생과 다른 사람들도 꼭 프락치나 정보과 형사 같다고 했다. 잡아서 족쳐야 하는데 그냥 보내서 아쉽다는 이야기가 뒤에서 들려왔다. 다시 불길한 느낌이 들었다.

오후 4시경 갑자기 밖이 소란해졌다. 노랫소리가 들리고 이어서 힘찬 구호도 들렸다. 밖으로 나가 보니 시위대들이 서점 앞 4차선 도로에 가득 차 있었다. 옆 가게에서 셔터를 내리는 소리가 들렸다. 시위대와 5미터 정도 간격을 두고 군인들이 발을 맞춰 서 있었다. 시위대 속에서 구호가 터져 나왔다.

"군인들은 물러가라!"

"물러가라! 물러가라!"

군인 속에서 "앞으로!" 하는 구령소리가 나자 군홧발 소리에 땅이 쿵쿵 울리는 것 같았다. 군홧발을 굴리는 소리가 엄청 크게 들렸다. 군인들은 "잡아라!" 하는 고함을 지르며 곤봉으로 무자비하게 시민들을 때리기 시작했다. 곤봉에 맞은 사람들은 그 자리에서 바로 고꾸라졌다. 시위대들은 모두 도망쳤고, 군인들은 "와!" 하는 함성을 지르며 시위대를 뒤쫓아갔다. 시위대가 도망간 자리에서 군인들은 피투성이가 된 사람들을 볏단 던지듯이 트럭 위로 던졌다. 사람 위에 사람이 포개졌다. 여기저기서 비명이 터져 나왔다.

'대낮에 이럴 수가…….' 안에 있던 우리들은 하얘진 얼굴로 서로를 쳐다보았다.

서점에서 바라본 바깥 풍경은 가로수도 도로도 얼어붙어 있는 것 같았다. 윤상원 씨와 학생들이 들어왔다. 학생들과 같이 산수동 오거리 쪽으로 도망가다가 파출소 앞을 지나가는데 형사들이 나와서 뭐라고 하자 학생과 시민들이 파출소를 공격했다고 했다. 뒤따라 박효선 씨도 허겁지겁 들어와 이야기했다. 시위대들이 지나간 거리, 그러니까 청산학원 모퉁이를 돌아 10미터 정도 올라갔더니 한 남자가 쓰러져 있고 사람들이 그를 둘러섰다고 했다. 남자는 흥건히 피를 흘리고 있었는데, 자세히 보니 배가 갈라진 상태로 창자가 쏟아져 내용물이 흩어져 있더라는 것이다. 쏟아진 내용물 중에 보리 밥알이 선명히 보였다고 했다. 누가 전화를 했는지 구급차가 와서 사람들과 함께 차에 실어 주고 오는 길이라고 했다.

갑자기 세상이 달라졌다. 도망가야 하는가? 시민들과 함께해야 하는가? 그럴 힘이 있는가? 앞날은커녕 내일 일도, 지금 이 순간도 어찌해야 할지 몰라 답답했다.

9시 통행금지 시간이 거의 다 되어갈 무렵, 시동생 김상집이 친구 몇 명과 함께 서점으로 들어왔다. 낮에 무척 덥더니 비가 오는 듯했다. 김상집은 시위대와 함께 군인들에게 쫓기다가 시위대가 담양 쪽으로 넘어가자 옆으로 빠져 서점으로 왔다고 했다. 나는 지금은 통금 때문에 산수동 집으로 갈 수 없으니 여기서 자고 가라고 한 후, 대충 남아 있는 밥으로 저녁을 준비해 주었다.

통금이 지난 후에도 여기저기에서 계속 전화가 걸려왔다. '군인들이 지나가는 사람을 마구잡이로 잡아간다.' '민간인 집으로 다짜고짜 들어와 안방까지 흙 묻은 군홧발로 쳐들어와서 항의하면 무조건 곤봉을 휘두른다.' 주로 양동이나 유동처럼 상무대와 가까운 곳에서 온 전화였다.

마음이 점점 조급해졌다. 낮에 찾아온 낯선 여자 말고도 또 다른 누군가가 서점을 계속 감시하고 있는 것 같았고, 전화로 험악한 시내 상황을 들으니 형사나 군인들이 불시에 서점에 쳐들어오지 않을까 불안이 엄습했다. 나와 동생 정현순은 서점 주인과 동생 사이라 크게 위험할 것 같지는 않았지만, 만약 군인들이 서점을 급습한다면 남자들은 무사하지 못할 것 같았다. 그렇다고 지금 집으로 돌아가면 더욱 위험할 듯했다. 생각을 하다하다 부엌 뒤로 나가 창고 위 옥상으로 올라갔다. 캄캄한 하늘에 비가 부슬부슬 내리고 있었다. 옥상 바닥에 신문지를 깔고 우산 두 개를 펴서 맞대어 놓으니 제법 피난처 같았다. 여차하면 시동생과 학생들을 이곳으로 피신시킬 참이었다.

피난처를 거의 다 만들었을 즈음, "와" 하는 함성 소리가 주택가에서 울려 퍼졌다. 급히 옥상에서 내려와 방에 있는 사람들에게 무슨 일이냐고 물었더니, 방금 9시 뉴스에서 '광주에서 폭도들이 날뛰고 있다. 군인들의 희생이 많다. 민간인 부상자는 두 명 정도 났다'고 보도했다는 것이다. 기가 막혔다. 여차하면 죽을 수도 있는 폭력 앞에서 살기 위해 항의하는 시민들을 폭도라고 하다니! 수없이 차에 실려 어디론가 끌려가고, 곤봉에 맞아 쓰러진 그 많은 사람을 보고도 부상자가 고작 두 명이라니! 주택가의 함성은 이 어처구니없는 보도에 기가 막힌 시민들이 터뜨린 분노의 탄식이었다.

내일은 또 어떤 상황이 벌어질까? 우리는 도대체 앞으로 어떻게 해야 하나? 이제는 시민들의 분노가 쉽게 수그러들 것 같지 않았다. 시민들의 봉기가 계속된다면 우리도 피할 수는 없었다. 서점 문을 닫을 수도 없었다. 이 일로 구속되거나 교사를 그만둬야 하더라도 어쩔 수 없는 일이 아닌가?

왜 진실을 방송하지 않는가 _1980년 5월 20일

잠시 벽에 기댄 채로 잠이 들었나 보다. 동생이 깨웠다. 비가 그치고 날이 환하게 밝아오고 있었다. 6시경 상황을 살펴보기 위해 가톨릭센터 앞에 가 보았다. 아파트와 가톨릭센터 사이에 주차장이 있었는데 사람들이 물로 주차장 청소를 하고 있었다. 주차장 주변에는 핏자국이 그대로 남아 있었다. 몸서리가 쳐졌다. 금남로에 가 보니 군인들이 죽 늘어서 있었다. 길옆에는 다급하게 피했던 사람들의 신발이 산처럼 쌓여 있었다. 눈물이 솟아올랐다. 하지만 눈물을 흘리면 이들에게 모욕을 보여 주는 일이라고 생각했다. 이후에도 눈물이 나올 때면 이 생각을 하면서 참고 참았다.

가톨릭센터 앞에 사람들이 웅성거리고 있어 안에 들어가 보았다. 치우지 못한 시체 두 구를 옮기고 있는 중이라고 했다. 즉시 서점에 전화해 시동생 김상집에게 상황일지에 적어 놓으라고 했다. 나는 비통한 마음으로 서점으로 돌아왔다.

잠시 후 방 창문을 두들기는 소리가 들려 나가 보니 윤상원과 서대석 씨가 있었다. 서대석은 들불야학에서 강학으로 활동하는 전남대생으로 윤상원의 후배였다. 박효선과 함께 만든 유인물을 자전거에 500매쯤 싣고 왔다. 들불야학 학생과 강학들은 밤새서 만든 유인물을 시내 각처에 뿌리러 나갔고, 자신들은 서점에도 나누어 주기 위해 30~40여 장씩 묶어 이곳으로 왔다고 했다.

우리는 우선 식사부터 했다. 반찬이라야 젓갈 한 가지였다. 그때 김효석이 대동고생 세 명을 데리고 들어왔다. 그들에게 주먹밥을 하나씩 주었다. 이들은 식사 후 유인물을 한 뭉치씩 들고 나갔다. 송백회회원들도 모여들었다. 이들은 어린아이를 데리고 왔기 때문에 유인물을 포대기 속이나 아기 짐가방에 넣으면 안전하다고 했다. 유인물 일부는 서점에 오는 사람들에게 한두 장씩 주면서 주변 사람들과 같이 보도록 했다.

자연스럽게 업무가 분담되었다. 시내 곳곳에서 이루어지는 전체 상황 파악과 소식지 만드는 일은 윤상원과 김상집, 연락과 상황일지 정리, 돈을 만드는 일과 서점 내 업무 배정은 내가 맡았다. 소식지를 배포하는 일은 학생들과 송백회 회원을 비롯한 여성들이 했고, 취사는 동생 정현순과 박현채 교수의 동생인 박승채 등이 맡았다. 전남대 영문과 학생인 안길정이 오고 난 뒤에는 그를 중심으로 화염병을 만들었으며 동생 정현순도 거들었다.

오전 9시경부터 상황이 접수되었다. 대인시장에서 형성된 시위대가 한일은행 네거리로 진출하면서 엄청 불어났다고 했다. 또 지금은 학생들은 거의 없고 일반 시민들이 대부분이라고 했다. 그야말로 시민 봉기였다. 서울에 있는 CBS 송정민 기자가 전화를 했다. 그가 외신기자들에게 연락을 했고, 광주에 내려간 그들이 활발하게 촬영을 하고 있어서 공수대원들이 무자비하게 진압하지 못할 것이라는 내용이었다. 5월 20일 새벽에 7공수가 3공수와 11공수로 교체되었다는 이야기도 했다.

밖에 나갔던 윤상원과 많은 청년학생이 서점으로 뛰어들어 왔다. 이들은 우물가로 가서 먼저 얼굴에 묻은 최루탄 가루를 씻어 냈다. 몇몇은 팔이나 무릎에서 피가 나고 있었다. 윤상원이 흥분한 목소리로 말했다.

"군인들의 수가 더 많아진 것 같아요. 어제의 공수특전단이 아닙니다. 전방에서 내려온 20사단이라고 합니다. 공수대원들이 너무 잔인해서 군인들로 교체했다는 이야기도 들었어요. 유동 삼거리에서 시민과 학생들이 엄청나게 모여 도청 쪽으로 올라오다가 가톨릭센터 앞에서 군인들과 격렬한 싸움을 벌였습니다. 시민들의 숫자도 많았지만 군인들이 최루탄을 쏘며 곤봉을 휘두르자 시위대들은 도망쳤고, 미처 도망가지 못한 시민들은 가톨릭센터로 뛰어들어 갔습니다. 군인들이 가톨릭센터 안으로 들어와 시민들을 잡아가자 잡히지 않은 시민들은 3층 4층으로 계속 도망갔어요. 일부 시민들은 군인들의 고함과 잡혀가는 시민들의 비명에 놀라 그대로 뛰어내렸는데, 바닥으로 떨어진 시민들을 군인들이 무자비하게 군홧발로 밟고 곤봉으로 팼습니다. 30~40명 정도가 곤봉에 맞고 고꾸라졌어요. 군인들은 이들을 질질 끌어다 한쪽에 늘어놓았습니다. 가톨릭센터 주변이 피바다였어요. 대부분 죽었을 겁니다. 시민들 모두 안색이 하얗게 변해 있었습니다.”

11시경 정상용과 이양현이 서점으로 오자 나는 좀 안심이 되었다. 이들은 운동권 사람들과 폭넓게 연락이 가능하고, 상황 판단을 하는 데 많은 도움이 되리라 생각했다. 사실 무슨 결정을 할 때마다 윤상원 씨와 나밖에 없는 것 같아 매우 불안했다. 정상용, 이양현, 김상집, 안길정, 윤상원과 함께 지금까지의 상황을 분석하고 향후 대책을 논의했다.

윤상원이 결연한 표정으로 말을 시작했다.

“이제 우리가 나서야합니다. 시민들이 매우 적극적으로 나서고 있습니다."

"시민들이 멈출 기세도 아니고, 희생되는 사람도 계속 늘어나고 있어요." 나도 거들었다.

"우리가 전면에 나서지 않아도 모든 책임을 민주화운동을 했던 사람들에게 뒤집어씌울 겁니다. 그러니 차라리 앞장서 싸웁시다. 유인물 명칭도 '투사회보'로 바꾸는 게 좋겠습니다." 윤상원은 결의에 차 있었다.

우리는 계속 논의했다. 일어나는 상황에만 맞추어 대처하는 현 방식으로는 부족했다. 전체 상황을 이끌어 갈 지도부가 절대적으로 필요했다. 당국과 협상할 수 있어야 한다. 시민들도 그 점을 잘 알고 있었다. 이제 전남대 총학생회가 광주로 돌아오도록 재촉해야 할 때였다. 언론이 보도를 제대로 하지 않고 있기 때문에 소식지를 좀 더 배포해야 했다.

"형수님께서는 지도부를 구성할 수 있도록 사람들을 모아 주세요. 19일 오후부터 전남대 총학생회와 연락이 안 됩니다. 혹시 박관현에게 연락이 오면 이제 광주로 나오라고 말하십시오." 윤상원이 말했다.

"군인들을 상대하려면 우리도 무기를 가져야 해요." 앉아서 듣고 있던 학생들이 말했다.

"화염병을 많이 만들어야겠습니다. 어제 만든 화염병은 전혀 불이 붙지 않았어요."

"화염병을 여기 서점에서 만들어요?" 나는 싸우고 싶어 하는 사람들의 분노를 이해하고 동조했지만, 개방된 서점에서 어제처럼 화염병을 직접 만드는 일은 너무 위험하다고 생각했다. 학생을 가르치는 교사로서 살상무기를 만드는 게 사실 마음에 내키지도 않았다. 그러나 시민들의 희생을 줄일 수 있다면 어쩔 수 없지 않은가.

오후 1시경이 되자 시민들의 참여가 점점 불어나면서 버스와 택시 기사들이 차를 몰고 시위에 동참했다는 소식이 들렸다. 놀라웠다. 광주시민 모두가 사생결단으로 나섰다는 증거가 아니겠는가! 게다가 여성들이 직접 마이크를 잡고 방송을 시작하자 합류하는 시민들이 더욱 늘어나고 있다는 소식도 들어왔다. 시민들의 저항이 거세어질수록 희생자들도 늘어나고 있었다. 수세에 몰린 계엄군들은 이제 도청 주변으로 집결했고, 시위 현장도 그 주변으로 좁혀졌다. 전체적인 상황을 판단할 지도부 결성이 점차 시급해지고 있었다.

도청 주변으로 시위가 집중되면서 서점에 들락날락하는 사람들이 좀 뜸해졌다. 그사이에 전화가 왔다. 담양이라고 해서 바짝 긴장했다.

"박관현 회장입니까?"

"아닙니다. 박관현 회장과 같이 있으니 상황을 말해 주십시오."

다급해진 나는 빠르게 상황을 이야기했다. "시민들이 대규모로 시위에 참여하고 있어요. 모두 지도부를 원하고 있으니 이제 시급히 광주로 와 주세요." 내 말을 듣고 있던 그는 지금 담양이 아니라 순천에 있다고 했다. 그는 나중에 다시 연락하겠다고 말한 후 바로 전화를 끊었다. 그 뒤로는 다시 그들의 전화를 받지 못했다. 곧 광주로 오는 모든 시외통화가 끊겨 버렸기 때문이다. 정말 불안해졌다. 마음 깊숙이 공포가 엄습했다.

'광주를 고립시키고 있구나!'

정말 꽉 막힌 상황이었다. 잡혀가고, 쫓기고, 피하고……. 이제 여기 남아 있는 사람들의 활동만이 유일한 버팀목이었다. 윤상원이 결론짓듯 말했다.

"우리가 최선을 다할 수밖에 없다." 모두 동의하는 분위기였다.

그때 밖에서 외치는 소리가 났다. 밖으로 나와 보니 해가 지고 있었다. 대형 버스들이 나타나 군인들과 대치하고 있다고 사람들이 웅성거렸다. 서점에 있던 사람들이 모두 다시 금남로로 나갔다. 계속해서 서점으로 전화 연락이 왔다. 택시들이 헤드라이트를 켜고 금남로로 진입하고 있다는 소식이 들어왔다. 시내버스는 시내로 들어오지 못하고, 학생과 시민들이 차를 타고 다니면서 시민들에게 '금남로로 모여달라'고 방송하고 있다고 했다. 사람들이 엄청나게 불어나고 있으며, 과격한 말도 여기저기서 터져 나왔다고 했다. 아무래도 현장에 나가야겠다는 생각이 들었다. 친정어머니가 오셔서 잠시 서점에 계시라고 하고 가톨릭센터 앞으로 갔다. 정말 많은 사람이 한목소리로 노래하고 큰 소리로 구호를 외치고 있었다. 우리는 하나라는 실감이 들었다.

다시 서점에 가니 새로운 소식들이 들어와 있었다. 전남대 교수들이 상무대에 직접 찾아가 '잡혀간 사람들을 지금 당장 석방하라'는 협상을 하고 있다는 소식이었다. 명노근 교수와 송기숙 교수가 대표라고 했다. 남편이 연행되자마자 이분들에게 제일 먼저 전화로 알려드렸는데, 잠깐 다른 지역으로 피신했다가 다시 광주로 돌아오셨다고 했다. 어른들이 돌아왔으니 서점에서 우리끼리 마음 졸이며 걱정하지 않아도 될 것 같았다.

해가 지면서 저녁노을이 곱게 물들었다. 불현듯 전남여고 쪽에서 노랫소리와 구호가 들렸다. 큰 행렬이 다가오고 있었다. 맨 앞에는 대형 태극기가 펼쳐져 있었다. 여섯 명이 귀퉁이를 잡은 채 애국가를 부르면서 전진하고, 그 뒤로 많은 시민이 뒤따르고 있었다. 태극기 맨 앞에는 머리를 길게 두 갈래로 딴 여학생이 있었다. 살레시오여고 교복인 것 같았다. 양쪽에 있는 남학생들도 머리 깎은 모습을 보니 고등학생이 틀림없었다. 가슴이 울컥했다. 시위대가 공용정류장 쪽에서 올라오고 있었다. 머리를 뒤로 묶은 청바지 차림의 여성이 마이크를 들고 시민에게 방송을 했다.

"시민들이 죽어가고 있습니다. 계엄군을 몰아내야 합니다. 시민 여러분 함께합시다."

목소리에 애절함이 느껴져 듣는 이들의 가슴을 울렸다. 옆에 있는 누군가가 말했다.

"저 여자는 동생이 죽어서 그래서 나섰대요."

그 여성은 내가 연행된 후 광산유치장에서 만나게 될 전춘심 씨였다. 나중에 이름을 전옥주로 바꾼 전춘심은 시위에 참여한 이유가 동생 때문이 아니라 조카 옷을 사기 위해 시내를 돌아다니다가 시민들의 참상을 보고 시위 차량에 올라 방송을 하게 되었다고 밝혔다. 후일 마이크를 잡았던 전춘심은 계엄사에서 간첩으로 몰려 말할 수 없는 고초를 겪었다.

날은 점점 어두워졌지만 시위대들은 녹두서점 건너편에 있는 MBC 방송국 앞으로 모여들었다. 시민들은 방송의 허위보도에 분노하고 있었다. MBC에 돌멩이를 던지면서 노래도 하고 구호도 외쳤다. 그런데 갑자기 "불이야" 하는 소리와 함께 폭발음이 들렸다. 모두 서점에서 뛰어나갔다. 방송국 옆에 있는 전자제품 상점에서 무섭게 불길이 솟구쳤다. 바로 옆에 고압선이 지나는 전봇대가 있었다. 그 장면을 보신 친정어머니가 놀라서 빨리 문 닫고 집으로 가자고 소리치셨다. 나도 다리가 후들거렸지만 애써 침착하게 어머니에게 말했다.

"지금 구속자를 석방하라고 교섭을 하고 있으니, 밤늦게라도 김 서방이 나올지 몰라요. 서점을 비우면 안 돼요."

어머니가 얼마나 많이 걱정하셨는지 잘 알고 있었으나, 도저히 이런 상황에서 서점 문을 닫고 집으로 돌아갈 수 없었다.

MBC 방송국 앞에서 많은 사람이 돌멩이와 화염병을 던졌다. 방송국은 3층까지 문이 굳게 닫혀 있었고, 그 앞에는 군인들이 총을 겨누고 있었다. 시민들은 계속 외쳤다.

"진실을 방송하라."

계속해서 돌멩이와 화염병을 마구 던졌다. 그러나 화염병은 폭발하지 않았다. 제대로 만들 줄 몰라서 던지면 그냥 병만 깨져 버렸다. 별 성과가 없자 시민들은 이 정도면 말귀를 알아먹었을 거라며 이제 KBS로 가서 항의하자고 외치며 광주역 앞에 있는 KBS 방송국으로 몰려갔다.

나는 서점으로 돌아왔다. 벌써 날이 어두워지고 있었다. 화염병은 더 이상 만들지 않기로 했다. 위험하기도 했고 큰 효과를 내지도 못했다. 휘발유를 사용해야 하는데 우리는 석유로 만들었다. 그나마 석유를 구하는 것도 어려웠다. 윤상원도 일단 광천동으로 돌아가 소식지를 만드는 일을 계속하기로 했다.

저녁 9시 30분쯤 되었을까? 갑자기 '펑'하고 무언가 터지는 소리가 들렸다. 모두 놀라서 나가 보니 MBC 건물 위에서 검은 연기와 함께 세찬 불길이 솟고 있었다. 사람들은 모두 놀라 골목 쪽으로 피해 들어갔다. '어떻게 불이 났지?' 허위보도에 항의하기 위해 많은 사람이 화염병을 던졌지만 MBC에 불을 지를 수는 없었다. 그러고 보니 불길은 건물 앞쪽이 아니라 뒤쪽에서 일어나고 있었다.

불길이 솟은 것을 본 윤상원, 김상집, 박효선이 다시 서점으로 돌아왔다. 박효선은 누군가가 건물 뒤쪽 3층으로 올라가서 창문에 불을 질렀다는 소식을 들었다고 했다. 그곳은 세트장이어서 휘발성 물질이 많아 금방 불이 붙었다는 것이다. '누가 3층에 세트장이 있다는 사실을 알고 불을 냈을까? 방송국 사정을 잘 아는 사람인가.' 그러나 아무리 생각해도 시민들이 직접 MBC에 불을 질렀을 것 같지는 않았다. 그날 밤 MBC뿐만 아니라 광주세무서에서도 불이 났다.

윤상원도 나와 비슷한 생각이었다. 광주시민들을 폭도로 몰아세우기 위해 저들이 혹시 MBC에 불을 질렀을지도 몰랐다. 광주시민들이 MBC에 불을 질러 허위방송을 한 행위를 응징하고 싶었던 것은 사실이다. 하지만 행위의 정당성을 알리기 위해서라도 끝까지 질서를 지켜야 하지 않을까? 그런데 공수부대의 무자비한 진압에 화가 날 대로

난 시민들이 질서를 지키자는 말을 따라 주기는 했을까?

"군인들이 총을 쏜다!"_1980년 5월 21일

날이 밝아오자 서점은 자연스럽게 운동권 사람들의 집결장소가 되었
다. 사람들이 모이자 여러 가지 소식도 함께 쌓였다. 나는 어제 학교
에 말도 안 하고 결근해서 오늘은 조퇴를 하는 일이 있더라도 출근할
생각이었다. 그러나 학교에 갈 수 없었다. 서점에 온 분들이 전해 주
길 광주 시내에 있는 학교에 휴교령이 내렸고 광주 밖으로 출근하는
것도 어렵다고 했다. 광주 외곽에 군인들이 진을 치고, 광주 안과 밖
을 완전히 포위하고 있다는 것이다.

윤상원과 서대석이 광천동에서 작성한 〈투사회보〉 1호를 가져왔다.
이름을 '투사회보'라고 바꾼 후 처음 만들어진 소식지였다. 시동생과
윤상원 그리고 들불야학 학생들이 서점에서 시내에 뿌릴 〈투사회보〉
를 몇 장씩 포장하는 동안, 나는 동생과 함께 〈투사회보〉를 들고 금남
로로 나가 보았다.

아침 6시경인데 가톨릭센터 앞에는 벌써 수많은 시민이 군인과 대
치하고 있었다. 목구멍에서 울컥하는 느낌이 올라왔으나, 지체할 시
간이 없었다. 서점에 이 상황을 알리기 위해 공중전화를 찾았다. 가장
가까운 금남로 네거리에 있는 한국은행 앞으로 갔는데 공중전화 박스
가 쓰러져 있었다. 수화기를 들어 보았으나 역시나 불통이었다. 그 뒤
쪽에 꽃집이 보여 달려갔는데 문이 열리지 않았다. 꽃집 유리창이 산

산조각 나 있었다. 안을 들여다보니 사람 한 명과 전화기가 보였다. 마음이 급해 깨진 유리창을 넘어 전화기 쪽으로 갔는데 바닥에 피가 엉겨 있었다. 더 이상 들어가지 못하고 엉거주춤하고 있는데, 안쪽에 있던 남자가 무슨 일이냐고 물었다. 꽃집 주인이었다. 그는 겁에 질려 있는 것 같았다.

"어젯밤에 군인들이 문 앞으로 달려와서 종업원이 겁을 먹고 문을 잠갔는데, 군인들이 곤봉으로 유리창을 깨고 들어와 종업원을 죽도록 두들겨 팼습니다."

아침에 건물 관리인의 전화를 받고 다급하게 나왔더니 종업원이 피투성이가 된 채 의식이 없었다고 했다. 바로 들쳐 업고 전남대병원으로 갔는데 살아날지 모르겠다고 걱정했다. 꽃집 주인은 어서 전화를 쓰라고 허락했다.

"서점이지요?" 윤상원이 전화를 받았다.

"금남로에 사람들이 많이 모여 있어요. 시민들이 계엄군과 대치하고 있습니다. 어젯밤에 여기에 있는 사람도 계엄군에게 맞아 병원으로 옮겼다는데 생사를 알 수가 없대요."

"벌써요? 알았습니다. 상황을 지켜보다가 곧 들어오십시오. 저희들이 나가보겠습니다." 전화를 끊고 동전을 드렸더니 꽃집 주인은 한사코 괜찮다면서 어서 가 보라고 했다. 자기도 꽃집을 정리해 놓고 바로 병원으로 가야겠다고 했다. 금남로 곳곳이 전쟁 터였다.

도로 가운데로 나오니 시민군이 리어카를 가운데 두고 모여 있었다.

"저게 무엇입니까?"

"저 리어카에 눈이 파이고 얼굴이 난자된 시체가 두 구나 실려 있습니다." 가슴이 덜컥 내려앉았다. 내 눈에도 리어카 밖으로 삐죽 나와 있는 발이 보였다. 시체 위에는 태극기가 덮여 있었다. 눈물이 솟구쳤지만 안간힘을 다해 눈물을 삼켰다. '지금은 울 때가 아니야.'

어제 보았던 전춘심과 또 다른 젊은 여성이 마이크를 잡고 울부짖고 있었다.

"군인 아저씨들, 죽은 시민이 한 명도 없다고 방송하는데 말이 됩니까? 폭도들에 의해 군인들만 다쳤다고 방송에 나오는데, 여기 보십시오. 시민이 죽어 있습니다. 군인들이 대검으로 찔러서 죽였단 말입니다. 도지사에게 이 시체들을 보여 주고 사실대로 말하라고 해야겠으니 길을 비켜 주십시오." 어젯밤 11시경 시위대가 MBC 방송국에서 광주역 근처에 있는 KBS 방송국으로 갔는데, 거기에 쓰러져 있던 시신 두 구를 발견하고 리어카에 옮겨 실었다고 했다.

"비켜라! 비켜! 비켜!"

학생과 시민들이 목이 터져라 외쳤다. 나와 동생도 대열에 동참했다. 시민들의 기세가 험해지자 군인들이 갑자기 "우" 하는 함성을 지르며 뛰어나오더니 최루탄을 쏘아댔다. 시민들은 약간 후퇴하는 듯했으나 다시 몸을 최대한 낮추고 전진했다. 군인들이 더 이상 앞으로 나오지 못하고 멈추자, 시민들은 다시 도지사 면담을 요청하면서 구호를 외치고 애국가를 부르면서 한 발자국씩 앞으로 나갔다. 그러자 군인들이 다시 공격 자세를 취했다.

그때 지휘관이 나와서 군인들을 멈추게 하고, 방송을 하고 있는 전춘심에게 다가가 무언가 협상을 하는 듯했다.

"도지사와 면담을 주선하겠다고 합니다. 그 대신 두 사람 이상은 안 된다고 하는데 어떻게 할까요?"

결국 전춘심과 시위를 앞에서 이끌던 분이 면담에 나서기로 하고 나머지 시민들은 결과가 나올 때까지 자리에 앉아 기다리기로 했다.

그때 골목 여기저기에서 머리에 대야를 이거나 옆구리에 바구니를 낀 아주머니들의 모습이 보이기 시작했다. 아주머니들은 요구르트와 김밥, 주먹밥을 나누어 주었다. 시민들은 감격했다.

"어제는 한 끼도 못 먹었어요."

"3일 만에 처음으로 밥을 먹어 보네."

어린 학생들과 시민들은 밥 먹을 정신도 없이 싸우고 있었던 것이다. 계엄군의 무자비한 만행에 모두 제정신이 아니었다.

나이가 들어 보이는 아주머니 한 분이 내 손에도 주먹밥을 쥐여 주셨다.

"어쨌든 일을 해도 밥을 먹으면서 해야 해."

동네 이웃끼리 모여서 학생들에게 밥이라도 먹이자고 새벽에 일어나서 만들었다며 어서 먹으라고 권했다. 가슴이 먹먹해졌다. 뒤에서 "어머니! 잘 먹겠습니다" 하는 소리가 들렸다. 그 소리에 아주머니가 활짝 웃으셨다. 뒤쪽에서 나이 지긋한 남자 분이 외쳤다.

"군인들도 하나씩 주면 좋겠소. 조선 인심은 똥 놔두고는 밥 먹어도 사람 놔두고는 밥 못 먹소."

"저놈들이 뭔 죄요. 자기 집에 가면 다 귀한 자식들인디, 시킨 놈들이 나쁜 놈들이제."

아주머니가 그 말을 듣고 주먹밥이 든 통을 들고 군인들 앞으로 갔
다. 갑자기 군인들의 시선이 그 아주머니 쪽으로 쏠렸다. 긴장감이 맴
돌았다. 그러자 지휘관이 앞으로 나와 곤봉으로 아주머니를 확 밀어
냈다. 아주머니가 비틀거리며 뒤로 물러나자, 시민들 사이에서 다시
고함이 터져 나왔다. "너는 부모도 없냐"며 야유를 보냈고, 분위기는
다시 험악해졌다.

시민 한 사람이 외쳤다.

"도지사 만나러 간 사람들이 나올 때까지 참읍시다. 저 어머니를 위
해서 〈어버이 은혜〉를 합창합시다."

이때부터 사람들은 여러 노래를 불렀다. 손을 잡기도 하고 어깨를
걸기도 하면서 〈봉선화〉, 〈애국가〉 등을 불렀다. 어머니들도 젊은이
들의 손을 꼭 잡고 있었다. 이른 아침 아스팔트 위에서 듣는 노랫소리
가 처연했다. 학생들이 시위하면서 불렀던 노래와는 많이 달랐다. 학
생들은 〈홀라 송〉이나 〈우리 승리하리라〉, 〈아침 이슬〉 등을 불렀고,
시민들은 주로 〈애국가〉, 〈아리랑〉, 〈우리의 소원은 통일〉, 〈전우야 잘
자라〉 같은 군가도 불렀다.

잠시 서점으로 돌아가니 윤상원이 뒷방에서 매우 지친 모습을 하고
나왔다. 내가 금남로 상황을 이야기해도 멍한 표정으로 듣기만 했다.
하기야 며칠 동안 잠도 자지 못했을 것이고, 같이 상의할 사람도 많지
않으니 지칠 만도 했다. 하지만 그는 곧 정신을 차리더니 금남로에
힘을 집중시켜야 한다면서 오후 1시에 가톨릭센터 앞으로 사람과 차

량을 집결하도록 알리자고 했다. 그에 따라 김상집, 윤태원, 김효석은 트럭을 타고 외곽으로 홍보를 하러 나갔다. 윤태원은 윤상원의 동생으로 광천동에서 형과 함께 생활하고 있었는데, 형을 걱정하다 아예 본인도 참여하고 말았다. 나는 서점에 남아 찾아오는 사람들에게 계속해서 금남로 상황을 알렸다.

오전 10시경 동생과 함께 다시 금남로로 나갔다. 동생 회사에서도 직원들이 거의 출근하지 않아 회사에 나오지 않아도 된다는 연락을 받았다고 했다.

금남로에는 아침에 면담을 하러 간 사람들이 도지사를 만나지 못했다고 했다. 도지사가 집에 상을 당해서 출근하자마자 다시 나갔다는 직원의 답변만 들었을 뿐 아무런 소득도 얻지 못했다는 것이다. 그사이 시민들이 계속해서 시내로 몰려들었고, 금남로뿐만 아니라 충장로와 도청 주변 골목골목마다 사람들로 가득 찼다. 광주 시내의 분위기가 긴장감으로 팽팽해지고 있었다. 계엄군들은 이제 도청 앞 분수대까지 물러나 있었다.

도청 분수대 근처에는 석가탄신일을 알리는 큰 입간판이 세워져 있었다. 5월의 햇볕이 뜨거워지고 있었으나 시민들은 아랑곳하지 않고 금남로에서 충장로로, 녹두서점 앞길이나 동명동 길, 전남대병원 길 등 도청 주변을 오가고 있었다.

헬리콥터가 저공비행을 하면서 "길 위에 있는 사람은 폭도로 간주한다"며 계속해서 시민들을 위협했다. 그때 금남로 아래쪽에서 요란한 소리와 함께 지게차가 올라오고 있었다. 길에 앉아 있던 사람들이 모두 일어나 박수를 치면서 환호했다. 군인들의 움직임이 빨라지며 총을 겨누자 시민들이 운전석에 있는 사람에게 빨리 내려오라고 소리 쳤다. 그 소리를 듣고 운전자가 차에서 내리자 지게차는 옆에 있는 구 덩이 속으로 빠져 버렸다. 사람들은 차가 구덩이에 빠지자 실망하는 것 같았다.

그때 갑자기 최루탄이 펑펑 터지기 시작했다. 도저히 숨을 쉴 수가 없었다. 사람들이 뛰어가는 방향으로 무조건 뛰다가, 무등극장 골목 안으로 들어갔다. 숨이 막혔다. 또다시 눈앞에서 최루탄이 터졌다. 앞 이 보이지 않아 그대로 주저앉고 말았다. 계엄군들이 나를 지나쳐 앞 으로 달려가는 게 느껴졌다. 어디서 나타났는지 동생이 내 손을 잡아 끌었다. 골목으로 들어가 숨을 고르고 몸을 추슬렀다. 시간이 지나니 조금씩 앞이 보이기 시작했다. 신발 한 짝이 없었다. 좀 조용해지자 다시 골목 밖으로 나왔는데, 사방에 신발들이 널려 있었다. 나는 내 발에 맞는 신발을 하나 주워 신고 서점으로 돌아왔다. 서점에는 정상 용, 이양현, 윤상원, 김상집이 모여 앞으로 어떻게 해야 하는지 의논 하고 있었다.

"상상은 했지만 현실로 다가오리라고는 예상하지 못했습니다."

"지금도 사람이 부족한데 우리라도 흩어지면 대책이 없어요."

"이 상황이 언제까지 갈지 모르겠어요."

"다른 지역에서도 같이 호응을 해야만 하는데."

"시외전화도 안 되고 다른 지역의 상황도 몰라. 광주의 희생에 대해

서 알리기도 어렵습니다."

"죽은 사람도 있지만, 아직 공식적인 발포도 없고. 발포된다면 우리
는 어떻게 대항할 수가 있을까요?"

"설마 자기 나라 국민에게 집단 발포까지 할까?"

"강력하고 신뢰할 수 있는 지도부가 있어야 합니다."

"통제할 수 없는 상황이 오더라도 지속적으로 소식지를 발간해야
하고, 연락하고, 적극적으로 참여해야 합니다."

"서점은 너무 노출되었으니 어쨌든 여기서는 철수하는 것이 좋겠
어요."

"도청에서 가깝고 광주천변에 있는 보성기업으로 옮깁시다."

결국 녹두서점은 위험하니 보성기업으로 옮겨야 한다는 결론에 이
르렀다.

바로 그때 밖에서 요란한 총소리가 났다. 뛰어나가 보니 많은 사람
이 헐레벌떡거리며 서점 쪽으로 달려오고 있었다.

"군인들이 총을 쏜다!"

어느 사이에 나갔다 왔는지 김상집이 도청 앞에서 집단 발포를 하
고 있다고 전했다. 우리는 서로의 얼굴을 바라보았다. 이제 서점에서
나갈 때가 되었다. 최대한 빨리 서점을 정리한 후 보성기업에서 다시
만나기로 했다. 보성기업은 이기승과 박형선이 운영하는 회사였고,
정상용이 그곳에서 근무하고 있었다. 박형선은 민청학련 관련자였는
데, 남편과 마찬가지로 5월 17일 밤에 예비검속된 상태였다.

녹두서점에서 보성기업으로 가려면 격전지인 금남로를 건너야 했

다. 도청에서 최대한 멀리 떨어진 길을 따라 보성기업에 도착했다. 그런데 곧이어 전화가 왔다. 상무대 쪽에서 20여 대의 군용트럭이 잿등을 넘어 시내로 들어오고 있다는 내용이었다. 도청 앞 집단 발포 이후 이제 군인들이 대거 진입하여 본격적인 진압작전을 하는 것인가? 그렇다면 어떻게 해 볼 도리가 없지 않은가? 우리는 '상황이 끝났다'고 판단했다. 일단 각자 알아서 피해야 했다. "살아서 만나자." 그때가 오후 3시경이었다.

이양현과 정상용은 고향인 함평으로, 김상집은 산수동 아버지 집으로, 윤상원은 광천동에 들러 정리를 한 후 광산구 임곡에 있는 집으로 가기로 했다. 동생과 나는 용봉동 친정집으로 가기로 하고 보성기업에서 나왔다. 그러나 검거가 시작된다면 친정집은 금방 들통이 날 것 같아 나주에서 양림동으로 이사 온 언니네 집으로 가기로 했다. 막상 정신없이 보낸 며칠 동안이 먼 과거에 일어났던 일처럼 느껴졌다. 내일은 어떻게 될 것인가. 두렵고 무서웠다. 남편은 어떻게 될지, 피신한 사람들은 앞으로 어떻게 될지 아무것도 몰랐다. 이런 상황에서 피하는 것이 옳은 일인가? 군인들에게 점령당한 광주는 앞으로 어떻게 될 것인가? 또, 서점의 상황이 궁금한 사람들에게 무어라 말해야 할지 마음이 참으로 착잡했다. 지금까지 항상 내 곁을 지키고 있던 동생이 우선 피한 다음에 그 후 일을 생각해 보자고 했다.

그때 요란한 함성과 함께 트럭 몇 대가 내 앞을 스쳐 지나갔다. 트럭에 타고 있는 많은 사람은 총을 들고 있었고, 비장한 표정으로 노래를 부르면서 도청 쪽으로 트럭을 몰고 갔다. 총을 들다니! 동생과 나뿐만 아니라 길가에 늘어선 사람들 모두 놀란 표정이었다. 트럭은 연이어 지나갔다. 그 뒤로 많은 시민이 따라가고 있었다.

"총을 들었다는 것은 이제 목숨 걸고 전면전을 하겠다는 의미지?"

"시민들이 흩어지지 않았어."

지금껏 시민들은 민주주의를 외치는 학생들에게 신중해야 한다고 강조했다. 5월 16일 밤 횃불 시위를 할 때, 거리에서 만난 어르신들 또한 우리에게 신중해야 한다고 강조하셨다.

"알고 있습니다."

"군인들이 나올지 몰라."

"학생들이 이렇게 질서정연하게 데모를 하니 정부에서 들어줄지도 모르지."

"그러면 좋겠는데……."

"대한민국에서는 총 든 놈들이 제일이야."

"대한민국은 민주주의 나라니까, 백성이 원하면 해야지."

"예, 맞습니다. 우리가 그러기 위해서 데모하고 있습니다."

그렇게 신중을 당부하던 시민들이 며칠 사이에 무장한 시민군이 되었다.

유신독재 정부가 반대 세력을 무자비하게 탄압하는 모습은 익히 보았다. 민청학련 관련자인 남편은 영장도 없이 잡혀가 며칠씩 조사받기도 했다. 이번에도 무장한 합동수사단이 무고한 운동권 사람들을 잡아가지 않았는가? 그들은 학생들의 평화 시위를 무자비하게 진압하고, 계엄군의 폭력에 항의하는 시민들까지 곤봉으로 머리를 박살내고 대검으로 찌르고 학살했다. 이런 상황을 보고도 우리는 시위에 참여하고, 소식지를 발간했으며, 자금 지원을 했다. 잡혀갈 각오는 하고 있었다. '어쩌면 교사라는 직업도 잃게 될 것이고, 잘못되면 엄청난 죄를 뒤집어 쓸 수도 있다'는 생각도 했다. 그러나 목숨을 걸고 싸우겠다는 각오는 하지 못했다.

총을 든 시민들을 보면서 '목숨을 내놓고 투쟁하겠다'는 의지가 읽혔다. 순간 많은 생각을 했다. 목숨을 걸고 궐기하는 시민들의 모습을 보면서 '피하지 않겠다. 죽어도 어쩔 수 없다. 녹두서점을 다시 열게 되면 위험하겠지만 그래도 서점으로 가야한다'고 결심했다. 동생과 함께 시내로 다시 발길을 돌렸다. 금남로에 많은 사람이 모여 있었다. 군인들은 도청을 둘러싸고 있었고 도청 주변 골목마다 시민들이 가득 차 있었다. 시민들은 외쳤다.

"군인들은 물러가라."

"민주 인사 석방하라."

"억울한 죽음을 보상하라."

분노한 시민들은 계속 구호를 외치고 노래도 부르면서 여기저기서 돌맹이를 가져왔다.

오후 5시경 서점으로 돌아왔다. 구호 소리가 가까이서 들리더니 다급하게 서점 셔터를 두드리는 소리가 들렸다. 자욱한 최루탄 연기 속에서 시민군과 군인이 대치하고 있었다. 어디선가 "형수님!" 하고 외치는 소리가 났다. 남편의 후배인 박몽구였다. 그는 긴 막대기를 들고 있었다. 그 모습이 꼭 죽창을 든 동학군 같았다. 치약을 가져다주며 코밑에 바르라고 했다. 안경을 쓴 사람들에게는 샴푸도 가져다주었다. 서점 앞이 격전지가 되었다. 나와 동생은 밤늦게까지 물, 치약, 샴푸, 약품 등을 가져다주었다.

　시민들의 엄청난 저항에 군인들은 결국 서점 앞에서 완전히 퇴각했다. 서점 앞에 있던 시민들도 도청 앞 금남로로 옮겨갔다. 잠시 후에 요란한 경적이 울렸다. 많은 사람이 웅성거리는 소리가 들렸다. 군인들이 화순 쪽으로 물러간다고 했다.

우리에게도 지도부가 필요하다 _1980년 5월 22일

동이 트자마자 문을 열었다. 시계를 보니 6시가 되지 않았다. 이른 새벽인데도 남편의 친구인 김영철 씨가 찾아왔다.

　"군인들이 완전히 물러갔어요. 시민들이 이겼습니다."

　어젯밤 도청에 있던 군인들이 화순 쪽으로 빠져나갈 때, 많은 시민이 그들을 뒤쫓아갔단다. 본인도 쫓아가다가 학동에 있는 고아원에서 밤을 새우고 곧장 서점으로 왔다고 했다.

　우리는 시간이 조금 지나면 사람들이 서점으로 다시 모일 거라고 생각하고, 앞으로 어떻게 할 것인지 대책을 세워 보려고 했다. 나는 우선 죽은 사람에 대한 애도를 표하고, 그다음 억울한 죽음에 대한 보상을 요구해야 한다고 주장했다. 그때 김영철이 말을 꺼냈다.

　"오면서 보니 도청에 태극기가 게양되어 있더라고요."

그 말을 듣고 번쩍 생각이 떠올랐다.

"그렇다면 도청의 태극기를 조기로 바꾸고, 사람들에게 집에서도 조기를 게양하자고 홍보합시다. 이제 곧 사람들이 도청 광장으로 모여들 텐데, 조기를 게양해 놓으면 억울한 죽음을 애도할 수 있는 분위기가 될 거예요. 검은 리본을 만들어서 도청 광장에 모인 시민들에게 나누어 주는 건 어때요?"

내 말에 김영철은 두말없이 동의했다. 옷장을 뒤졌더니 다행히 검은 천이 나왔다. 네모나게 큰 조각으로 자른 것은 도청에서 조기를 게양하도록 김영철에게 주고, 동생과 나는 검은 리본을 만들었다.

잠시 후 윤상원과 김상집 그리고 박효선이 서점으로 들어왔다. 윤상원은 시골집으로 가지 않고 시위에 참여하다가 광천동에서 〈투사회보〉를 만들어 가져왔다. 뒤이어 전남대 연극반이자 극단 광대의 멤버인 김태종, 송백회 간사인 임영희도 왔다. 우리는 대책을 논의했다.

우리는 무엇보다도 먼저 시민들의 억울한 죽음에 대한 애도를 표해야 한다. 시민들은 가슴에 검은 리본을 달고, 모든 시민에게 억울한 죽음을 알려야 한다. 그리고 병원과 거리에 흩어져 있는 시신들을 한군데로 모아 장례식을 치르자.

시민들이 지도부를 요구하고 있으니 민주화운동을 했던 선배나 어른들 그리고 무엇보다도 학생회장단을 나오게 해야 한다.

질서를 세우고 뜻을 하나로 집결시키기 위해 시민궐기대회를 열자.

시민들에게 스스로 자유롭게 이야기할 수 있는 기회를 주고, 그 의견을 모아 당국과 협상하고 때로는 싸움의 도구로 삼자.

동별로 조직을 만들어 도청 집회나 공공건물보호, 거리 청소하기, 신
군부의 음모 폭로, 수의 마련을 위한 모금 운동에 참여시키자.

극단 광대 대표인 박효선이 홍보 책임을 맡고, 극단 광대를 홍보 활
동의 전면에 내세운다.

믿을 만한 지도부가 나타나지 않으니 시민들의 우려가 점점 커지고
있다. 전남대 총학생회가 나타나지 않더라도 전남대 스쿨버스를 사
용하여 홍보 활동을 한다면 시민들의 우려를 조금이나마 줄일 수 있
을 것이다. 전남대 스쿨버스는 운전을 할 줄 아는 김상집이 책임지고
가져온다.

논의를 마친 우리들은 지도부를 구성했다. 시민궐기대회를 준비하
는 일은 서점에 있는 사람들이 맡았고, 도청 일은 윤상원, 도청과 서
점 간의 연락은 김상집이 맡기로 했다. 자연스럽게 서점에서 해야 할
일은 내가 책임을 맡게 되었다. 박효선은 극단 광대 단원들을 전화로
연락하여 불러 모으기 시작했다. 자발적으로 활동하는 시민군의 방송
만으로는 홍보 활동이 부족하다는 것이 우리들의 판단이었다. 머지않
아 송백회 회원을 비롯한 여성들도 도착했다. 그들은 검은 리본을 만
드는 일을 맡았다. 그러나 무엇보다도 전남대 스쿨버스가 시급히 필
요했다. 전남대 스쿨버스는 시민이 신뢰하는 상징이 될 수 있었기 때
문이다. 김상집, 김영철, 정유아, 이행자(나중에 이윤정으로 개명)가
스쿨버스를 가져오기 위해 전남대학교로 갔다. 한참 후에 황금마차라

불리는 전남대 스쿨버스가 서점 앞에 나타났다. 전남대 직원이 차를 내주지 않아 김상집이 과감히 운전석 유리를 깨고 들어가 키 뭉치를 뜯어서 시동을 걸었다고 했다. 전남대 매점에서 김영철과 이행자가 치약, 칫솔, 아이스크림 등을 가져다 차에 실었다. 전남대에서 서점으로 오는 길에 김영철은 동네에서 모금해 준 돈으로 광목을 샀는데, 눈치를 챈 가게주인이 만들어 놓은 수의를 그냥 가져가라고 하여 여러 벌의 수의도 마련할 수 있었다. 우리들은 이렇게 준비된 물건들을 도청과 상무관으로 가져갔다.

전남대 스쿨버스에서 방송할 문안을 만들어서 일단 광주 시내를 한 바퀴 돌기로 했다. 운전은 김상집이 하고 방송은 광대 단원들이 했다. 그들이 시내를 한 바퀴 돌고 다시 돌아왔는데, 시민들이 크게 환영을 했고 또 안심하는 표정이었다고 전해 주었다. 대학생들이 스쿨버스를 타고 방송을 해 주면 더 좋을 것 같다는 이야기들 들었다고도 했다. 유리창이 모두 깨지고 검게 그을린 차로 방송을 했다면 시민들의 불안을 키웠을 것이다.

식사를 준비하던 동생 정현순이 쌀이 떨어졌다고 했다. 나는 가까운 쌀가게로 갔다.

"쌀 다섯 되만 주세요."

"그렇게 많이요? 못 줍니다."

깜짝 놀라서 주인을 쳐다보았다.

"나누어 먹어야지요. 한 사람이 많이 가져가면 다른 사람은 못 가져

가요."

"아!"

시민들은 현재 상황을 아주 잘 알고 있었다. 생필품이 떨어지면 혼란이 올 테고, 그것이 저들이 바라는 점이라는 것을 말이다. 나는 서점에서 왔다고 이야기하고 쌀을 좀 많이 사야 한다고 했다. 그랬더니 이제는 주인이 덤으로 쌀을 더 퍼 주었다. 정유아와 박승채가 집에서 반찬과 쌀을 가져왔다. 박승채는 박현채 교수의 동생으로 집안 사정 때문에 전면에 나설 수는 없지만, 할 수 있는 일은 무엇이든지 돕겠다며, 집에서 쓰던 밥통과 김치통을 통째로 들고 왔다. 5·18 이후 서점이 기관원들에게 점령되고 나도 구속되는 바람에 박승채가 준 그릇들을 챙기지 못했는데, 그는 후일 나보고 "그릇까지 모두 먹어 버렸다"고 농담을 했다.

쌀을 사 가지고 돌아오니 처음 보는 여자 몇 명이 내일 시민궐기대회에서 쓸 검은 리본을 만들고 있었다. 지나가다가 서점에 들어와 리본 만드는 일을 거드는 아주머니들도 있었다. 그때 들은 산수동 주민의 이야기가 가슴 깊이 남아 있다. 시위를 막기 위해 지방에서 차출되어 광주로 온 경찰이 많은데, 군인들의 만행을 보고 그들도 깜짝 놀랐다고 한다. '시위를 막으면 됐지, 죽일 필요까지는 없지 않냐'고 생각했다는 것이었다. 어떤 고위급 경찰이 군인들에게 항의했지만, 군인들은 가차 없이 묵살했단다. 차출된 경찰들에게 아무런 조치도 하지 않은 채 군인들만 퇴각해 버리자, 경찰들은 자신들이 알아서 근무처로 내려가야 했단다. 그러나 분노한 시민들에게 들키면 자신들이 무사하지 못할 것 같다면서 헌옷이라도 빌려주면 꼭 은혜를 갚겠다고 했다는 것이었다. 이에 산수동 사람들은 "당신 같은 사람들이 뭔 죄가 있겠냐"면서 옷과 여비를 주고 밥까지 먹여 보냈다고 했다. 정말 선량하고 마음이 따뜻한 시민이라는 생각이 들었다. 다른 아주머니 한 분도 동네별로 돈이나 쌀을 걷어서 김밥이나 주먹밥을 만들어 도청이나 시민군에게 보내고 있다고 했다. 정말로 고마웠다. 대동세상이 이런 것일까?

지도부를 구성하기 위해 우선 이곳저곳 전화를 걸어 보았다. 강신석 목사, 홍남순 변호사, 이성학 장로, 문병란 선생, 박석무 선생, 조아라 회장 등에게 연락을 드렸다. 한 번이라도 만난 적이 있거나 내가 알 만한 사람들에게는 모두 전화를 했다. 그러나 대부분 집에 없었다. 통화가 연결되었던 몇몇은 확답을 하지 않았다. 그런데 YWCA 조아라 회장과 이애신 총무 등 몇 분은 벌써 도청으로 향하셨다는 연락을 받았다. 다행히 이성학 장로와 직접 통화가 되었다. 이성학 장로는 광주YMCA 이사장을 하시기 훨씬 전에 제헌의회 의원을 하셨다는 말을 들은 적이 있었다.

"여보세요, 이성학 장로님이십니까?"

"예."

"녹두서점 김상윤의 아내 되는 정현애라고 합니다."

"아! 상윤 씨가 잡혀갔다는 소식은 들었습니다."

"예, 고맙습니다. 그런데요, 광주가 이렇게 되어서 어떻게든 힘을 모아야 할 것 같아서요. 청년, 학생들이 녹두서점에 모여서 나름대로 일을 하면서 대처를 하고 있지만 저희들만으로 너무 부족합니다. 어르신들이 좀 지도를 해 주시면 좋겠습니다. 그래서 전화를 드렸습니다."

"정말 좋은 이야기입니다. 그렇게 해야 합니다. 내가 방금 전에 도청에서 우리 또래 몇 사람을 만났습니다. 같이 이야기를 해서 힘을 합하도록 해야지요."

"아, 그렇습니까? 저희 쪽에서 몇 사람이 도청에 들어가 있는데요. 윤상원 씨에게 장로님을 찾아뵙도록 말씀 드리겠습니다."

"예, 고맙습니다."

안도의 한숨이 나왔다. 처음으로 어른들과 긍정적인 대화를 직접 나누었다. 우리끼리만 걱정하고 몸부림치고 있는 줄 알았는데, 사실은 많은 어르신이 우리와 마찬가지로 걱정을 하고 있다는 사실을 확인할 수 있었다. 많은 사람이 함께해 준다고 생각하니 마음이 조금 가라앉았다. 홍남순 변호사의 경우 댁이 서점과 가까워 직접 찾아갔으나 이미 도청으로 가셨다고 했다. 다시 서점으로 터벅터벅 돌아오다가 남편의 선배를 만났다. 매우 반가웠다. 상황을 설명하고 지도부 구성을 해 보자고 했더니 난색을 표하며 그냥 가셨다. 힘이 쭉 빠졌다.

민주화운동과 관련이 있는 어른들을 모아 지도부를 구성하는 것이 우리의 의도였는데 쉽지 않았다. 반면 도청에서는 당시 정시채 전남도부지사를 중심으로 어른들과 함께 시민수습대책위원회를 만들었다. 그러고는 계엄사와 연락을 취하고, 그 결과를 도청 앞에 모이는 시민들에게 전하는 보고대회 형식의 집회를 열려고 했다. 하지만 윤상원은 보고 내용을 시민들이 동의하기 어려울 것이라고 말했다. 우리도 동의했다. 그래서 집회에서 시민들이 보고 내용에 반발할 때 우리가 시민들의 의견을 집약하고 그 집회를 이끌어가야 한다고 판단했다. 그러기 위해 집회에 우리 쪽 사회자를 보냈다.

오후 3시경 도청 분수대 앞에서 시민수습대책위원들이 당국과 교섭한 내용을 보고한다는 소식이 들어왔다. 집회가 열리는 도청 앞으로 갔다. 누군가 "묵념부터 합시다" 하고 외치자 모두들 묵념을 한 뒤 애국가를 불렀다. 그 뒤에 도청에서 나이가 지긋한 어른이 나오더니 시민들을 향해 말하기 시작했다. 독립투사이자 시민수습대책위원회 위원인 최한영 옹이라고 했다. 최한영 옹은 무조건 총을 내려놓고 협상을 하자고 했다. 그러자 시민들이 여기저기에서 "우"하는 소리를 지르며 격렬하게 항의했다. 갑자기 청년 한 사람이 단상에 올랐다.
"우리는 억울하게 죽은 사람들의 피의 대가를 받아내기 전에는 항복할 수 없습니다."
박수 소리가 요란하게 울렸다. 광대 단원인 김선출과 김윤기가 번갈아 사회를 보면서 집회를 이끌었다.
"매일 3시 도청 광장에서 모여 시민궐기대회를 엽시다. 동의하시면 박수를 보내 주십시오."
박수 소리가 크게 났다. 이때 김상집은 윤상원이 제안한 '학생수습대책위원회'를 구성하자는 쪽지를 사회자에게 건넸다. 전남대 총학생회가 연락이 두절된 상황에서 윤상원은 대학생 중심의 수습대책위원회를 만들어 지도부 역할을 하도록 해야 한다고 생각했다. 대학생들이 앞장서야 시민들이 믿고 따를 것이라는 판단이었다. 사회자는 "오후 4시에 대학생들은 남도예술회관 앞으로 모여 달라"고 알렸다. 사회자들은 몇 번 더 대학생 모집 방송을 하고, "우리의 요구를 확고히 전달하기 위해서라도 질서를 지켜야 합니다. 거리를 깨끗히 청소하고 정돈합시다"라고 말하자 시민들이 주변을 말끔히 정리했다. 이 보고대회를 계기로 시민들은 서서히 한마음이 되었고, 이로써 항쟁 내내 매일 시민궐기대회를 열 수 있는 동력을 얻을 수 있었다.

보고대회를 마치고 우리는 서점에서 다시 모였다. 모두 상기된 표정이었다. 전체적인 상황을 다시 정리해 보기로 했다.

외신기자들이 광주에 많이 내려와 있다. 우리가 어떻게 하느냐에 따라 국민과 세계의 여론을 우리 편으로 만들 수 있다. 다른 지역이 광주에 동조하여 합세하거나 국제 여론이 우리에게 유리하면 승리할 가능성도 높다. 계엄군들은 지금 외곽으로 물러가서 광주를 고립시키고 있다. 광주로 생필품이 들어오는 것을 막고 있는 것이다. 계엄군들은 우리가 공포와 혼란 속에서 스스로 무너지기를 기다리고 있다. 지금 시민들은 매우 질서정연하게 움직이고 있고, 결코 쉽게 물러날 분위기도 아니다. 이런 분위기를 계속 끌고 가야 한다.

윤상원은 도청의 사정을 이야기했다.

당국이 아무런 약속도 하지 않는 상황에서 일단 무기부터 회수하자는 시민수습대책위원회의 의견을 받아들여서는 안 된다. 최소한 '어떤 보복도 하지 않겠다'는 약속과 '사상자에 대한 대책'이라도 발표해야 한다. 그러기 전까지 우리는 끝까지 싸워야 한다. 끝까지 싸우기 위한 동력을 얻기 위해서라도 시민궐기대회는 계속해야 하고, 보다 규모 있게 잘 꾸릴 필요가 있다. 시민궐기대회에서 시민들이 스스로 자신들의 주장을 펴게 하고, 모아진 주장을 토대로 행동지침을 만들자. 〈투사회보〉에 이런 내용을 넣어 이전보다 더 많이 인쇄하자. 시민들이 자신들의 주장에 책임질 수 있도록 하려면, 시민들을 동별로 구분하는 게 좋을 것 같다. 먼저 동을 구분할 수 있도록 플래카드를 만들자.

김영철은 윤상원의 의견에 전적으로 동의한다고 말했다. 그러곤 광천동 주민들과 함께 먼저 시범을 보이겠다며 자기 동네로 갔다. 윤상원의 의견을 실행하려면 홍보 활동을 강화해야 했다. 청년학생들은 시민군의 차량에 합승하여 동네별로 돌아다니며 도청 앞으로 모여 광주시민의 의견을 모으자고 큰 소리로 방송했다. 우리 쪽에서 홍보를 효과적으로 하려면 아무래도 마이크 시설이 필요하다는 이야기가 나왔다. 그러나 방송 시설을 갖추는 것은 상당한 비용이 들 수밖에 없었다. 학교에서 방송 시설을 빌릴 수는 없을까?

검은 리본도 더 많이 제작하기로 했다. 아는 사람들에게 도움을 요청했고, 시민들에게 리본을 만들어 도청 앞으로 보내 달라고 홍보도 했다. 관과 수의를 사기 위해서라도 시민들의 모금이 절실히 필요했다.

시민궐기대회의 시작, 하나 된 광주 _1980년 5월 23일

날이 밝자 서점은 전처럼 사람들로 북적였다. 우리는 시민궐기대회 준비를 시작했다. 사회를 보기로 한 김태종은 진행 방식을 치밀하게 준비했고, 광대 단원인 이현주가 자기와 같이 사회를 볼 예정이라고 했다. 임영희와 이행자는 궐기대회에서 낭독할 시와 성명서 등을 하나씩 정리했다. 나는 시민들의 우려를 불식시키기 위해 북한을 경계하는 성명서를 발표하자고 제안하고 성명서 문안을 작성했다. 광주에서 일어나는 상황을 오판하여 북한이 휴전선을 넘어온다면 광주시민들이 앞장서 북한의 침략을 막아내겠다는 내용이었다. 시민들이 자유롭게 아무나 발언할 수 있는 만민공동회 같은 집회를 만들 계획이었지만, 계엄사 쪽에서 프락치를 보내 교란시킬 가능성도 있었다. 이런 사태를 막기 위해 우리는 여러 사람이 사회자와 함께 분수대 위로 올라가 대비하기로 했다.

박효선은 광대 단원들을 대부분 불러 모았다. 체계적으로 홍보하려면 여러 사람이 필요했다. 광대 단원들은 홍보 문안도 스스로 작성했다.

김상집, 김영철, 정유아, 이행자는 광목을 사려고 대인시장으로 갈 준비를 했다. 나는 송백회 기금과 내가 가지고 있던 돈을 모두 그들에게 주었다. 송백회 기금은 평소 회원들이 도자기를 팔아 모은 것인데, 홍희윤 회장이 기금 중에서 20만 원을 우리에게 보내 주었다. 큰 힘이 되었다.

대인시장에서 돌아온 사람들은 예상보다 훨씬 많은 양의 물품을 사왔다. 시장 상인들이 우리의 뜻을 알고 물건을 아주 싸게 팔았으며, 거기에 덤으로 더 많은 양을 주었다고 했다. 그러나 수의는 바닥이 나서 살 수가 없었다. 상무관에 안치된 시신 중에는 수의를 입히지 못해 피가 묻은 옷을 그대로 입고 있는 시신들도 많다고 들었다. 그래서 우선 깨끗한 광목으로 몸이라도 감싸라고 광목 일부를 상무관으로 보냈다. 보내고 남은 광목으로는 플래카드를 만들었다. 페인트도 구해왔다. 녹두서점 건물은 상가 네 개가 연이어 붙어 있고, 마당이 협소해 많은 플래카드를 펼쳐 놓기에는 공간이 부족했다. 그래서 우리는 서점 건너편에 있는 국세청의 넓은 마당을 사용하기로 했다. 박효선이 후배 몇 명을 데리고 국세청 마당에서 작업을 시작했다. 10시쯤 가보니, 60여 개가 넘는 플래카드가 마당을 가득 채우고 있었다. '조건 없는 무기 회수 반대', '민주정부 수립'은 우리들의 요구 사항이었고, 대학생들이 민족민주화성회 때 사용했던 구호도 있었다. 글씨가 마른 플래카드는 도청 앞으로 옮겨 여러 곳에 걸어 두었다. 이제는 제법 짜임새 있는 궐기대회가 진행될 것 같았다.

윤상원은 현재의 도청 상황을 설명했다.

> 헌혈 홍보를 여러 곳에서 하고 있다. 외곽 순찰을 위한 시민군 조직을 만들고 있다. 학생과 시민들이 자발적으로 어려운 일을 돕고 있다. 어린 중·고등학생들도 많다. 그러나 무기 반납을 두고 학생과 시민수습대책위원회 사이에 의견 차이가 있다. 이것이 제일 큰 문제다.

정보원이나 형사들로 보이는 사람들도 많다. 어른들이 몇 분 와 계시지만 우리와 같은 생각을 한다고 보기는 어렵다. 도청 수습대책위원회에서는 홍보 활동이나 시민궐기대회 진행을 녹두서점을 중심으로 하기를 바란다.

녹두서점을 중심으로 시민궐기대회를 준비하는 것이 공식화되었다. 나는 윤상원에게 지역 인사들과 전화한 결과를 알려 주었다. 지도부를 구성하는 일에 긍정적인 반응이 적어 참으로 답답했다. 어찌 되었든 우리는 최선을 다해 도청으로 모인 시민들이 실망하지 않도록 시민궐기대회를 착실히 준비해 나가자고 합의했다. 홍보 활동 역시 더 열심히 하기로 하고, 우리는 모두 자신이 맡은 일을 하러 흩어졌다.

어제부터 시외전화선이 끊겨서 우리는 외부와 더 이상 연락할 수가 없었다. 이런 조치는 광주시민들에게 '완전히 고립되었다'는 절망감을 안겨 주었다. 나 역시 더 이상 전화로 광주 상황을 다른 곳에 알릴 수 없었고, 다른 지역의 소식도 알 수 없었다. 자식들을 광주의 학교로 보냈던 부모들은 광주로 들어오지도 못하고 전화도 할 수 없어 발을 동동 구르고 있는 상황이었다. 어떤 분은 자식의 목숨이라도 살려야겠다며 광주까지 걸어왔다고 했다. 그야말로 군인들은 광주를 고립시켜 자중지란이 일어나기를 바라는 상황을 만드는 것 같았다. '그런데 서울은 그냥 조용히 있는가? 국민연합의 계획은 무산되고 말았을까?' 모든 소식이 단절되니 고립감과 불안감은 더욱 커졌다.

시민궐기대회는 기획과 홍보, 실행이 모두 우리 손에서 이루어졌다. 시민궐기대회에서 주장하는 내용은 광주시민의 신뢰를 얻었다. 광주시민의 믿음을 저버리지 않도록 우리는 더욱 책임감과 결의를 가지고 준비했다. 우리가 싸우는 이유, 앞으로 해야 할 내용, 사상자 현황, 병원의 치료 현황, 당국과의 협상 내용, 국내외 지지 내용, 상황 분석 등이 주된 내용이었다.

윤상원은 도청 내부 사정이 점점 혼란스러워지고 있다고 전했다. 의견 대립이 심해졌고, 노골적으로 정체를 드러내는 사람도 있다고 했다. 도청에서는 입장 차이 때문에 시민궐기대회에 신경 쓸 수 없는 상태라면서, 시민궐기대회 준비를 전적으로 우리에게 의존하고 있는 입장이라고 했다. 우리는 더욱 신중하게 내용을 정리했고 문장을 다듬었다. 무엇보다 정확한 내용을 알리려고 노력했다. 또한 시민궐기대회에서 알리는 정보가 〈투사회보〉와 다르게 나가지 않도록 극히 조심했다. 시민들의 신뢰를 잃으면 광주가 내부에서 스스로 무너질 수도 있다고 생각했기 때문이다.

오후 2시경 이양현과 정상용이 서점에 다시 나타났다. 그들은 5월 21일 보성기업 모임에서 '이제 상황이 끝났다'고 판단하고 고향인 함평으로 피신했는데, 광주시민들이 계속 싸우고 있다는 소식을 듣고 다시 돌아온 것이다. 정말 반가웠다.

오후 3시에 시민궐기대회에 참석하기 위해 동생과 함께 도청 앞으로 나갔다. 많은 시민이 도청 광장을 꽉 메우고 있었다. 분수대 위에서 사회를 보던 후배가 '국민에게 보내는 호소문'을 낭독해 달라며 요청했다. 그래서 분수대 위로 올라가 원고를 받아 읽고 있는데 다른 후배가 다가왔다.

"형수님은 여기까지 나오면 안 돼요. 내려가세요."

아마도 남편이 구속되고, 윤상원과 시동생도 활동하는데 나까지 잘 못되면 안 된다고 생각해 배려하는 것 같았다. 녹두서점이 문을 닫으면 향후 활동이 더 어려워질 거라고 생각했는지도 모르겠다. 무엇이라도 하겠다는 생각에 얼떨결에 올라갔다 결국 다시 내려오고 말았다.

분수대 위에서는 '우리는 왜 총을 들 수밖에 없는가?', '국민에게 보내는 호소문', '국군장병에게 보내는 호소문', '북한은 오판해서는 안 된다'는 글들이 계속 낭독되고 있었다. 도청 광장 주변에는 어제 만든 플래카드들이 걸렸고 시민들의 가슴에는 검은 리본이 달려 있었다. 모두 절실한 표정으로 열심히 박수를 치며 구호를 외쳤다. 아마 내 얼굴도 저들의 표정과 똑같으리라. 광주가 하나가 되었다는 생각이 들었다.

서점으로 돌아오니 전화가 왔다. 자신을 정찬용 누나라고 소개했다. 동생이 거창에서 광주에 간다고 나갔는데 아직 아무 연락이 없어서 걱정되어 여기까지 연락을 했다는 것이다. 정찬용은 남편과 같이 민청학련 사건에 연루되었던 후배다. 그녀는 누군가 사망자 명단에서 동생의 이름을 본 것 같다고 했다며, 좀 알아봐 달라고 부탁했다. 나는 어쩔 수 없이 다시 상무관으로 갔다. 관과 수의, 광목천 등을 상무관으로 많이 보냈지만, 도저히 시신들을 볼 용기가 나지 않아 지금껏 상무관 안으로 들어가 보지는 못했었다. 우선 사망자 명단을 살펴보았다. 명단에는 정말 정찬용이라는 이름이 있었다. 가슴이 덜컹 내려앉았다. 그러나 동명이인일 수도 있고, 광주에 왔다면 반드시 서점에 들렀을 것이다. 나는 시신을 확인하기 위해서 상무관 안으로 들어가야만 했다.

상무관 안에는 시신이 여러 줄로 죽 늘어져 있었고 악취가 진동했다. 망연히 서 있었는데 동생 정현순이 나를 찾아왔다. 아까 그 아주머니에게서 다시 전화가 왔는데, 정찬용은 무사하니 걱정하지 말라고 하더라는 것이다. '아, 다행이다.' 안도의 숨을 내쉬면서 상무관을 빠져나왔다. 이 고약한 악취 속에서 시신을 돌보는 사람들은 정말 대단하다고 생각했다. 단순히 인간에 대한 사랑 때문에 시신을 돌볼 수는 없을 것 같았다.

오후 6시경 시민궐기대회를 이끌었던 사람들이 서점에 모였다. 얼굴에 자신감이 보였고 뿌듯해하는 모습이 역력했다. 이렇게 시민궐기대회를 계속하면 큰 성과를 낼 것 같은 예감이 들었다.

우리는 바로 내일 할 일을 의논했다. 서점이 좁고 노출이 많이 되어서, 내일부터는 YWCA에서 일을 보자고 했다. 홍보 활동이나 〈투사회보〉 작성, 궐기대회 진행과 도청 상황 파악 등 그동안 해왔던 일들은 서점에서 그대로 진행하기로 했다.

그때 서점 문을 두드리는 소리가 났다. 밖으로 나가 보니 남편 후배라는 사람이 서 있었다. 그 사람에게서 남편이 잡혀간 후 처음으로 남편 소식을 들었다. 시위를 하다 군인들에게 잡혀 상무대로 끌려갔는

데, 예비검속된 사람들 모두 영창에 갇혀 있더란다. 남편은 군인들이 학생들을 때리자 강하게 항의하다가 많이 맞았지만 씩씩한 얼굴로 후배들을 위로했다고 했다. 광주시민의 시위가 크게 확산되자 송기숙, 명노근 교수가 계엄당국과 석방교섭을 했고, 그 결과 자신은 오늘 석방되었다는 것이다. 그러나 오늘 석방된 사람들은 모두 18일 이후 데모한 사람들이고, 예비검속된 사람들은 나오지 못했다고 했다.

"전두환을 찢어 죽이자!" _1980년 5월 24일

아침부터 많은 사람이 서점으로 몰려왔다. 오늘부터 YWCA에서 모이기로 했었는데 좀 의외였다. 김태종이 들어오더니 오늘도 서점에서 준비를 해야 한다고 했다. 원래 계획했던 YWCA 공간은 사용할 수 없다는 것이다. 공간 사용 결정권을 가진 사람은 조아라 회장과 이애신 총무였다. 자신들은 위험을 무릅쓰고 도청에 있지만, YWCA 건물의 경우 모든 회원의 건물이기에 자기들 마음대로 할 수 없다고 전했다.

그렇지만 YWCA 간사인 정유아와 이행자, YWCA 2층에 있는 양서조합 직원들과 연극 연습을 하던 광대 단원들은 YWCA 강당에서 제 2차 시민궐기대회를 준비하고 있었다. 윤상원과 김영철 그리고 김태종이 YWCA와 녹두서점을 오가면서 시민궐기대회 준비를 점검했다.

녹두서점에서는 화형식을 준비했다. 사회를 맡은 김태종이 오늘 궐기대회에서 전두환 화형식을 해야 하니 꼭두각시를 만들어 달라고 부탁했기 때문이다. 장롱 안을 뒤져 헌 옷을 찾았다. 서점 옆 가게가 수석좌대를 만드는 집이어서 그곳에 나무판자가 아주 많았다. 광대 회원인 김정희가 청년 몇 명을 데리고 뒷마당으로 왔다. 나무판자와 헌 옷들을 내어 주었더니 시민 몇 명과 함께 뚝딱뚝딱 허수아비를 만들었다.

허수아비를 만들던 사람들이 화형식에 쓸 기름이 필요하다고 했다. 광주 밖으로는 계엄군 때문에 나갈 수 없고, 시내나 근교 주요소에서는 기름이 떨어져 구할 수 없다고 했다. 그중 한 사람이 아시아자동차 공장에 가면 비상 기름이 있으니 그것을 가져오자고 하여 20여 명이 전남대 스쿨버스를 타고 아시아자동차 공장으로 갔다. 마침 서점 일이 대부분 끝나서 나도 그들과 함께 공장으로 갔다. 차 안에는 거의 아는 얼굴들이 타 있었다. 들불야학 강학인 신영일과 신영일의 어머니도 있었다. 도저히 아들을 말릴 수 없어서 "그럼 같이 가자"고 따라 나오셨다는 것이다. 가는 도중에 버스 안에서 극단 광대 단원 이현주와 내가 번갈아 가며 마이크를 잡고 시민궐기대회에서 질서를 지키자는 내용을 방송했다. 어렵사리 아시아자동차 공장에 도착했는데 안타깝게도 기름을 구하지 못했다. 소득 없이 서점에 돌아오니 들불야학 학생들이 걱정하지 말라면서 어디선가 폐유를 많이 구해 왔다. 허수아비 크기도 광장 뒤에서 잘 보이도록 처음보다 다섯 배 정도 크게 만들어 놓았다. 이를 옆집 가게 주인이 걱정스럽게 쳐다보았다. 서점에서 무언가 한다고 짐작만 했는데, 막상 눈앞에서 화형식 준비를 하는 모습을 보니 위험하다고 생각하는 모양이었다.

서점에서 일하는 사람이 점점 늘어나 발 디딜 틈조차 없었다. 책방, 방 안, 뒷마당, 뒷방 등에서 각자 알아서 자기 일을 했다. 구석에서 궐기문을 작성하고 있는 사람들, 검은 리본을 만드는 사람들, 허수아비를 만드는 사람들, 〈투사회보〉를 가지고 나가는 사람들, 무언가 작성한 글을 읽고 있는 사람들이 서점을 꽉 채웠다. 게다가 전남대 스쿨버스를 타고 홍보하던 사람들이 들이닥치기도 했고, 한쪽에서 상처를 치료하는 사람들도 있었다. 그뿐인가. 일을 돕고 싶다고 찾아오는 사람들이 계속 늘어나니, 이들에게 식사를 제공하는 일도 더 이상 감당할 수 없었다. 원래 서점에서 같이 일하던 사람들도 밥만 해서 젓갈을 넣거나 소금만 넣은 주먹밥을 만들어서 나누어 주었는데, 그마저 순식간에 없어져 버렸다.

분수대 앞은 그야말로 인산인해를 이루었다. 분수대 위에 올라가 바라보니 금남로 거리가 온통 사람들로 꽉 차 있었다. 18일 이후 가장 많은 사람이 모인 것 같았다. 시민궐기대회도 질서정연하게 진행되었으며, 시민들도 활발히 자신들의 의견을 발표했다. 우리들은 시민들이 자발적으로 분수대 위로 올라오지 않을 경우를 생각해 대기하고 있었다. 그러나 그건 기우에 불과했다. 우리가 나설 필요 없이 시민들은 '끝까지 싸워야 한다', '총을 놓고 항복하는 건 있을 수 없다'며 결의를 다졌다. 오히려 시민들로부터 힘을 얻었다. 드디어 전두환 화형식이 시작되었다. 뜨겁게 타오르는 불길을 보며 시민들은 열광했다. "전두환을 찢어 죽이자!"

궐기대회를 끝내고 서점에 오니 전남대 김상형 교수라는 분이 전화를 했다. 김 교수는 서점에서 나를 본 적이 있다고 말했다. 그는 미국의 항공모함이 부산항에 정박해 있다고 했다. 무슨 일로 미국의 항공모함이 부산에 정박하고 있을까? 며칠째 시외 전화가 끊겨 우리는 광주 밖의 소식을 전혀 듣지 못했었다. 그의 이야기를 듣자마자 혹시 세계가 광주를 주시하고 있는 것은 아닌가, 하는 생각에 스스로 몹시 고무되었다. 광주가 버티고 있으면 다른 지역에서 호응해 줄 것이란 기대와 희망을 갖고 있었다. 아니 다른 지역에서 반드시 호응할 거란 '믿음'을 가지고 있었다고 해야 정확한 표현일 것이다. 국민연합 간부도 곧 전국 동시다발적으로 시위를 계획하고 있다고 장담하지 않았던가? 그가 20일까지만 버텨 달라고 하지 않았던가? 우리가 모르고 있을 따름이지, 지금 다른 지역에서도 광주처럼 불같이 싸우고 있을지도 모를 일이었다. 그러나 외부와 차단되어 아무 소식도 들을 수 없던 차에 '미국이 우리를 도우러 왔다면' 얼마나 놀라운 소식인가! 이 이야기를 윤상원과 김상집에게 전했다. 이들은 고민하더니 미국 항공모함이 '한국의 민주주의를 돕기 위해 왔다'고 해석하기로 하고 이를 〈투사회보〉에 싣기로 했다. 고립된 채 싸우고 있는 광주시민들에게 용기를 주기 위해서였다.

시민궐기대회가 끝나자 우리는 모두 YWCA에 모였다. YWCA 간사인 이행자가 이애신 총무에게서 YWCA 사용을 허락받았다는 말을 전했다. '다만 회원들의 자산이니 조심해 달라'는 당부의 부탁도 함께 전해졌다. 마음이 좀 가라앉았다.

저녁 7시경부터 논의를 했다. 윤상원은 도청에서 무기 회수를 주장했던 사람들이 이를 받아들이지 않는다면 도청에서 나가겠다고 통보했다는 소식을 전했다. 우리는 이를 받아들였다. 도청 내부에서 투쟁을 강조하는 사람들과 무기를 회수하여 희생을 줄이자는 사람들 간의 치열한 싸움이 계속되었다. 우리는 지금까지 해 왔던 일을 계속하고, 도청 내부의 조직을 새로 짜기로 했다. 중대한 전환점이 만들어진 셈이다. 도청 내부의 갈등이 사라지고 드디어 광주가 한목소리를 낼 수 있게 되었다.

도청과 시 외곽에서 경비를 서는 시민군들이 너무 고단하니, 이제 대학생들이 교대로 이 일을 맡아야 한다는 의견이 나왔다. 대대적으로 홍보하여 대학생 시민군을 조직하고, 이제부터 홍보, 취사, 궐기대회 준비, 〈투사회보〉 발간, 모금 등은 YWCA에서 맡기로 했다.

홍보 방송과 대자보는 극단 광대팀인 김정희와 김태종이 맡고, 〈투사회보〉 발간은 박용준과 김성섭 등 들불야학팀이 계속 맡되 작업 장소는 광천동에서 YWCA로 옮기기로 했다. 모금은 임영희와 정유아, 이행자가 맡고, 취사는 박승채와 여성 여러 명이 맡았다.

나는 녹두서점에서 했던 것처럼 YWCA에서 하는 역할을 분담시키고, 도청과 녹두서점 사이를 연락하는 일도 맡았다. 우리가 YWCA로 옮긴 것을 모르는 사람들이 계속 녹두서점으로 연락했기 때문이다. 녹두서점은 동생 정현순이 계속 지키고 있었다. 나는 임영희와 함께 〈투사회보〉를 더 많이 인쇄하기 위해 등사기를 가지고 있는 홍희윤 회장 집으로 갔다.

"이번에 녹두서점에서 정말 큰일을 했어요. 만약 녹두서점이 문을 닫았더라면 어쩔 뻔했어요?"

홍희윤 회장은 나에게 진심 어린 말을 했다. 고마운 말이었지만 실은 몹시 착잡하기도 했다. '상황이 끝난 후 이 일을 어떻게 감당해야 하나.' 마음이 무거웠다.

어린 시민군의 양말을 사 주다 _1980년 5월 25일

홍희윤 회장 집에서 하룻밤을 보내고 새벽 일찍 나왔다. 어젯밤에 내린 비로 도로가 깨끗하고 공기가 신선했다. 시민들이 여기저기에서 청소를 하고 있었다. '정말 선량한 시민들이구나!' 지나가는 지프차를 세워 도청까지 좀 태워 달라고 했다. 소년티를 갓 넘긴 어린 청년 두 명이 총을 들고 있었다. 그들은 총을 든 후 지금까지 거의 잠을 자지 못했고, 밥도 제때 먹지 못했다고 했다. 군인들이 금방이라도 다시 광주로 들어올까 봐 너무 걱정된다고 했다. 가슴이 아팠다. 무엇이 제일 괴롭냐고 물었더니 다 괜찮은데, 다만 양말을 갈아 신었으면 좋겠다고 했다. 일주일째 양말을 못 갈아 신었더니 정말 힘들다고 했다. 그의 양말을 보니 흰 양말이 회색이 되어 있었다. 나는 양말을 구해서 도청으로 꼭 보내겠다고 약속했다.

YWCA에 도착하니 들불야학 학생들이 등사기를 밀고 있었고, 이미 만들어진 〈투사회보〉는 한쪽에 쌓여 있었다. 〈투사회보〉에는 김상형 교수가 전화로 알려 준 미국 항공모함 이야기도 들어 있었다. 미국이 전두환 등 군부를 저지하기 위해 부산으로 항공모함을 보냈다는 내용이었다. 정확한 진위는 알 수 없지만 시민들의 공포를 조금이나마 줄일 수 있다고 생각하여, 윤상원과 김상집은 이 소식을 〈투사회보〉에 넣기로 했다.

임영희가 일을 돕고 싶어 하는 많은 여성을 데리고 와 박승채가 맡고 있는 취사팀으로 그들을 보냈다. 간호사 30여 명이 찾아와 우리를 많이 도와주었다. YWCA 회원과 임원진들도 열심히 대자보를 작성했다. 나는 〈투사회보〉 내용과 김상형 교수가 전해 준 내용을 요약하여 대자보를 작성했다. 만들어진 대자보는 학생들과 여성들이 시내 곳곳에 붙이고, 차량에 싣고 뿌리기도 했다. 전남대 스쿨버스도 여전히 홍보 활동에 사용되었다.

11시에 YWCA에서 재야 원로 모임을 열기로 했다. 나는 그 모임을 준비하기 위해 YWCA 2층으로 올라갔는데 벌써 준비가 다 되어 있었다. 마침 시민궐기대회 준비팀에서 리본을 만들 천이 더 필요하다고 하여 양말도 살 겸 대인시장으로 향했다. 회의가 시작되는 11시까지는 아직 여유가 있었다. 리본을 만들 천을 산 뒤 나일론이 섞여 있는 흰 양말도 샀다. 11시가 조금 지나 YWCA로 돌아왔다. 회의가 진행되는 2층으로 가니 많은 재야 원로들이 회의에 참석해 있었다. 정상용이 내가 서 있는 곳으로 오더니 화가 난 듯 말했다.

"형수님, 부결되었습니다." 뒤따라 나오던 윤상원도 탄식조로 말했다.

"어차피 우리끼리 할 수밖에 없어."

우리는 재야 원로들의 지원이 필요했다. 재야 원로들이 새롭게 조직된 도청 시민대책위원회를 지원한다면 계엄당국도 함부로 할 수 없으리라 믿었다. 그러나 재야 원로들은 '철없는 어린애들이 총을 들고는 이 일을 수습할 수 없다'고 판단한 것 같았다. 24일 밤 남동성당에서 김성룡 신부를 비롯한 재야 원로들이 회의를 했다고 들었다. 그분들은 흥분하기 쉬운 젊은이들이 총을 들고 나선다면 사태 해결에 도움이 되지 않을 것이라고 판단한 듯했다. 오늘 회의는 이미 결론이 난 사실을 재확인하는 절차에 지나지 않았던 것이다.

다만 김성룡 신부는 무조건 총기 회수를 주장하던 학생수습위원회 김창길 위원장과 함께 취사활동을 하던 사람들이 모두 도청을 나가 버린다고 하자, 가톨릭노동청년회 회원들에게 취사를 돕게 하겠다고 했다. 재야 원로들의 결정은 참으로 실망스러웠다. 우리는 약간 맥이 풀렸다.

윤상원을 비롯한 YWCA에 있는 사람들에게 양말을 나누어 주었다. 이 사람들도 양말을 갈아 신지 못하고 있었다. 나머지 양말을 도청으로 보내며 아침에 만난 사람에게도 전달되기를 바랐다.

어쨌든 시민궐기대회를 준비하던 팀들은 여러 가지를 점검한 뒤 3시경까지 도청 광장으로 나갔다. 3차 범시민궐기대회가 시작되었다. 어제보다 시민들이 줄어든 것 같았다. 우리는 시민궐기대회를 진행하면서 대학생들에게 나와 달라고 호소하고 시민궐기대회가 끝나면 YWCA 강당으로 모이라고 했다. 대학생들이 많이 동참해야 사기가 오르고, 무엇보다 시민들의 신뢰도 높아질 거라 생각했기 때문이다.

시민궐기대회가 끝난 뒤 6시경 YWCA 강당에서 나를 포함해 윤상원, 정상용, 김영철, 김상집, 김태종, 김성애, 이양현, 이행자, 임영희 등이 모여 전체적인 상황을 점검했다. 시민들의 열기는 식지 않았으나 계엄군의 재진입에 대한 공포가 커지고 있다. 그러나 어떤 일이 있더라도 '끝까지 싸우자'고 의견을 모았다.

회의가 끝날 무렵 조아라 YWCA 회장이 왔다. 그는 도청에 있는 재야 원로들이 회의를 하면서 식사도 못한 것 같다며, 3만 원을 건네주며 빵과 우유를 사 오라고 말했다. 어른들도 식사를 못할 지경인데 밥을 못 먹은 시민군도 많을 거라 생각하니 가슴이 답답했다. 요깃거리를 사 들고 도청에 들어가니 본관과 후관으로 통하는 통로에 시체 10여 구가 있었다. 병원이나 시 외곽에서 사망한 분들은 맨 처음 이곳으로 옮겨진다고 했다. 민원실(민원실장 정해직)에서 대강 신원과 사망원인을 조사한 후 상무관으로 이송될 것이다. 대부분 들것 위에 놓여 있었다. 아직 약병과 주삿바늘이 그대로 꽂혀 있는 시체도 있었다. 그 얼굴들을 차마 똑바로 쳐다볼 수 없었다. 이미 어두워져서 이 시신들은 내일 아침에 상무관으로 옮길 예정이라고 했다.

계단 아래에서 대여섯 명의 고등학생이 이야기하는 모습이 보였다. 바로 옆에 시신이 있는데도 그들은 조잘거리며 생기가 넘쳐 보였다. 어린 학생들이 이처럼 살벌한 곳에 있다니 이 무슨 경우인가. 아이들을 가르치는 선생이라 그런지 시신 곁에 있는 아이들을 보자 걱정이 앞섰다.

민원실 2층에 있는 회의실은 식당으로 사용하고 있었다. 식사가 끝난 후여서 사람들은 거의 보이지 않았고, 총을 들고 보초를 서고 있는 사람들만 보였다. 한 사람이 우리에게 다가오더니 무엇 때문에 왔느냐고 물었다. 취사를 돕기 위해 YWCA에서 왔다고 하니 설거지를 도와 달라고 했다. 한쪽에 그릇이 산처럼 쌓여 있었다. 대학생으로 보이는 한 여성이 걸레로 물을 훔치고 있었다. 빨간 바지가 인상적이었다. 그녀는 우리가 다가가도 거들떠보지도 않고 일만 했다. 아까 고등학생들이 '서로 신분을 말하지 않는다'고 쑥덕거리며 했던 말을 들어서 그런지 이 학생도 그런가 보다고 생각했다. 둘이서 부지런히 설거지를 하는데 갑자기 '탕!' 소리가 나면서 머리 위로 흙가루가 쏟아졌다. 우리는 그야말로 혼비백산했다. 바로 옆에 서 있던 시민군이 총기를 만지다 오발을 했던 모양이었다. 다행히 총구가 위로 향해 있어 총알은 천장에 박혔고, 그 여파로 천정 흙이 부스러져 내린 것이었다. 총을 다룰 줄도 모르는 어린 사람들이 정예 부대 중 정예라는 공수특전단으로부터 시민들을 지킨다고 총을 들고 있는 모습을 보자니 가슴이 더욱 아팠다. 이런 시민들을 적으로 삼는 군대는 도대체 어느 나라 군대인가?

설거지를 끝내고 본관 2층 식산국장실로 갔다. 나와 윤상원, 정상용, 이양현, 이행자가 모인 자리에서 윤상원은 드디어 도청 지도부가 재정비되었다고 했다. 명칭은 '민주시민투쟁위원회'로 정했다.

"이제 우리의 뜻을 관철할 수 있게 되었으니, 요구 사항을 제대로 정리하여 당국과 협상에 임하자고요. 우리의 뜻이 관철될 때까지 도청에서 옥쇄라도 합시다."

전체적으로 도청 안의 분위기는 비장했다. 사람들이 점점 도청에서 빠져나갔다. 계속 총을 들고 싸우면 살아남기 어렵다고 생각하는 사람들이 많았다. 갈등은 사라졌지만, 무기 회수를 주장하던 사람들이 도청에서 모두 철수해 버린 것도 불안감을 고조시킨 요인이었다. 여기에 남아 있는 사람들도 죽음에 대한 두려움이 클 것이다. 딱히 책임감 때문에 남아 있다고 단정할 수는 없다. 도청에 남아 있는 사람들끼리도 서로에 대한 미안함과 함께 '저 사람도 혹시 나가지 않을까' 하는 불안감을 가지고 있었다. 그러나 그런 마음을 감히 입 밖에 내지 못했을 뿐이다.

자정이 가까워지자 말수가 줄어들었다. 잠이 오지 않았다. 각자 앉아서 생각에 잠겨 있는 듯했다. 그런데 갑자기 밖에서 고함이 울려 퍼졌다.

"수상한 놈들이다."

"잡아라!"

사람들이 후다닥 복도 밖으로 뛰어나갔다. 윤상원과 몇 사람이 우리에게 "알아보고 올 테니 들어가 있으라"고 했다. 나도 그들을 따라나가 복도에 서서 주위를 둘러보았다. 복도에는 아무도 보이지 않았다. 도청 앞마당 어둠 속에 나무가 시커멓게 서 있었다. 수위실과 그 오른편에 있는 민원실이 보였고, 정문 건너편에 분수대와 금남로 길이 어렴풋이 눈에 들어왔다. 먼발치에서 여러 사람이 후다닥 뛰어다니는 소리만 들렸다. 순간 모든 감각이 멈춰 버린 것 같았다.

팽팽한 긴장감 속에서 30여 분이 흘렀다. 이윽고 복도 저쪽에서 사람들의 모습이 보였다. 윤상원과 박효선이 몇 사람과 함께 걸어왔다. 우리는 모두 식산국장실로 들어갔다. 다이너마이트가 쌓여 있는 지하실 입구를 지키던 시민군이 지하실에 수상한 사람이 있는 것 같아 내려갔는데, 서너 명이 후다닥 달아나서 바로 고함을 질렀다는 것이다. 아무래도 계엄사 프락치가 다이너마이트의 뇌관을 제거하려고 들어왔다가 도망친 것 같다고 했다. '다이너마이트를 가지고 도청을 지키고 있는 한 계엄군들도 쉽게 도청으로 들어오지는 못할 것이다.' 우리는 그렇게 믿고 있었다. 그런데도 까닭 모를 불안감이 도청 전체를 휘감고 있었다.

그들의 죽음을 헛되게 할 수 없다 _1980년 5월 26일

새벽 4시경, 다시 비상을 외치는 소리가 들렸다.

"군인들이 몰려온다."

"상무대 쪽이다."

후다닥 일어났다. 올 것이 왔구나. 군인들이 장갑차를 앞세우고 상무대를 출발하여 월산동 까치고개로 진입하고 있었다. 도청 전체가 비상 체제로 들어갔다. 남자들은 총을 챙겼다. 윤상원은 비상사태를 논의하기 위해 김성룡 신부, 윤영규 선생 등 원로들이 계시는 방으로 갔다. 잠시 후 윤상원이 돌아와 원로들과 논의된 사항을 알려 주었다.

도청에 있는 모든 사람은 비상 근무를 갖추라는 지시와 함께, 계엄군의 광주 진입을 막기 위해 원로 수습위원들이 계엄군이 들어오는 곳으로 가서 온몸으로 광주 진입을 막겠다고 했다. 원로들은 이내 계엄군이 진입하는 곳으로 출발했다.

아직 캄캄한 밤이었다. 모두 초긴장 상태였다. 심장이 오그라드는 것 같았다. '이렇게 끝나는 것인가? 우리의 운명은 어떻게 되는 거지? 잡혀간 남편과 민주 인사들은 또 어떻게 될까?' 답답하여 복도로 나갔다. 도청 앞은 캄캄했다. 분수대 너머도 온통 시커멓다. 마치 공포의 덩어리가 뭉쳐 있는 것 같았다. 지금 군인들이 들어온다면 나는 여기서 나갈 수 없을 것이다. 불현듯 부모님의 얼굴이 떠올랐다.

'가난한 살림 속에서 딸들이라도 가르쳐야 한다며 없는 살림을 졸라매며 애쓰셨지.' 부모님은 더 이상 농토도 없는 시골에서 버티기 힘들다며 두 달 전에 시골 살림을 모두 정리하여 광주로 올라오셨다. 아버님은 썩어 가는 뼈를 잘라내고 인공 뼈를 넣는 수술을 두 번이나 받으셨다. 두 번째 수술은 6개월 전에 받았지만 아직 혼자 화장실에 가기도 힘들어하셨다. 막내 남동생은 아직 대학 2학년이다. 어제 도청을 지키겠다고 강당에서 총을 들고 연습하던 모습이 떠올랐다. '지금은 어디에 있을까? 나는 그렇다 치고 지금 서점을 지키고 있는 여동생은 어떻게 될까? 내 동생들이 잘못되면 부모님은 얼마나 힘드실까……'

얼마나 지났을까. 계엄사와 협상되어 오늘은 군인들이 들어오지 않기로 했다고 한다. 가슴이 멍해진다. 무슨 느낌인지도 모르겠다. 나중에 들은 바에 의하면, 원로 수습위원들이 탱크를 앞세우고 진입하는 계엄군 앞에 모두 드러누워 '우리를 깔고 넘어가라'고 버텼다고 한다.

이른바 '죽음의 행진'을 통해 계엄군의 도청 진입을 온몸으로 막아낸 것이다.

윤상원 등 몇 명이 모여 다시 상황을 점검했다. 우리가 총기 회수를 반대했지만 현실은 그렇지 않았다. 어젯밤에 도청을 지키겠다고 총기를 소지하고 들어온 대학생들도 많이 나가 버렸다. 그러나 아무리 상황이 어렵더라도 우리는 계엄당국의 약속을 받을 때까지 그만둘 수 없다고 결의했다. 억울하게 죽은 자들의 희생을 헛되게 할 수 없었다.

도청에서 할 일이 있는 사람들은 도청에 남았지만, 나는 시민궐기대회 준비를 위해 YWCA로 가기로 했다. 우리는 25일 밤 도청 식산국장실 논의에서 26일에는 범시민궐기대회를 두 번 열기로 결정했다. 계엄군이 재진입한다는 말이 떠돌고 있어 시민들의 공포가 점점 커지고 있었다. 이런 상황에서 시민들이 자주 모여 결의를 다져야 용기를 낼 수 있다고 생각했기 때문이다. 그래서 26일에는 오전 11시와 오후 3시에 열릴 범시민궐기대회를 준비해야 했다.

많은 사람들이 움직이고 있었다. 사람들의 얼굴에 긴장과 공포가 넘실거렸다. 당연하다. 오늘 새벽에 벌어진 사태가 이미 전해졌을 것이다. 그러나 모두 묵묵히 자신의 일을 찾아서 하고 있었다. 부엌에서는 밥을 짓고 있었고, 안쪽 방에서는 〈투사회보〉를 등사하는 팀이 부지런히 움직이고 있었다. 강당에서는 대자보팀과 궐기대회 준비팀이 이야기를 나누고 있었다. 그동안 우왕좌왕했지만 이제 제법 틀이 잡혀 누가 말하지 않아도 차질 없이 진행되고 있었다.

도청에서 결정한 대로 시민궐기대회를 두 번이나 해야 하니, 우리부터 분수대 위에서 할 이야기를 정리하기로 했다. 동화 작가이자 해남농민회에서 활동하는 윤기현, 전남대생이자 극단 광대 단원인 김윤기 등이 심각한 얼굴로 글을 쓰고 있었다. 나도 '우리의 각오'라는 글을 썼다. '북한이 곧 쳐들어온다'는 유언비어가 속출하여 시민들이 불안해하고 있었다. 오랫동안 적색공포에 세뇌된 국민이니 어쩔 것인가? 나는 '우리의 각오'에서 만약 북한이 쳐내려온다면 우리가 제일 먼저 나서서 목숨을 걸고 싸우겠다는 내용을 썼다. 이런 유언비어는 시민의 마음을 이간시키려는 공작이지만, 실제로 많은 사람이 불안에 떨고 있었다. 정말 북한이 쳐내려올 것이라 믿지 않더라도 간첩이 암약할지 모른다는 생각은 할 수 있었다. 이러한 분위기 속에서 자신들이 빨갱이로 몰릴지도 모른다는 공포도 매우 컸다.

우리는 그동안 준비한 것들을 가지고 11시에 도청 분수대 앞으로 갔다. 시민들은 여느 때와 같이 많이 모여 있었다. 시민들 속에서 아침에 일어났던 비상사태 이야기가 나왔다. 시민들의 표정은 결연했지만 공포와 긴장감은 그대로 드러나 보였다. 우선 그동안 일어난 일에 대한 경과보고를 했다. 계획된 시간이 훌쩍 지나서 4차 범시민궐기대회가 끝났다. 우리는 '어떤 일이 있더라도 광주를 지켜야 한다'는 결의를 굳건히 다졌다.

점심을 간단히 먹고 오후에 있을 5차 범시민궐기대회를 준비했다. 궐기대회 시간은 오후 3시. 모두 분주하게 움직였다. 서점을 지키던 동생이 YWCA로 나를 찾아왔다. 윤상원이 전화로 언니를 찾았다고 했다. 그러고 보니 새벽에 헤어지고 난 후 우리는 다시 만나지 못했다. 그는 도청 안에 있었고 나는 YWCA에서 일하느라 만날 틈이 없었다. 나와 직접 통화를 하자는 걸 보니 '뭔가 중대한 고비가 온 건가?' 하는 생각이 퍼뜩 들어 급히 서점으로 갔다.

서점은 한가했다. 모두 도청이나 YWCA로 이동했기 때문이다. 서점 여기저기 흩어져 있는 총이 보였고, 구석에는 수류탄으로 보이는 물건도 있었다. 며칠 동안 총과 무기를 보고 있었지만 서점에 널려 있는 총과 수류탄을 직접 보니 가슴이 철렁했다. 그러나 지금은 이것들을 치울 수가 없었다. 무기를 두고 간 사람들이 찾아가리라고 생각했기 때문이다. 그런데 한 시간이 지나도 윤상원은 전화하지 않았다. 이러고 있을 수 없어 나는 5차 범시민궐기대회를 준비하는 도청 분수대로 갔다. 햇살이 약해졌고 바람도 심하게 불었는데 구름까지 몰려오고 있었다. 궐기대회에 모인 시민들은 오전 궐기대회 때보다 반 이상으로 줄어든 것 같았다. 어쩔 수 없었다. 계엄군이 곧 진입한다는데 누가 두려워하지 않겠는가? 그러나 우리는 광주시민들의 죽음을 헛되게 할 수 없다고 생각했기에 끝까지 광주를 지킬 것을 다짐했다. 사회자가 5월 16일 민족민주화성회처럼 전 시내를 돌면서 시민들을 안심시키고, 우리의 결의를 알려 주자고 했다. 우리는 곧 네 개의 조를 편성하고, 각 조별로 플래카드를 펴들었다. 나는 양동 쪽으로 가는 조의 선두에 섰다. 양동 쪽에 탱크를 앞세운 계엄군이 있어 그쪽으로 가는 것을 모두 두려워한다고 들었기 때문이다. 월산동까지 행진을 했다. 해가 지고 날이 어두워지면서 구름까지 덮여 을씨년스러웠다. 연도에서 우리를 지켜보던 시민들은 여전히 박수를 보내며 격려했지만, 어쩐지 힘이 빠지고 두려워하는 듯했다. 행진을 끝내고 분수대 앞에 도착했더니 다른 조들은 이미 모두 해산했다고 알려 주었다. 우리 조도 중간에 빠져나간 사람들이 많아 남아 있는 사람은 소수였다.

분수대 아래에 정상용이 서 있었다.

"형수님, 너무 걱정하지 마십시오. 저희가 다 준비하고 있습니다."

"아까 윤상원 씨가 보자고 했다는데 무슨 일일까요?"

"우리들이 준비한 이야기일 겁니다."

"아무튼 조심하십시오."

"조금 후라도 시간이 나면 서점에서 뵙겠습니다. 연락드리지요."

"알겠습니다."

그는 도청으로, 나는 서점으로 각기 돌아갔다. 서점에 도착하니 동생이 또 윤상원에게서 전화가 왔는데 "걱정하지 마라. 다 준비되어 있다"고 전해 달라고 했단다. 가슴 깊이 무언가 울컥하며 치솟아 올랐다. '오늘 저녁이 고비일 수도 있다'는 말을 차마 동생에게 말할 수 없었다.

YWCA에는 70여 명의 사람이 여기저기에서 움직이고 있었다. 나는 임영희와 상의한 후 통행금지 시간인 밤 9시경에 대자보를 쓰고 취사를 거들었던 사람들을 귀가시켰다.

"시민 여러분, 우리와 함께해 주십시오!"_1980년 5월 27일 새벽

YWCA에는 이제 경비를 서는 청년 학생들과 〈투사회보〉를 만드는 들불야학팀 그리고 YWCA 간사인 정유아와 이행자, 나와 임영희 등만 남아 있었다. 우리는 '어떻게든 이 고비를 넘기고 끝까지 싸워 보자'고 서로를 격려했다. 그런데 사람은 아무리 긴장해도 잠을 참을 수 없는 것일까? 계엄군이 언제 쳐들어올지 모르는 긴박한 상황이었는데도, 열흘 동안 제대로 잠을 자지 못했기 때문인지 이야기하다 깜박 잠이 들었다.

"아짐 일어나시요" 하는 소리가 먼 데서 들리는 것 같았다.

"언니, 어떻게 하지?" 임영희가 나를 흔들어 깨웠다. 여기저기에서 부산하게 움직이는 소리가 들렸다.

"내가 나가서 알아보고 올게." 이행자가 나갔다. 계속해서 '계엄군들이 들어오고 있다'는 비상 연락이 왔다. 어제 도청과 YWCA는 공동 행동을 위해 연락망을 만들었는데, 전혀 연락이 되지 않고 있었다.

'올 것이 왔구나!' 도청으로 군인들이 진입한다는 생생한 여자의 방송 소리가 건물 바깥에서부터 들려왔다. 새벽 2시경이었다.

"계엄군이 들어오고 있습니다. 시민 여러분! 우리와 함께해 주십시오. 우리를 지켜 주십시오."

그 방송이 나오자 일부 청년 학생들은 도청을 지키러 가야겠다고 일어섰다. 그러자 누군가가 "도청으로 다 가면 안 된다. 여기도 지켜야 한다"고 말했다.

〈투사회보〉팀장인 박용준과 임영희는 어떻게 해야 할지 나에게 물었다. 나는 그 순간 바로 결정을 내렸다.

"경비를 제외하고 나머지 사람들은 모두 나가자."

교사였기 때문이었을까? 아직 배우고 있는 사람들을 죽게 할 수 없다는 생각이 순간적으로 들었다. 들불야학 학생들을 먼저 내보내기로 했다. '군인들에게 어떤 보복을 당할지 모르니 우선 광주를 빠져나가야 해.' 차비가 있어야 이들이 움직일 수 있을 것 같아 남은 돈을 그들에게 나누어 주었다. 취사실 옆방에 있는 여성들에게 갔다. 그들은 '밥을 좀 해 주었다고 우리까지 어떻게 할까요' 하는 표정으로 앉아 있었다. 나는 그들에게 간단한 설명을 하고 차비를 나누어 주었다.

"일단 남아서 아침밥이라도 해 주고 떠날래요."

"고마운 말씀입니다. 집으로 돌아가셨다가 괜찮으면 내일 다시 오세요."

그들은 몇 번이나 뒤돌아보면서 어두운 골목으로 빠져나갔다. 무사히 안전한 곳으로 빠져나갈 수 있도록 마음속으로 간절히 빌었다.

임영희가 나에게 다가오더니 들불야학 학생들이 나가지 않겠다고 고집을 부리고 있다고 했다. 그들이 있는 방으로 갔다. 들불야학 학생인 어린 노동자들은 계속 같이 있겠다고 했다. 그들의 손을 잡았다.

"괜찮아지면 내일 다시 와서 같이 일하자."

우리는 모두 울었다. 간신히 그들 손에 만 원짜리 한 장씩을 쥐여서 내보냈다.

여자들은 나와 임영희 그리고 정유아 이렇게 셋만 남았고, 남자들은 박용준과 대학생 30여 명이 남아 있었다. 나는 다시 YWCA 방을 구석구석 돌아다녔다. 어린 학생이나 노동자들 그리고 여성들이 남아 있으면 내보낼 생각이었다. 박용준에게 말했다.

"학생과 청년들도 강제로 남아 있게 해서는 안 돼요. 스스로 남아 있고자 하는 사람들만 남게 합시다."

그러자 박용준이 말했다.

"나가고 싶은 사람은 지금 나가도 된다. 붙잡지 않겠다. 그러나 남아 있는 사람은 총을 들고 싸워야 한다."

한참을 기다렸으나 나가는 사람은 없었다. 우리는 출입문을 닫고 강당에 있는 의자를 가져와 입구에 쌓았다. 창문도 모두 걸어 잠갔고 창문 앞에도 책상이나 의자를 쌓아 놓았다. 바리케이드를 만든 셈이었다.

'아, 이렇게 끝나고 마는 것인가? 도청에서도 끝까지 싸우겠다는 사람들만 남아 있겠지?'

생각에 잠겨 있는데 박용준 씨가 다가왔다.

"형수님도 나가십시오." 박용준을 쳐다보았다. 아까 내가 사람들을 내보낼 때 하던 말을 그가 다시 나에게 하고 있었다.

"형수님, 아침에 다시 오십시오." 나갈 수 없었다. 나는 처음부터 녹두서점과 YWCA에서 나름대로 책임감을 가지고 일해 왔다. 계엄군이 쳐들어온다고 해도 잘 피하면 죽지 않을 거라 생각했다. 죽더라도 어쩔 수 없다. 잡혀가도 어쩔 수 없는 일이다. 박용준은 내 각오를 알고 있으면서도 이곳은 자신이 맡겠다며 나뿐만 아니라 임영희와 정유아도 함께 나가는 것이 좋겠다고 계속 주장했다.

살고 싶었던 걸까? 갑자기 녹두서점에 널려 있는 총과 윤상원이 맡긴 문건들이 생각났다. '이것들이 계엄당국에 들어가면 어떡하지? 부인할 수 없는 증거가 될 수도 있는데.' 지금 당장 YWCA가 공격당할 것 같지는 않았다. 도청에는 다이너마이트가 있어 함부로 공격할 수도 없을 것이다. 도청에 남아 있는 사람들이 어떤 대응을 할지는 알 수 없으나, 혹시 진압된다면 희생을 줄이기 위해서라도 증거물을 없애는 것이 지금 내가 해야 할 일이라고 생각했다. 아니, 그렇게라도 이 상황에서 본능적으로 벗어나고 싶었을지도 모른다. '그래 나가자.'

정문은 바리케이드가 쌓여 있어 나갈 수 없었다. 쌓인 의자와 책상을 치우고 넘어가려고 하는데, 갑자기 2층에서 청년 하나가 내려왔다.

"여자들이 다 나가면 우리가 다칠 때 누가 치료해 줍니까?"

그 말을 들으니 도저히 밖으로 나갈 수 없었다. 그런데 박용준이 우리들을 떠밀면서 그에게 말했다.

"내가 해 줄게."

밖으로 나온 뒤 임영희는 병원 담이 있는 곳으로 우리를 끌고 갔다. 담 옆에서 김상집, 전용호 등 몇몇 남자들이 여성이 담을 넘을 수 있도록 도왔다. 간신히 담을 넘어 골목 어귀에 섰는데, 뒤따라 담을 넘은 김상집과 전용호 등 몇몇 청년들이 총을 가지러 가야겠다면서 도청 쪽으로 가려고 했다. 나는 바로 그들을 뒤따라가 시동생 김상집을 붙잡았다.

"지금은 어떤 상황인지 전혀 모르니 일단 서점으로 가요."

멈칫거리는 그들에게 날이 밝으면 상황을 보고 움직이자고 설득하여 모두 서점으로 가자고 했다.

남자들의 뒤를 따라 정유아, 임영희와 함께 100미터 정도 어둠 속을 걸었다. 앞서간 사람들은 보이지 않았다. '무사하겠지?' 이제 4차선 도로 하나만 건너면 서점이었다. 그때였다.

"따따닥!"

갑자기 도청 쪽에서 차 한 대가 지나가면서 총을 난사했다. 귀가 먹먹해졌다. 다시 반대 방향에서 트럭이 지나가면서 총을 쏘고 지나갔다. 총알이 날아가면서 포물선을 그리는 모습이 보였다. 어디에서 총알이 날아올지 몰랐다. 다시 도청 쪽에서 총소리가 났고, 길고 빨간 포물선이 흘러갔다. 벌써 군인들이 들어왔나 싶어 조바심이 났다. '서점에 있는 총들과 문서들을 치우지 못하면 어쩌지?' 잠시 잠잠해지자 서점을 향해 뛰었다. 그때 갑자기 뒤로 쿵 주저앉고 말았다. 누군가 팔을 잡아당긴 것이다.

"언니 죽으려고 그래?" 임영희였다. 그녀는 위험하니 돌아서 가자고 했다. 그렇지만 너무 늦어 버릴 것 같았다. 내가 총과 문건을 치우기 전에 계엄당국의 누군가가 서점에 들이닥칠 것 같았다.

"그래. 유아 언니하고 너는 돌아서 가. 나는 얼른 가 봐야 해."

서점을 향해 뛰었다. 서점에 도착하고 얼마 뒤에 나머지 사람들도 모두 서점에 모였다. 우리는 도청은 이미 계엄군이 장악했으니 서점에 남아 있는 것도 위험하다고 생각했다. 각자 살아남을 길을 찾아야 했다. 나는 서점에 있는 돈을 모두 꺼냈다. 10만 원이 조금 넘었다. 모두에게 만 원씩 나누어 주고 "살아서 만나자"며 그들을 내보냈다.

이제 서점에는 시동생 김상집과 동생 정현순 그리고 나만 남았다. 나는 맨 먼저 문건들을 없앴다. 여기저기 놓여 있는 무기들을 모으니 총이 일고여덟 정이나 되었고 수류탄도 몇 개 있었다. 아마도 시민과 학생들이 도청에서 받은 무기를 다급해지니 서점에 그냥 두고 간 것 같았다. 동생과 나는 이 무기들을 길가에 있는 전봇대 아래에 놓아두었다. 계엄군이 들어오면 길가에 있는 무기부터 수거해 갈 것이다. 다시 방으로 돌아오니 또 총 한 자루가 남아 있었다. 누군가가 눈에 띄지 않는 쌀통과 장롱 사이에 총을 두고 간 것이다. 그 총을 가지고 나가던 동생이 다시 방으로 들어왔다.

"대문 틈으로 군홧발이 보여."

계엄군이 들어왔다는 말이었다. 숨이 턱 막혔다. 날이 이미 훤하게 밝았기 때문에 총을 밖으로 내놓을 수가 없었다. 총이 너무 길어 집 안에 숨길 데도 없었다. 급하게 시동생이 총을 분해해 보자기로 싼 다음 쓰레기통에 버렸다.

나는 별일 없는 듯이 학교에 출근해 이 상황을 벗어나려고 했다. 옷을 갈아입기 위해 장롱을 열었다. 출근하던 습성 때문이었을까? 세수를 먼저 하고 정장 차림으로 갈아입었다. 시동생도 깨끗이 면도를 하고 있었다. 더부룩한 모습으로 나가다가는 바로 잡힐 것 같았기 때문이다. 바로 그때 10여 명의 계엄군들이 무장하고 집 안으로 들어왔다.

"모두 나와."

"엎드려!"

"남자는 머리부터 박아. 여자들은 마루에 앉아."

여자와 남자를 분류해 놓고 총을 든 군인이 옆에서 감시했다. 숨조차 쉴 수 없었다. 그래도 문건과 무기들을 치워 놓아 그나마 마음의 여유가 생겼다. 계엄군들이 집을 수색하자 무엇보다 쓰레기통에 버린 총이 걱정되었다. 만약 총이 발견된다면 특히 시동생이 무사하지 못할 것이다. 그들은 세 들어 있는 가게와 안집 모두 뒤지다가 우리 가게가 서점이라는 사실을 알고는 우리가 있는 곳만 집중적으로 뒤지기 시작했다.

"서점 주인은 앞으로 나와."

할 수 없이 앞으로 나갔다. 그들은 나를 세워 둔 채 계속 서점을 뒤졌다. 창고 문을 서너 차례 열고 들여다볼 때마다 내 가슴이 쿵쿵 뛰었다. 30여 분을 뒤진 후 그들은 별다른 것을 찾지 못했다.

군인들은 집 안에 있던 모든 사람을 한 명씩 심문했다. 가족 사항, 점포 내용, 그동안 한 일 등을 물었다. 옆 가게에 사는 분들에게서는 별다른 혐의점을 찾지 못했다. 내 차례가 되었는데 너무 긴장하여 '내 몸이 날아서 어디론가 가 버렸으면' 하고 간절히 소망했다.

"뭐 하는 사람이요?" 내가 말쑥한 정장 차림을 하고 있어선지 다른 사람들보다는 덜 위협적으로 물었다.

"교사인데요."

"남편은 어디 있소?"

"17일 밤에 잡혀갔습니다." 그들은 자기들끼리 눈을 마주치며 고개를 끄덕였다. 목표물을 정확히 잡았다는 표정이었다. 그들은 나를 다시 서점 안으로 데려가 샅샅이 뒤지기 시작했다. 서점에 꽂혀 있는 사회과학 서적과 들불야학 문집들을 끄집어냈다.

"이거 순 빨갱이 책이잖아."

"모두 허가된 책들입니다."

어떻게든 '간첩'으로 몰려서는 안 된다는 마음으로 용기를 내서 필사적으로 대답했다. '간첩으로 몰린 사람들은 죽는 것보다 더 어렵게 산다'는 것을 알고 있었던 터라, 나뿐만 아니라 광주시민들이 빨갱이로 몰리는 상황은 어떻게든 막아야 한다고 생각했다. 새벽에 YWCA에서 서점으로 돌아온 이유도 그 때문이었다.

"이것으로 북한 방송을 들었구먼."

방을 뒤지던 군인이 라디오를 가지고 나왔다. 그것은 윤상원이 서울에서 사용했던 고물 라디오였다. 또 한 사람은 서점 벽장에서 결혼기념패를 가지고 나왔다. 전남구속자협의회에서 만들어 준 것이었다.

"무기는?"

"없습니다."

"가자."

3장

거리에서

김상집

군인에서 사회인이 되다 _1980년 5월 1일

나는 1980년 5월 1일 대구 와룡산 산기슭에 있는 506항공대에서 제
대했다. 5·18 당시 무장하지 않은 시민들에게 무차별 공중사격을 한
바로 500MD 헬리콥터 부대다. 제대를 앞두고 2월과 3월 연달아 휴
가를 나왔다. 수송대에서 근무하다 보니 어느 정도 차량 정비를 했는
데, 내가 휴가를 가면 고장 난 차량을 고칠 사람이 없어 그때그때 휴
가를 미루곤 했기 때문이다. 고장 난 차량을 대충 거의 다 고쳐 놓고
제대를 앞두고 한 달 간격으로 휴가를 쓴 것이다.

　1979년 11월, 두 번째 휴가를 나왔을 때 들불야학에 들러 윤상원
형과 김영철 형을 만났다. 그때 만난 박용준과는 나이가 같아 친구로

지내기로 했다. 그때 윤상원은 내게 제대하면 들불야학 강학을 맡아 수업도 하고 졸업한 야학 형제들과 함께 지냈으면 좋겠다는 제안을 했다. 야학 형제들이 대학생들한테 거부감이 커서 자꾸 다투는데, 나는 고졸이고 박용준과 그 또래들과도 이야기가 잘 통하니 강학을 하기에 적합하다는 거였다.

5월 2일 31사단에 집결하여 제대 신고를 한 후 그 다음 날부터 구직광고를 보며 일자리를 찾기 위해 아침 일찍 자전거를 타고 임동 전남방직과 일신방직 그리고 광천동 공단 일대를 돌아다녔다. 당시에는 근로기준법에 따라 신입사원 채용공고를 의무적으로 했는데, 대체로 아는 사람을 채용하기 위해 채용 공고문을 아침 8시경에 붙여 놓고 한 시간 뒤에 떼어 버리는 경우가 많았다. 그래서 그 전에 신입사원 모집공고를 보러 다녀야 했다.

특히 이양현 선배가 전남방직이 청바지만 전문적으로 생산하는 전일산업이라는 자회사를 세울 예정이라며, 이제 막 군에서 제대했으니 쉽게 들어갈 수 있을 것이라 귀띔해 주었다. 또 처음 신입사원으로 들어가면 노조를 만들기도 쉬우니 공고문을 잘 알아보라고 했다. 아침 일찍 자전거를 타고 전남방직 회사에 제일 먼저 들러 수위 아저씨에게 언제 신입사원을 채용하느냐고 물어보았다.

5월 4일 아침 또 다시 전남방직 정문에 가서 정문 담벼락을 살펴보고 수위실에 들어가니 수위 아저씨가 물었다.

"뭐하러 날마다 찾아오는 거요?"

"5월 1일에 제대했는데 일자리를 찾습니다."

"제대하자마자 일자리를 찾소?" 놀라면서도 기특해 했다.

"마침 전남방직에서 기계를 새것으로 교체하는 일거리가 있소. 여기서 일하다 보면 전일산업 채용공고가 날 테고, 그러면 아마 우선 채용해 줄 거요. 그러니 먼저 여기서 일해 보는 게 어떻겠소?"

나는 기쁜 마음으로 승낙했다. 수위 아저씨는 5월 6일 8시까지 출근하라고 했다.

돌아가는 시국이 심상치 않다 _1980년 5월 5일~17일

1980년 5월 5일 어린이날, 송백회 주최로 민청학련 선배들과 1970년대 여러 부문에서 활동했던 선후배들이 '가족동반 야유회'로 식영정 뒷산에 모였다. 나는 군대에서 갓 제대했지만 고등학교 때 데모 좀했다고 그 모임에 끼게 되었다. 박형선, 윤경자 부부가 데모하려면 힘내야 한다고 보양탕을 솥단지로 끓여 와 맛있게 먹은 기억이 난다. 부부는 그 후에도 운동권 식구들이 모이면 항상 보양탕을 끓여 왔다.

이날 모임은 담당 형사들의 눈을 피해 극비리에 이루어졌다. 윤한봉 선배를 비롯한 민청학련 선배들이 주축이 되어 야유회 형태로 모였는데, 어린이날이라서 모두 아이까지 데리고 놀러 가는 척하며 식영정 뒷산에 모였다.

먼저 2박 3일간 사북탄광에 가서 갱부들의 투쟁과 계엄군의 진압과정을 조사하고 온 청계피복노조 노동자 두 분의 보고가 있었다. 당국이 보도는 물론 외부 출입을 철저히 통제했기 때문에 두 사람은 신혼부부 행세를 하며 일단 사북탄광에 들어갔고 거기서 노조 사람들을 만나 전말을 파악할 수 있었다.

합동수사단은 5월 6일부터 140여 명의 광부와 부녀자들을 연행했고, 후에 무자비한 고문 수사 끝에 28명을 군법회의에 회부시켰다. 그 후에 출감한 지 3년 이내 고문 후유증으로 사망한 이가 3명이나 된다고 하니 당시 고문이 얼마나 심했는지 짐작할 수 있다.

윤한봉 선배는 1979년 11월 YWCA 시국선언문으로 잡혀간 함석헌, 김대중, 김영삼 등이 남한산성(군부대 감옥)에서 당했던 수모와 고초를 설명해 주었다.

이후 현 시국에 관해 토론했다. '전두환, 신현확의 집권 시나리오'와 이를 저지하기 위한 노동자, 농민, 학생, 종교계, 언론인, 문인 등 민주 인사들의 투쟁 현황과 전망에 관해서였다. 전두환과 신현확은 최규하 대통령을 허수아비로 세워 놓고 겉으로는 국민투표를 하겠다고 말했으나 국민투표를 통해서는 3김의 적수가 되지 못하기 때문에, 향후 정치 일정을 파기하기 위해 비상계엄을 제주 일원까지 확대하고 통일주체국민회의 대의원 선거를 통해 집권하리라 예측했다.

문제는 '비상계엄 확대'의 명분과 시기였다. 박정희 군사정권의 18년 장기 독재가 궁정동 피살로 막을 내림에 따라 민주정부 수립을 요구하는 노동자, 농민, 학생 등 각계각층의 민주화 시위가 널리 퍼졌기 때문에 간첩단 사건, 휴전선 총격 사건 등을 발표하며 비상계엄을 확대할 것으로 보았다. 발표 시기도 박정희의 양자임을 자처하는 전두환인 만큼 5·16군사쿠데타를 기념하여 거사를 일으키리라 보았다. 그렇기 때문에 광주 운동권은 물론 전국의 민주화운동 세력은 5월 16일을 앞두고 시시각각 의견을 주고받으며 초긴장하고 있었다.

논의 과정에서 전두환, 신현확의 집권 음모는 여러 정황상 거의 확실했다. 단지 비상계엄을 확대하면 사북사태의 경우처럼 공수들의 투입이 예상되기 때문에 그다음은 어찌할 바를 몰라 모두 두려워하고 있었다.

모임이 끝나고 우리는 버스를 타고 산수동 오거리에서 내렸다. 윤상원이 나와 노준현에게 막걸리를 한잔하자며 인근 주점으로 데리고 갔다. 윤상원은 사북탄광처럼 비상계엄이 전국으로 확대되어 공수들이 투입되면 어찌하는 게 좋겠냐고 물었다. 나는 제대하기 전에 군에서 시위 진압 훈련인 충정훈련을 했고, 특히 506항공대는 서울 이남 2군 지역을 관할하는 500MD 공격용 헬기부대라 부마항쟁 당시 최루가스를 공중 살포하는 훈련을 했던 것이라며, 군은 비상계엄 확대와 동시에 500MD 헬기를 투입할 거라고 말했다. 윤상원은 최루가스야 견딜 수 있지만 공수부대 투입이 문제라고 말했다.

전남방직 일에 어느 정도 익숙해졌을 무렵, 5월 14일부터 전남대생들이 교문 밖으로 진출하여 도청 앞까지 가두행진을 하고 있었다. 마침 나도 일을 마치고 자전거를 타고 퇴근하던 중 유동삼거리에서 시위대를 만나 도청까지 함께 행진했다. 15일에도 퇴근하던 중 유동삼거리에서 가두 행렬을 만났는데 맨 앞에 교수님들이 태극기를 앞세우고 행진을 하고 있었다. 5월 16일에는 가두 시위를 하는 학생들이 횃불을 들고 긴 행렬을 이뤘고, 시민들은 박수를 치고 연호하며 도청까지 따라갔다. 도청 앞 분수대에 도착한 시위 행렬의 횃불은 분수대에 올라 도청 앞을 환하게 밝혀 주었다. 전남대 총학생회장 박관현이 분수대 위에 올라서서 외쳤다.

"만약 전두환이 비상계엄을 확대 선포한다면 우리는 다시 이 자리에 모일 것이다. 만약 이 자리가 막히면 각자 학교에서 모이자. 우리는 군부독재 퇴진을 위해 최후의 일인, 최후의 일각까지 투쟁한다."

당시 YWCA 사회교육부에 아세아자동차 노사 분규 사건이 접수되어 대책을 강구하기 위해 매일 저녁 아세아자동차 노조원들이 모임을 가졌었다. 나는 이양현 선배에게 소식을 듣고 17일 저녁 일을 끝내고 그 자리에 참석했다. 당시 광주 지역의 노사 분규 상황은 호남전기의 단식 파업과 전남방직의 임금 협상이 가장 큰 화두였다.

금속노조 전남지부장인 조금래는 불법적으로 아세아자동차 노조 분회장을 맡으며 거액의 조합비를 횡령했다. 이에 노조 설립 당시부터 노조 활동을 열심히 했던 김영업이 노동조합의 민주화를 외치며 조합장 직선제, 소비조합의 이익금을 노조원에 환원할 것을 요구하며 노동청에 조금래를 횡령 혐의로 진정했었다.

하지만 사무장을 서울로 도피시킨 조금래는 증거가 없다는 이유로 오히려 김영업을 무고죄로 고발하여 김영업이 거꾸로 징역 1년 6개월을 복역하게 되었다. 형기를 마친 김영업은 서울 등지를 수소문한 끝에 사무장이었던 노동길을 찾아 이중장부까지 갖추어 다시 조금래를 고소하여 법원에 불구속 처리를 해 놓은 상태였다.

YWCA 2층 소회의실에 모인 20여 명의 조합원은 김영업의 억울한 옥살이와 조금래의 횡령 사실에 관한 명백한 해명을 요구했고, 더욱이 조금래가 자신의 결백을 주장하며 김영업을 무고죄로 고발했던 사실에 모두 분개했다. 또한 그러한 일은 유신정권 하에서 자행되었으니 10·26 이후 정권교체를 맞아 노동자도 민주적으로 노조를 운영하자며 진지한 토론을 벌였다.

우리는 계엄 확대에 관해 걱정하며 어떤 상황이 닥치더라도 끝까지 민주노조를 만들자고 결의했다. 우리는 5월 18일 오후 3시에 다시 만나기로 하고 통행금지가 넘어서야 집에 돌아갔다.

진압군 속에서 친구를 발견하다 _1980년 5월 18일 오전

5월 18일 새벽 5시경, 문을 두드리는 소리에 잠에서 깼다. 나가 보니 윤상원 형이었다. 큰형 김상윤이 어젯밤 12시경 녹두서점에서 예비검속되어 합동수사부로 잡혀갔다고 말했다. 비상계엄이 제주를 비롯한 전국으로 확대되었고, 예비검속이 시작된 것이다. 큰형이 한밤중에 잡혀갔으니 빨리 나와 형 대신 서점을 지키며 이곳저곳 연락을 맡아 달라고 부탁했다.

급히 녹두서점으로 달려가니 이미 형수 정현애를 비롯하여 예비검속당한 선배들의 형수들이 모여 있었다. 그때 서점 주위를 배회하면서 서점의 움직임을 감시하던 사람이 있었는데, 그는 박형선을 연행했던 형사였다. 박형선의 부인 윤경자가 서점 밖으로 뛰어나가 그 형사의 먹살을 잡으려고 하였고, 서점 안에 있던 형수들도 합세하여 그 형사에게 덤벼들었다.

"이 여자들이⋯⋯!" 형수들의 기세에 눌린 형사는 당황해하면서 얼른 그 자리에서 도망쳤다.

녹두서점에 오는 사람마다 뭔가 일을 벌여야지 가만있다가는 잡혀간 사람들이 모두 죽겠다며 상황을 주시하고 있었다. 그때 윤상원 형에게 전화가 걸려왔다. 오전 9시경 전남대 입구에서 시위하던 200여 명의 학생을 향해 착검한 공수부대가 "돌격 앞으로"를 외치며 무자비하게 찌르고 곤봉으로 두들겨 팼다고 했다. 공수들이 기절해 쓰러진 20여 명의 대학생 발목을 잡고 질질 끌며 전남대 안으로 들어갔으며, 시위하던 대학생들은 학교 안으로 들어갈 수 없자, 방향을 돌려 광주역을 지나 공용터미널에서 시내 쪽으로 진출하고 있다고 했다. 윤상원은 계속해서 시위 상황을 알려 주었다. 전남대 정문, 신역, 공용터미널 등등⋯⋯. 나는 곧바로 가톨릭센터 앞으로 달려나갔다.

금남로 가톨릭센터 앞에 모인 수많은 시위 대열은 스크럼을 짜고 제일성결교회(오늘날 광주백화점) 앞에 대치 중인 전경들을 향해 밀어붙였다. 이에 전경들은 어깨동무를 한 채 구호를 외치며 다가오는 대학생들의 머리를 무자비하게 내리쳤고 최루탄을 터트려 시위대를 해산시켰다. 가톨릭센터 뒷골목과 충장로로 흩어졌던 시위대가 재차 모여 스크럼을 짜고 '계엄 철폐, 독재 타도'를 외치며 전경들의 바리케이드를 뚫고 분수대를 장악하려 시도했지만 경찰들의 곤봉 세례와 최루탄에 또다시 흩어질 뿐이었다. 곤봉과 무차별한 최루탄 발사로 모였다

흩어지기를 몇 차례 반복하던 시위대가 스크럼을 하지 않고 보도블럭을 깨서 던지기 시작했다. 윤상원과 나는 "비상계엄 해제", "구속자 석방", "전두환 타도"를 외치며 시위대와 함께했다.

전경들의 진압으로 잠시 시위대가 해산되어 길가에 물러서 있을 때였다. 멀리서 전경들 앞에 서서 메가폰을 든 지휘자가 방독면을 벗는 모습을 보고 깜짝 놀랐다. 그는 윤상원과 중고등학교 때부터 대학까지 내내 함께한 후배 김종수였다. 나는 윤상원에게 말했다.

"형, 저기 종수 형 아니여?"

"뭐 종수라고? 맞다. 야! 종수야!"

윤상원이 크게 이름을 부르자 그는 주위를 두리번거리더니 우리를 발견하고는 얼른 방독면을 썼다. 그는 전남대 정치외교학과를 나와 경찰행정대학원을 거쳐 전남도경 간부로 일하고 있었다. 윤상원과 나는 얼굴을 마주보며 쓴웃음을 지었다.

"어쩌면 이런 데서 만나다니……."

총검에 찔린 남자가 눈앞에서 쓰러지다 _1980년 5월 18일 오후

시위대는 다시 광주우체국으로 접어들어 도청을 향해 전진했다. 그러자 경찰기동대가 광주우체국 앞에 몰려 있는 시위대를 향해 사과탄을 던졌다. 시위대가 좀처럼 물러설 기미를 보이지 않자 지프차를 밀고 오더니 광주우체국에서 금남로로 가는 길목을 막아 버렸다. 이 길을 지나면 곧바로 광주YMCA가 있고 도청 분수대를 장악할 수 있는 길목이었기 때문이다. 몇 차례나 지프차를 향해 돌진했으나 워낙 많은 사과탄을 투척해서 돌파하기 어려웠다. 이때 누군가가 1갤런짜리 깡통을 지프 차량 밑으로 던지는 게 보였다. 곧바로 차에 불이 붙었다. 우리는 "와아" 하는 함성을 지르며 기뻐했다. 지프차는 한 시간 가까이 타올랐고 그동안 우리는 잠시 지친 몸을 쉴 수 있었다. 차가 타는 동안 황금동 유흥가의 아가씨들이 양푼과 밤색 고무 대야에 물을 떠와서 최루탄에 고통스러워하는 시위대에게 제공했다. 눈도 씻고 물도 마실 수 있었다. 그러나 지프 차량이 불에 타 버리자 경찰기동대가 추가로 배치되어 시위대가 모이기만 하면 사과탄을 터트려 더 이상 전진할 수가 없었다.

시위 대열은 광주우체국에서 벗어나 경찰기동대가 없는 금남로3가로 나왔다. 금남로에는 골목골목에서 쏟아져 나온 시위대가 대략 수천 명은 되었다. 시위대는 도청을 지키고 서 있는 전경들을 밀어붙이려 했으나 전경들이 쏘아대는 엄청난 양의 최루탄으로 다가서지 못했다. 하필 최루가스도 시위대 쪽으로만 날아와 상황이 불리하자 시간 낭비하지 말고 파출소를 습격하자는 목소리가 나왔다. 전남대 정문에서 공수들이 자행한 만행을 목격한 학생들은 이제 파출소에까지 분노를 표출하고 있었다.

우리는 구 시청 사거리를 거쳐 인쇄소 골목을 지나 전남도청 뒤쪽에 있는 동명파출소로 쳐들어갔다. 시위대가 들이닥치자 겁을 먹은 순경들은 금세 도망쳤다. 시위대는 최규하의 사진을 뜯어내 지근지근 밟아 버렸고, 누군가는 파출소 앞에 세워진 오토바이에 불을 질렀다.

시위대가 산수파출소로 가려고 법원 사거리 부근에 왔을 때다. 지나가던 택시기사가 격양된 목소리로 시위대를 향해 외쳤다.

"지금 시외버스 공용터미널 부근에서 공수들이 사람들을 죄다 죽이고 있소!"

우리는 시외버스 공용터미널의 사람들을 구하자며 태극기를 앞세우고 가던 방향을 바꾸었다. 시위 대열이 지산파출소에서 동명동 농장 다리 내리막을 내려가는데, 갑자기 전경이 탄 닭장차 한 대가 농장 다리로 올라오는 게 보였다. 흥분한 우리들은 전경 닭장차를 포위하고 곧바로 타이어 바람을 빼서 차가 움직이지 못하게 했다. 시민들이 차 벽과 유리창을 두들기자 전경들은 방패를 차량 유리창에 바짝 붙인 채 막고 있었다. 우리는 앞문으로 가서 항복하라고 소리쳤으나 안에서는 꼼짝도 하지 않았다. 잠시 후 박진 선배가 더 이상 나오지 않으면 차에 불을 지르겠다고 겁을 주자, 마침내 항복하며 손을 들었다. 우리는 전경들을 끌어내려 포로로 삼았다. 그러고는 그들이 가지고 있던 곤봉, 최루탄, 방독면 등의 진압 장비를 빼앗아 시위대가 착용했다.

포로들을 이끌고 우리는 노동청 쪽과 청산학원 쪽으로 진출하려고 했다. 그러자 경찰들이 곧바로 바리케이드를 쳤다. 그곳에 진을 치고 있던 전경들에게 예비검속된 사람들과 포로로 잡힌 전경들을 맞교환하자고 제안했다. 그들은 자신들의 힘으로 결정할 수 없다며 상부와 교신 후 대답해 줄 테니 10분만 기다려 달라고 했다. 우리는 동계천 위에서 포로들을 꿇어앉히고 잠시 쉬었다. 부근에 있던 가게 아주머니들이 물, 밥, 김치 등을 주면서 우리에게 힘껏 싸우라고 격려해 주었다.

약속한 10분이 지나도 소식이 없었다. 그런데 갑자기 전남여고 쪽에서 공수부대 차량 10여 대가 우리 쪽으로 오는 것이 아닌가! 그들은 곧바로 차에서 내리더니 일부는 총에 착검을 하고 일부는 곤봉을 든 상태로 우리 쪽으로 달려왔다.

"앞에 총! 제자리 뛰어! 돌격 앞으로!"

엉거주춤한 자세로 서 있던 우리들은 그들의 기세에 놀라 뒤로 물러서려는데 워낙 사람이 많아 어떻게 할 도리가 없었다. 앞에 몇 사람이 있었는데 뒤로 밀리다 보니 어느새 맨 앞줄에 서게 되었다. 공수들은 "앞에 총!"을 외치고 느릿느릿 달려오더니 눈앞까지 와서는 "찔러 총!"을 외쳤다. 나는 본능적으로 바닥에 몸을 숙였다. 바로 내 뒤에서 "억" 하는 소리와 함께 여기저기서 비명과 공수부대원들의 욕설이 들렸다. 그들은 무조건 총검으로 찌르고 곤봉을 휘둘렀다. 총검을 찌르고 곤봉을 훅훅 휘두르는 그들의 입에서 술 냄새가 풍겼다. 나는 그 자리를 빨리 벗어나려고 안간힘을 쓰다가 겨우 사람들의 다리 사이를 비집고 들어가 우왕좌왕하다가 동계천으로 뛰어들었다.

정신없이 청운학원 뒷골목에 도착해 잠시 숨을 돌리려고 돌아섰는데, 도망쳐 온 일행 중 바로 내 뒷사람이 숨을 헐떡거리며 나와 눈이 마주쳤다.

"나 찔렸어." 그러고는 순간 '푹'하고 고꾸라졌다.

그는 대검에 등을 찔려 숨을 내쉴 때마다 피가 줄줄 흐르고 있었다.

나는 상처를 손으로 눌러 막고 웃옷으로 싸맨 다음 택시를 잡아 태워주면서 부상자에게 일렀다.

"병원 사람들이 대검에 찔린 사람은 안 받아주고 무조건 통합병원으로 가라고 하는데, 통합병원에 가면 계엄군에게 잡히니까 아는 병원이 있으면 그리로 가시오."

주위를 둘러보니 공수부대원들이 길가, 다방, 당구장은 물론 일반 가정집까지 수색하며 젊은 사람은 무조건 두들겨 패고 잡아가고 있었다.

녹두서점으로 돌아와 상황일지를 정리하고 있는데 윤상원에게 전화가 왔다.

"가톨릭센터 앞에 공수들이 쳐들어와 아수라장이 되었어! 광주공원으로 시민들과 도망쳤는데 그놈들이 끝까지 우리를 추격했지. 그때 공원에 있던 할아버지들이 흥분해서 야단을 쳤어."

"그래서요?"

"그런데 공수 놈들이 인정사정없이 할아버지 머리를 쳐서 머리가 터지고 피를 쏟으며 실신하니까 도망치던 시민들이 흥분해서 공수들을 쫓아냈다."

"그래서 어떻게 됐어요?"

"겁을 먹은 공수들은 거의 도망쳤는데 한 놈만 도망가지 못해서 시민들이 계속 추격했지. 그놈은 광주천을 따라 도망치다가 불로동 다리 밑으로 뛰어내렸어. 엄청나게 많은 돌을 그에게 던졌어. 아마 죽었을 거야."

"잘 알았어요. 형, 몸조심하십시오."

나는 시위대 본대에 합류하지 못한 사람들에게 상황을 안내하면서 소식이 닿는 주변인들에게 호주머니에 칼을 가지고 다니라고 말했다. 공수들이 길에서는 물론 집 안까지 쳐들어와 젊은 사람들을 무조건 곤봉으로 머리를 두들겨 패서 실신시킨 다음 짐짝처럼 차에 던져 실었기 때문이다. 공수들과 정면으로 맞닥뜨려 곤봉에 맞아 기절하면 어디론가 끌려가 암매장될 수 있으니까, 우선 왼손을 머리 위로 올려 곤봉에 머리를 맞지 않도록 하고, 그다음 공수가 칼을 뽑기 전에 오른손에 칼이나 송곳으로 공수의 허벅지를 찌른 다음, 10초 안에 주위 담을 넘어 도망가거나 골목으로 들어가라고 전달했다. 공수들은 단독 군장에 '어깨 걸어 총'을 하고 있었는데, 총을 바로잡고 안전장치를 푼 다음, 조준해서 사격하려면 최소한 10초 이상 걸렸기 때문이다.

석양 무렵 녹두서점에 온 윤상원은 그동안 형수와 내가 작성한 상황일지를 들고 나가면서 지금부터는 시민들에게 알릴 소식지가 필요하다고 했다.

호신용 무기를 들자!_1980년 5월 19일

5월 19일 아침 일찍 서울에서 내려온 '민주주의와 민족통일을 위한 국민연합' 간부인 최형호라는 사람이 녹두서점으로 와서 국민연합 전남지부 사무국장을 맡은 윤상원을 찾았다. 즉시 연락을 취해 최형호와 윤상원, 형수 정현애, 나 이렇게 네 명이 서점 뒷방으로 가서 대화를 했다.

"5월 20일 오전 10시를 기해 전국 주요 도시에서 동시다발적으로 가두시위를 벌이기로 했습니다. 그때까지 힘껏 싸워 주십시오."

한편 시내에서는 2인 1조로 길목마다 공수들이 지키고 서 있었다. 그들은 지나가는 시민들에게 신분증을 제시하라면서 가까이 가면 정수리를 후려치는 만행을 저질렀다. 시민이 쓰러지면 발목을 잡아 군용 트럭으로 질질 끌고 가서 두 놈이 양손과 다리를 들고 군용 트럭 적재함에 던져 실었다.

10시경 윤상원에게서 한일은행 앞으로 사람들이 모이고 있다는 소식이 전달되었다. 전화 속 윤상원의 목소리는 흥분되어 있었다. 1만여 명이 넘는 시위대가 도청을 향해 진격하고 있다는 것이다. 나는 얼른 금남로로 나갔다. 그런데 확인해 보니 시위대의 3분의 1가량이 중고생들이었다. 광주의 모든 중·고교에 휴교령이 내려졌다고 했다. 중고등학생들은 집으로 가지 않고 금남로로 몰려와 시위대에 합류한 것이다. 시위대는 가톨릭센터 앞까지 전격하여 충금지하상가 공사장 부근에서 드럼통을 굴려 속에 있는 기름을 태웠다. 불길이 치솟고 분위기는 한껏 고조되었다.

그때 가톨릭센터 옥상에서 무전기를 들고 시위 상황을 교신하는 공수들이 보였다. 시민들은 "저놈 잡아라" 하며 가톨릭센터 안으로 쳐들어갔다. 잠시 후 옥상에서 까까머리 중학생이 왼손에 M16 소총을 들고 오른손으로 철모 끈을 잡고 철모를 빙빙 돌리며 공수들을 잡았다는 신호를 보냈다. 시민들은 "와" 하며 환호성을 질렀다.

그런데 잠시 후 도청 쪽에서 공수들이 쳐들어왔다. 시위대는 충금 지하상가 공사장 뒤로 물러났고, 그러자 공수들을 잡으러 가톨릭센터 안으로 들어갔던 사람들은 자연적으로 고립되었다. 시위대를 중앙교회까지 몰아넣은 공수들은 곧장 가톨릭센터 안으로 쳐들어가 눈에 띄는 대로 인간사냥을 했다. 공수들의 무자비한 도륙에 놀란 시민들이 사방으로 도망쳤다.

공수들의 만행에 분노한 윤상원은 화염병을 만들자고 했다. 지난 어린이날 식영정 모임 뒤풀이에서 광주에도 사북탄광처럼 공수들이 투입된다면 어떻게 물리칠 것인지 이야기한 적이 있었다. 실제로 그런 일이 일어난다면 우리도 화염병을 만들어야 하지 않겠느냐는 말을 했었다.

녹두서점과 시위 현장을 들락거리며 여기저기 사람들에게 소식과 상황을 전달하던 중 녹두서점으로 대동고등학교 학생과 대학생이 찾아왔다. 고등학생이 무슨 일인가 싶었다.

"어떻게 왔지?"

"김상윤 씨의 예비검속 소식을 듣고 뭔가 할 일이 있을 것 같아서요."

"대동고생이라면 박석무 선생님을 아니?"

"학교에서 독서회 활동을 함께 하고 있는데요. 박석무 선생님께서 저희 독서회 지도교사이시고 저는 회장입니다."

그들은 대동고 독서회 회장인 김효석과 1년 선배인 전남대 사학과 학생 김병인이었다. 믿을 만하다는 생각이 들었다.

마침 휘발유를 사려던 참에 잘됐다 싶어 두 학생에게 휘발유를 사오라며 돈 5만 원을 주었다. 그리고 계엄령이 내려져 주유소에서 팔지 않으려고 할 테니 요령껏 사 오라고 주의를 주었다.

한 시간 후 돌아온 그들은 주유소에서 휘발유를 팔지 않는다며 대용품으로 에프킬라를 사 가지고 왔다. 에프킬라를 발사하면 가스가 나오는데 거기에 불을 붙여 던지면 차를 태울 수 있을 것이라며 불꽃을 보여 주었다. 나는 그러다간 총 맞아 죽기 십상이니 변두리 지역으로 가서 다시 사 오라고 했다.

마침내 김병인과 김효석은 백운동 수피아여고 정문 근처의 간이주유소에서 휘발유 한 말을 사왔다. 그동안 휘발유를 사려고 광주 외곽 이곳저곳으로 택시를 타고 돌아다니느라 가진 돈을 다 써서 막상 휘발유를 사려 하니 돈이 많이 부족했다고 했다. 그래서 김병인 학생은 손목에 차고 있던 손목시계를 맡기고 휘발유 한 말을 사 왔다고 했다. 어느 정도 화염병을 만든 후, 나머지는 서점에 있는 형수들에게 맡기고 우리는 화염병을 들고 거리로 나왔다. 많은 사람이 녹두서점에 와서 화염병을 몸에 숨긴 채 가지고 나갔다.

광주우체국 부근에서 시위가 있었다. 그곳에서 처음으로 화염병을 사용했다. 처음에는 화염병에 불이 솟지 않아 잘못 만들었다고 생각했다. 그런데 다른 시위 대원이 성공적으로 투척해 전경의 K-100 지프차에 불이 붙었다. 시민들이 그것을 보고 환호성을 질렀고 화염병에 놀란 전경들은 우체국 뒤로 도망쳤다.

우리는 화염병을 사용하여 가장 효과적으로 사람들을 모이게 할 수 있는 시간이 황혼 녘이라는 것을 알았다. 피곤함에 지친 시민들은 불길이 솟는 것을 보고 온 신경을 한곳에 집중시켰다. 많은 사람이 자연스럽게 불길이 솟은 곳으로 모였다. 이후 시위대는 주로 오후에 화염병을 사용했다.

다시 서점으로 돌아온 나는 전화번호부를 뒤져 전국 곳곳에 아는 사람을 찾아 광주 소식을 알렸다. 또 서점에 있는 책의 출판사마다 전화를 걸어 상황판을 낭독하며 광주의 학살 소식을 전했다. 마침 CBS 기자인 송정민 형에게서 전화가 왔다. 광주의 상황을 얘기하면서 광주 사람들이 다 죽어가고 있으니 외신기자들을 보내 달라고 했다. 오후에는 독일에 유학 중인 위상복 형이 전화로 광주 소식을 물었다.

형수는 아침에 가톨릭센터 안에서 시체 두 구를 싣고 나가는 것을 보았다고 했다. 어제 가톨릭센터를 포위하고 인간사냥을 하던 공수들이 쓰러진 사람들을 싣고 갔는데, 아마 미처 발견하지 못하고 추가로 발견된 사람들인 모양이었다.

그런데 대검에 찔리고 곤봉에 머리가 터져 죽은 사람들을 도대체 어디로 데려가는지 알 수가 없었다. 이토록 무자비하게 불법으로 양민을 학살했으므로 그 증거를 없애기 위해 시 외곽 어딘가에 암매장했을 거라고 추측만 할 뿐이었다.

많은 시민이 서점으로 시위 상황을 알려 왔다. 어떤 사람은 큰형을 잘 안다며 전화로 계속해서 군부대의 이동 상황을 알려 줬다. 그는 전남대 사회학과 김상형 교수로 집안 형님뻘 되는 분이었다. 14일 전남대생들이 교문 밖으로 진출하여 도청 앞 분수대에서 집회를 할 때 처음으로 인사를 드렸는데, 나보다 광주일고 15년 선배였다. 김상형 교수는 고교 동기인 홍 대령이 있는 보안사 안가로 찾아가 온종일 앉아 있었는데, 거기에서 홍 대령이 보고받는 소식을 곁에서 듣고는 잠깐잠깐 밖으로 나와 공중전화로 군부대의 동향을 알려 주었다. 전화를 받으면 "나야, 듣기만 해" 하면서 몇 마디 말하고는 전화를 끊었다.

그가 전해 준 소식은 모두 정확히 들어맞았다. 특히 그는 부산항에 미국 항공모함이 도착했다는 소식까지 전해 주었다. 항공모함에서 헬기가 떴는데 10분 후면 광주 상공에 나타날 거라는 이야기였다. 실제로 10분 후에 헬기가 나타나 군복을 입은 녀석이 양 옆문을 열고 우리를 굽어보고 있었다. 우리는 미국 항공모함 소식을 듣고 많은 고민을 했다. 작금의 대중 정서로 보아 미국의 본질을 폭로하는 것은 무리였다. 우리는 거꾸로 '미국이 전두환 군사독재 정권을 견제하러 왔다'고 〈투사회보〉를 통해 알리기로 했다.

시위를 하다 돌아온 윤상원은 그동안 작성해 놓은 상황일지를 들고 나갔다. 시민들에게 뿌릴 소식지를 만들려면 서점에서 작성한 상황일지가 꼭 필요했다. 김상형 교수가 전해 준 군부의 동향과 우리가 작성한 상황일지를 근거로 그때그때 가장 정확한 소식을 시민들에게 알릴 수 있었다.

분노한 시민들이 거리를 가득 채우다_1980년 5월 20일 오전

5월 20일 아침 윤상원이 찾아왔다. 오늘 '민주주의와 민족통일을 위한 국민연합'에서 전국적으로 시위를 하기로 했는데 조직 동원이 여의치 않다는 소식이었다. 비상계엄이 제주까지 확대되면 전남대 총학생회는 수배령이 떨어질 것으로 예상했다. 이에 대비하여 총학생회 조직과 별도로 기획실을 두었는데, 이 기획위원들은 각 동아리를 대표하는 인물들이었다. 이들은 총학생회가 사라지면 동아리 조직들을 동원하여 투쟁을 계속해 나가기로 계획을 세워 놓았었다. 그런데 기획실장을 맡았던 노준현이 18일 오후 풍향동에서 녹두서점으로 전화를 건 후 소식이 없었다. 이에 따라 간간히 기획위원들과 동아리 회원들이 어찌 대처해야 할지 전화로 묻고 있는 상태였다.

윤상원은 전남대 총학생회장 박관현이 사라졌다며 앞일을 걱정했다. 어제 가톨릭센터 앞에서 시위를 하던 시민이 공수들의 살육에 분노하여 "지난 16일 밤 도청 분수대에서 최후의 일인, 최후의 일각까지 투쟁하겠다던 박관현은 왜 보이지 않느냐. 박관현 나와라"를 외치기도 했다. 19일부터는 대학생들이 거의 눈에 띄지 않았다. 19일 가톨릭센터 앞에서 싸움이 끝나고 전남대 총학생회에 전화를 해 보니 받지 않았다고 했다. 여기저기 확인해 보았지만 총학생회의 거취를 알 길이 없었다. 공수들의 철저한 검문검색 아래 총학생회와 연락이 단절되었고 이는 투쟁을 더욱 어렵게 만들었다.

나는 아침밥을 먹으려고 청산학원 부근의 식당으로 갔다. 식당 안에는 깡마른 남자가 속이 탄다며 아침부터 강소주를 마시고 있었다. 그 모습이 흥미로워 왜 그런지 물었다.

"어제 충장로를 지나가는데 공수들이 나를 두들겨 패서 머리가 터져 정신을 잃지 않았겠소! 쓰러져 있는 나를 놈들이 아무 데나 내팽개쳐서 성질이 나서 그럽니다."

"그러면 우리가 어떻게 해야겠소?"

"마지막 소주잔을 마시고 나쁜 놈들을 죽이러 갑시다."

그는 가슴에 품었던 과도를 탁자에 꽂았다. 나도 식당 아주머니에게 식칼을 달라고 해서 함께한다는 뜻으로 탁자에 칼을 꽂았다. 마지막 잔을 비우고 일어서는데 밖에서 시위대 차가 지나갔다.

"지금 대인시장에서 공수들과 싸우고 있으니 함께 참여합시다."

우리는 그 소리를 듣고 무모한 싸움을 하느니 시민들과 함께하기로 하고 대인시장으로 갔다.

대인시장 앞에는 공수들이 탱크로 길을 막아 놓았고, 시장 상인과 시민들은 리어카와 가판대 등으로 군인의 진입을 막고 있었다. 시위대가 계림극장 쪽 대인시장 입구에서 쏟아져 나오면서 금남로로 행진하려 하자 어느새 공수 차량이 나타나 최루탄을 터트리고 시위대에 달려들었다. 그러자 시위대는 다시 대인시장 안으로 숨어 버렸고, 상인들이 시위대가 지난 다음 리어카와 가판대를 슬쩍 밀어 좁은 시장 골목을 막아 버렸다. 공수들이 리어카와 가판대에 막혀 입구에서 서성대자, 시위대는 시장 안에서 아침 시장을 보러 온 시민들과 어울려 구호를 외쳤다. 또한 상인 아주머니들은 시위대에게 치마로 돌을 날라 주었다.

공수들의 수가 늘어나 리어카와 가판대를 치우자 시위대는 반대편 전매청 쪽으로 빠져나갔고, 시외버스 공용터미널에서 온 대열과 합류하여 금남로4가 한일은행 쪽으로 갔다. 한일은행 앞으로 진출하여 교두보를 확보했을 때 시민들은 1만여 명으로 불어나 있었다. 그런데 웬일인지 금남로4가에서 공수들은 시민들을 추격하지 않았다. 알고 보니 외신기자들이 취재하고 있었던 것이다. 시민들은 계속 불어나 수만 명을 넘어섰다.

아버지의 눈물을 뿌리치다 _1980년 5월 20일 오후

시위를 끝내고 녹두서점에 돌아오니 아버지가 와 계셨다. 아버지는 녹두서점은 위험하니 산수동 집으로 가자고 하셨다. 나는 들은 척도 안 하고 전화를 받으며 그날의 상황일지를 정리했다. 그때 윤상원 형에게 전화가 왔다. 금남로에 시민들이 많아 녹두서점에 갈 수 없으니 소식지에 쓸 내용을 정리해 오라고 했다. 시민들이 군부의 동향과 미국의 입장을 궁금해하여 빨리 소식지를 만들어 배포해야 했다. 미 항공모함이 부산항에 들어와 전두환 군부 세력을 견제하고 있다는 내용과 상황판의 내용을 추가해서 서점을 나서려는데, 아버지가 서점 문앞에 서 계셨다. 나는 눈치를 보다가 안 되겠다 싶어 화장실에 가는 척하고는 뒷문으로 빠져나가려 했다. 그런데 어느새 아버지가 뒷문 앞에 서 계셨다. 아버지는 나를 보며 애원하는 눈빛으로 눈물을 흘리시고 말씀하셨다.

"상집아, 6·25 때 우리 집안이 몰살당했는데, 지금 네 형은 잡혀가고 너까지 이렇게 돌아다니다 무슨 일이 생기면 이 아비는 어찌 살란 말이냐."

가슴이 먹먹했지만 윤상원에게 〈투사회보〉 초안을 전해야 한다는 생각밖에 없었다. 나를 붙잡으려는 아버지의 손길을 뿌리치고 도망치듯 달려나왔다.

불타오른 MBC 방송국 _1980년 5월 20일 오후

오후 5시경 공설운동장에 모인 차량들이 시내로 나와 차량 시위를 벌였다. 시위대가 노동청과 학동 쪽에서 차에 불을 질러 도청 앞 공수들의 바리케이드를 향해 돌진했다. 불에 탄 차량은 타이어까지 타는 데 보통 두 시간가량 걸렸다. 이렇게 죽을 각오로 돌진하는 이유가 있었다. 외신기자들이 취재를 하는 낮에는 공수들이 얌전히 있다가, 외신기자들이 다른 취재를 하러 자리를 뜨면 곧바로 야수로 돌변해 시민들을 향해 대검과 곤봉을 휘둘렀기 때문이다.

밤 8시가 되자 시민들이 MBC 방송국으로 몰려갔다. MBC 7시 뉴스에서 광주시민을 '광주 폭도'로 방송하는 데 화가 났던 것이다. MBC 7시 뉴스에서는 광주의 시위 상황을 보도하면서 폭도들이 난동을 부리고 있다며 자제를 호소하는 내용을 보도했다. 이 뉴스가 나오자마자 온 동네 집집마다 "와아" 하는 야유가 쏟아졌다.

나는 녹두서점에서 30여 개의 화염병을 몇 차례에 걸쳐 쇼핑백에 담아 MBC 방송국 앞으로 가져갔다. 형수 정현애는 물론이고 여동생 김현주도 쇼핑백에 화염병을 담아 날랐다. 목재소에서 일을 끝마치고 온 작은형 김상하도 앞장서서 화염병을 던지고 있었다. 시민들과 함께 MBC 방송국 정문으로 화염병을 던졌는데, 던지는 즉시 안에 있던 군인들이 소화기로 꺼 버렸다. 더 이상 던져봤자 필요 없겠다 싶어 머뭇거렸는데 갑자기 MBC 방송국 건물 뒤쪽 1층에서부터 4층까지 불길이 확 솟았다. 이해할 수 없었다. 화염병의 화력만으로는 그렇게 한꺼번에 불길이 솟을 수가 없었다. 분명 군인들이 MBC 방송국에서 철수하면서 방화한 것이라 의심할 만한 상황이었다.

이날은 밤새도록 싸웠다. 공방전 속에 무수한 사람들이 잡혀갔다. 도청 부근에서 한참 시위를 하고 있는데 광주포병학교에서 일반 군복 차림의 군인들이 왔다. 그동안 잔인한 공수들만 봤던 시민들은 '우리를 도와주러 왔을까' 하는 마음에 그들이 끌고 온 장갑차와 탱크가 지나가도록 길을 터 주었다. 한쪽에서는 환영하는 뜻으로 박수도 쳤다. 군인들도 시민들의 눈치만 보고 도청 안으로 들어갔다.

그런데 도청 안으로 들어간 그들은 시민들에게 총부리를 겨누며 장갑차로 시위대를 밀어붙였다. 시민들은 일제히 도망쳤다. 길가에서 '팡! 팡!' 곤봉으로 내리치는 소리와 "아이고" 하는 비명이 들렸다. 차츰 비명이 약해지더니 곤봉 소리만 들렸다. 그러다가 "새끼, 이제 뺐었구먼" 하는 소리와 함께 질질 끌고 가는 소리가 들렸다. 담벼락에 기대선 나는 끌려가는 사람이 죽지 않으면 병신이 되겠구나 하는 생각에 몸을 떨었다.

새벽녘 시위대는 전남여고 후문 쪽에서 공수들을 노동청까지 격퇴하고 녹두서점 맞은편에 있는 국세청 골목에서 광주경찰서를 점령하기 위해 치열한 각축전을 벌였다. 짱돌을 들고 싸우고 있는데 갑자기 옆 사람이 맥없이 쓰러졌다. 옆구리에 총을 맞은 것이다. 나와 옆에 있던 사람 셋이서 그를 가까운 병원으로 옮겼는데 사지가 부들부들 떨렸다.

새벽 4시경 겨우 서점에 들어와 담배 한 대를 피운 후 전국 여러 서점에 연락을 했다. 그러나 많은 서점 중에서 대구양서조합만 전화를 받았다. 전화를 받은 사람은 대구양서조합 사장인 박명규 씨로 대구 506항공대에서 근무하던 중 평소 알고 지내던 사람이었다. 그에게 지금 광주 상황을 전했더니 깜짝 놀라며 대구는 조용하다고 했다. 그 전화를 마지막으로 시외전화는 중단되고 말았다.

잠시 후 대동고 학생 김효석이 옷에 피범벅이 된 채 뛰어들어와 다짜고짜 소리쳤다.

"형, 비누 좀 주세요!"

"왜 그러냐. 어디 다쳤냐?"

"가슴에 총 맞은 사람을 병원으로 옮겼는데 죽고 말았어요."

옷을 벗어 던지고 몸을 씻던 그는 왝왝거리며 토를 했다. 서점에 피비린내가 진동했다.

이제 더 이상 싸울 수 없다_1980년 5월 21일

5월 21일 아침 우리는 도청을 제외한 광주 일원을 장악했다. 윤상원의 동생 윤태원과 함께 YMCA 앞까지 갔다. 도청 담과 분수대 주위로 불탄 차량들이 즐비했다. 군인들이 도청 앞을 바리케이드로 막고 있었다. 분수대 앞에는 '부처님 오신 날'이라는 간판 기둥이 서 있었다. 돌아오는 길에 중앙국민학교 후문에 세워진 도로공사 덤프트럭을 발견했다. 나는 키박스를 뜯고 배터리 선을 시동모터 선에 연결하여 시동을 걸었다. 군대에 있을 때 수송대에서 운전하던 실력을 십분 발휘한 것이다. 조수석에 윤태원과 김효석 그리고 서울대생 김광섭이 앉아 있었다. 김광섭은 나와 같은 날 군에서 제대했는데 녹두서점에 들렀다가 시위에 참여했다. 트럭을 몰고 백운동, 지원동, 산수동, 중흥동을 돌아보았는데, 가는 곳마다 시민들의 환영을 받았다. 시민들은 음료수, 주먹밥, 심지어 누룽지까지 차 위로 올려 주었다.

서점으로 돌아와 윤상원을 만났다.

"도청 옥상에서 헬기가 2분 간격으로 떴다 앉았다 하는데 아마도 어제 죽은 사람들을 서해로 빠뜨리는 모양이야. 오후 1시까지 도청 앞에 사람들을 모으자."

당시 외신에 따르면 아르헨티나에서는 1976년부터 민주 인사들의 실종이 5만여 명에 다다랐는데 고문을 하다 죽으면 시신에 돌을 매달아 대서양에 빠트렸다는 보도가 있었다. 윤상원은 어제 그제 민주화를 외치다 공수들의 총칼에 죽은 시민들을 전두환 군부가 아르헨티나처럼 서해에 빠트렸다는 소문이 무성하다고 했다.

의로운 무명용사들을 아르헨티나처럼 실종자로 만들 수는 없었다. 우리의 계획은 모든 차량에 시민이 탑승하여 그대로 도청 안으로 밀고 들어가 공수들을 무장해제하고 무명용사들의 시신을 인수하여 누구인지 확인하는 것이었다. 계획을 실행하기 위해 우리는 가능한 한 많은 차량의 주인에게 연락해 오늘 오후 1시에 가톨릭센터 앞에 집결하고 차량마다 시민이 함께 탑승하여 도청 안으로 행진하자고 알렸다. 그래서 만나는 차량마다 멈춰 세우고는 "1시에 가톨릭센터 앞으로"를 외쳤다. 적재함에 타고 있던 시위대도 지나가는 차량을 향해 "1시에 가톨릭센터 앞으로"를 외쳤다. 아세아자동차에서 쏟아져 나온 군용트럭과 지프차들이 거리를 쉬지 않고 달리며 똑같은 구호를 외쳤다.

오후 1시 가톨릭센터 앞, 내가 도착했을 때는 이미 버스와 군용트럭이 맨 앞줄에 서서 대열을 이루고 있었다. 군용트럭 세 대를 나란히 앞세우고, 나는 두 번째 줄 왼쪽에서 덤프트럭을 운전했다. 인도에 인파가 가득했다. 맨 앞줄 버스 위에 어떤 남자가 서서 태극기를 들고 좌우로 흔들었는데, 태극기가 앞으로 내려오는 것을 신호로 시위대는 애국가를 부르며 일제히 차량을 앞세우고 도청을 향해 전진했다.

그때 갑자기 '드드득' 하는 굉음이 들려왔다. M16 소총 소리였다. 우측에 있던 차가 놀라 가로수를 치받고 나뒹굴었다. 나머지 두 대는 황급히 뒤로 빠져나갔다.

"형님, 군인들이 총을 마구 쏩니다!"

곁에 앉았던 윤태원의 외침에 정신이 번쩍 들었다. 대낮에 수만 명에 달하는 맨손 시위대를 향해 발포하리라고는 상상하지 못했다. 우리는 모두 운전대 아래로 고개를 숙이고 서너 번 전진과 후진을 반복한 뒤, 덤프트럭의 적재함이 도청 쪽을 향하게 차를 돌렸다. 트럭 안에서 몸을 움츠리고 있는데 도로에 있던 많은 사람이 총에 맞아 고꾸라지는 모습이 보였다. 차마 눈 뜨고 볼 수 없는 광경이었다. 총소리가 멈췄다.

이때 엎드려 있던 사람들이 하나둘씩 일어섰다. 그러나 일어서지 못한 사람들이 있었다. 총에 맞아 피범벅이 된 채 죽었거나, 죽지는 않았지만 의식이 없는 사람들이었다. 일어선 사람들은 길거리에 누워 있는 사람들을 가리키며 외쳐댔다.

"여기 사람이 총 맞았다!"

이곳저곳에서 "총 맞았다! 총 맞았다!" 하는 소리가 금남로에 메아리처럼 울려 퍼졌다.

나는 윤태원에게 쓰러져 있는 사람들을 적재함에 태우라고 했다. 총에 맞아 쓰러진 사람들 10여 명을 부둥켜안고 덤프트럭 적재함에 싣고는 급히 금남로4가로 빠져나왔다. 계속 내달려 시민관(현 한미쇼핑) 쪽으로 가니 왼쪽에 병원이 보였다. 적재함에 타고 있던 시민 몇 명이 병원으로 뛰어들어 갔고, 잠시 후 간호사와 의사들이 뛰어나와 피범벅이 된 부상자들을 병원으로 옮겼다. 대낮에 총을 발포한 사실이 아무래도 예사롭지 않아 운전대를 다른 사람에게 맡기고 윤태원, 김효석, 김광섭과 함께 급히 녹두서점으로 갔다.

마침 서점에는 윤상원을 비롯한 많은 선배가 있었다. 도청에서 벌어진 발포 사실을 모르는 정상용과 이양현은 녹두서점 뒷방에서 화염병을 만들고 있었다.

"형, 인자 화염병 소용 없어라우."

"왜?"

"방금 도청 앞 금남로에서 발포했단 말이요."

형들은 깜짝 놀랐다. 대낮에 발포했다는 사실을 전해 들은 정상용은 아무래도 계엄군이 진주할 것 같으니 서점을 철수하고, 보성기업에서 집결하자고 했다.

녹두서점 문을 닫고 안길정과 함께 보성기업으로 가려고 가톨릭센터에서 금남로를 건너는데 사람들이 손을 크게 젓고 악을 쓰며 가지 말라고 소리쳤다. 공수들이 곳곳에 숨어서 금남로에 보이는 사람마다 조준사격을 하고 있다는 것이다. 안길정과 나는 수창국민학교까지 내려가 금남로5가를 건너 광주일고 담을 끼고 광주천을 따라 보성기업으로 갔다.

이때 갑자기 안길정이 말했다.

"형, 계엄군이 쳐들어온다는데 우리 한 놈이라도 죽이고 같이 죽읍시다."

"뭔 소리냐?"

"대낮에도 시민들에게 난사하는데 이렇게 어정쩡하게 돌아다니다가는 개죽음당할 게 뻔하지 않소? 차라리 계엄군이 들어오는 길목 어디 높은 곳에 숨어 있다가 계엄군이 지나가면 한 놈이라도 죽이고 죽읍시다."

나는 안길정의 제안에 깜짝 놀랐으나 군대를 안 가서 각개전투가 무엇인지조차 모르는 그에게 뭐라 할 말이 없었다. 울분에 쌓인 그를 그저 달랠 수밖에 없었다.

이미 보성기업에는 정상용, 윤상원, 이양현, 윤강옥, 박효선, 정해직, 박영규, 김영철 등 많은 선배가 모여 앞으로 대책을 숙의하고 있었다. 우리는 대한민국 군인이 무장하지도 않은 국민을 향해 대낮에 발포했다는 사실에 큰 충격을 받았다. 이미 18일부터 공수들은 대검으로 시민들을 찌르고 충정봉으로 무자비하게 정수리를 가격해 피범벅으로 만들었고, 쓰러진 시민들을 짐짝 싣듯 차량 적재함에 던지는 것을 보았다. 밤이 되면 암암리에 총질을 해댄다는 것도 익히 알고 있었다. 그러나 환한 대낮에 수만 명의 시위대를 향해 집단 발포를 했다는 사실은 도저히 이해할 수 없었다.

오후 3시쯤, 화정동에 사는 정상용 형의 형수에게 전화가 왔다.

"상무대 앞에 있던 20여 대 군용트럭이 화정동에서 시내로 진입하고 있어요!"

전화를 받은 정상용 선배와 그 자리에 있던 30여 명은 모두 참담했다. 광주가 고립되었어도 우리가 끝까지 싸운다면 민주정부가 수립되리라는 기대로 지금까지 싸웠는데, 대낮에 시민들에게 발포하는 것도 모자라 시위대를 진압하기 위해 군인들이 쳐들어온다니 절망적이었다.

정상용 형이 말했다.

"군용트럭이 시내 방향으로 들어오고 있다면 이것은 이미 군이 광주 시내에 진입하여 시위를 진압하겠다는 의미다. 아까 1시에 공수들이 집단 발포를 했고, 이제 군까지 진입한다면 이미 싸움은 끝난 것이나 다름없다."

사실상 투쟁 상황을 종료할 수밖에 없다는 뜻이었다. 모두 침묵에 빠졌다. 한참 있다가 이양현 형이 말했다.

"각자 자구책을 강구하여 피신하되 죽지 않고 살아서 만납시다."

결국 우리는 이 상황을 받아들이기로 하고 모두 자리에서 일어났다. 5월 18일부터 하루하루 매 순간마다 오로지 민주정부 수립을 위해 공수들과 목숨 건 사투를 벌였는데, 이렇게 허망하게 투쟁을 포기해야 하다니.

우리는 자리에서 일어나 한 사람 한 사람에게 포옹했다. 그리고 서로의 눈을 강하게 응시한 채 굳게 약속하며 헤어졌다.

"꼭 살아남아 역사의 증인이 됩시다."

시민들이 총을 들다 _1980년 5월 21일

나는 형수 정현애와 형수 여동생 정현순과 함께 보성기업으로 갔었다. 아무래도 산수동 우리 집은 산 밑이라 위험할 것 같았다. 형수는 선교사들이 많이 사는 양림동으로 피신하자고 했다. 당시 공수들은 시위대가 도주하면 끝까지 쫓아가 무조건 젊은 사람들을 잡아갔다.

집이든 건물 안이든 문을 부수고 들어가 곤봉으로 후려치고 끌고 갔다. 그러나 양림동에 있는 선교사의 집이라면 공수들이 집 안으로 쳐들어오지 못할 거라고 판단한 것이다.

태평극장 부근에 있는 보성기업을 나와 천변우로를 따라 걸어가는데 앞에 멀리서 군용트럭이 다가오고 있었다. 그런데 트럭에 탄 시민들이 총을 들고 있는 것이 아닌가. 이어서 무기를 가득 실은 지프와 군용트럭이 그 뒤를 따라오고 있었다. 깜짝 놀란 나는 이게 꿈인지 생시인지 알 수 없었다. 그 광경을 보고 형수님께 먼저 양림동으로 가시라고 한 후 시민군 차량으로 다가갔다.

"총은 어디서 났습니까?"

"화순에서 가지고 왔소."

"지원동 탄약고에서 가지고 왔소."

나로서는 생각할 수도 없는 일이었다. 집단 발포 후 군용트럭이 시내에 진입하고 있다는 소식에 운동권이 겁을 먹고 도망치기로 작정하고 있는 동안, 시민들은 어느새 지원동 탄약고와 화순탄광의 다이너마이트를 털고 화순경찰서와 예비군의 무기고에서 나온 물품들을 실어 단단히 무장하고 나타난 것이다. 무장한 시민들이 공수들을 응징하기 위해 광주 시내로 진입한 것이다.

어마어마한 무기 반입과 시민들의 무장에 놀란 나는 광천동 시민아파트에 있는 윤상원 형에게 연락하기 위해 공중전화를 찾았다. 그런데 하필 근처에 공중전화가 없었다. 마침 여인숙이 있어 무작정 안으로 들어가 들불야학에 전화했으나 받는 사람이 없었다. 다시 삼화

신협으로 연락했으나 거기도 전화를 받지 않았다.

녹두서점은 집단 발포 직후 문을 닫았고, 보성기업에서는 운동권 식구들이 각자 흩어졌기 때문에 서로 연락할 길이 없었다. 우선 윤상원 형이라도 연락이 되어야 조직적인 대응을 할 텐데 막막했다. 나는 무장 차량에 동승하여 시내로 들어갔다. 내가 탄 차는 곧바로 전남대병원 정문 앞 오거리로 갔다. 그곳에서는 이미 트럭에서 무기를 내리고 있었다. 주로 카빈총과 M1인데 M16과 LMG 기관총도 있었다. 총을 가진 시민들이 사용법을 잘 모르는 것 같아 나는 총을 들어 한 방 쏜 후 총 쏘는 방법을 가르쳐 주었다. 누군가 전남대병원 옥상에 기관총을 설치하러 간다며 함께 가자고 했지만, 나는 따라가지 않고 카빈 한 정과 탄창 두 개를 받아들고 무기가 얼마만큼 들어오는지 살펴보려고 지원동 쪽으로 향했다.

그때 500MD 헬리콥터가 저공비행을 하며 우리 머리 위를 맴돌고 있었다. 사람들이 500MD 헬리콥터를 향해 총을 쏘았다. 옆에서 나보고 헬기를 맞춰 떨어뜨리라고 독촉했지만 차마 쏠 수 없었다. 며칠 전까지만 해도 나는 그 부대에서 근무했던 사람이다. 총을 쏘지 않자 옆 사람이 화를 내며 내 총을 빼앗듯이 가져가더니 500MD 헬리콥터를 향해 총을 쏘아댔다.

나는 무기 확보량을 확인하려고 지원동 다리 입구에 선 채 화순 방면에서 들어오는 차량마다 정차시켜 반입되는 무기의 양을 점검했다. 30여 분 만에 100여 대의 차량이 무기를 가득 싣고 들어왔다. 이 정

도의 무기면 싸워 볼 만하다는 생각이 들었다.

6시에 광주공원으로 모인다는 소식을 듣고 그곳으로 갔다. 공원에는 많은 사람이 모였고, 한쪽에서 무기를 나눠 주고 있었다. 이때 어떤 청년이 지휘자를 뽑자고 제안했다. 지원자가 나타나지 않자 그 청년이 스스로 지휘자로 나섰다.

광주공원에 있는 사람들은 누가 누구인지 알 수 없었다. 앞장선 사람들은 복면을 하고 모자까지 쓰니 눈만 보였다. 어쩔 수 없이 나는 이들을 믿고 상황에 대처하기로 결심했다.

어느 정도 체계가 잡히자 우리는 2인 1조로 골목 입구에 서 있다가 뒤에 1조가 오면 한 블록 전진하는 방식으로 도청을 포위하기로 했다. 그렇게 학동, 금남로, 황금동, 계림동 쪽에서 한 블록씩 도청을 향해 전진했다. 나는 학동 쪽에서 움직였다.

원래는 뒤에서 2인 1조가 오면 우리 조가 한 블록씩 전진해야 했지만 한 시간쯤 지나자 참여 인원이 점점 불어나 10여 명으로 늘었다. 우리는 숨을 죽이고 조심스럽게 도청 정문으로 다가갔다. 겉에서 보니 도청 안은 조용했다.

오후 7시경 드디어 도청으로 진입 작전을 시작했다. 그런데 이미 공수들은 조선대 뒷산으로 퇴각해 버리고 도청 안 화단에는 시체들만 즐비했다. 신원 확인을 해야 했던 우리는 화단에서 시체를 파내었다. 그러나 시민군 가운데 당최 아는 사람이 없어 앞장섰다가는 내 행동이 자칫 운동권에 피해를 줄까 염려되었다. 나는 도청을 빠져나왔다.

전남대 스쿨버스로 길거리 방송을 시작하다_1980년 5월 22일 오전

5월 22일 아침 일찍 녹두서점에 갔더니 이미 형수가 서점 문을 열어 놓았다. 윤경자 등 예비검속된 선배들의 부인들과 윤만식, 임영희, 김 윤기, 김태종 등 극단 광대 그리고 임영희가 데려온 홍성담, 계속 녹 두서점을 왕래하던 윤상원, 김영철, 정유아, 이행자, 김광섭, 이현철 등 여러 사람이 속속 녹두서점으로 몰려들었다. 뒷방에 들어가 앞으 로 대책을 숙의했는데 의견이 엇갈렸다. 한쪽은 '지금 운동권이 한 명 이라도 모습을 나타내면 광주 운동권은 모두 작살난다'고 주장했고, 다른 한쪽은 '이런 큰 대중 봉기에서 포기하면 말도 안 된다. 끝까지 싸우자'라고 했다. 나는 끝까지 싸우자는 입장이었다. 우리는 많은 논 의 끝에 일단 계속해서 투쟁하기로 했다.

윤상원은 시민들에게 진실을 알리기 위해 노란색 전남대 스쿨버스 를 가져오자고 했다. 전남대 학생들이 스쿨버스를 타고 방송을 하면 시민들의 신뢰를 얻을 수 있을 것 같았다. 21일 가두방송을 하던 전 춘심과 차명숙이 시민군에 의해 간첩으로 몰려 보안사에 넘겨진 사건 이 있었다. 이 사건으로 홍보 활동이 매우 위축되어서 윤상원이 대안 을 제시한 것이다.

"계엄군 아저씨, 당신들은 피도 눈물도 없습니까?"

"광주시민 여러분, 여러분은 어떻게 편안하게 집에서 잠을 잘 수 있 습니까? 우리 동생, 형제들이 죽어가고 있습니다."

차명숙과 전춘심은 공수들의 만행을 알리기 위해 곤봉에 맞아 죽은 사람을 리어카에 싣고 메가폰을 들고 연설을 했다. 시내 곳곳에서 시위대를 향해 공수들의 만행을 알렸는데, 시민들 사이에서 이들을 의심하는 사람이 있었던 모양이다.

"웬 여자가 저렇게 말을 잘하지? 혹시 간첩 아닌가?"

"수상하다. 일단 잡아라!"

차명숙과 전춘심은 졸지에 시민들에게 붙잡혔다. 이런 상황이니 우리도 방송하다 자칫하면 보안사로 넘겨질 수 있었다.

마침 내가 버스를 운전할 수 있어서 스쿨버스를 가져오기로 했다. 서점에 있던 몇 사람들과 봉고차를 타고 전남대로 갔다. 전남대 본관 앞에는 스쿨버스 기사를 비롯하여 여러 사람이 모여 있었다. 우리가 도착하자 본관 앞 화단 경계석에 앉아 있던 사람들이 호기심 어린 눈으로 바라보았다. 버스로 다가가자 화단 경계석에 앉아 있던 사람들이 하나둘 엉덩이를 털며 일어섰다. 그중에 약간 이마가 벗어진 사람이 우리에게 말을 걸었다. 그는 김태진 교수였는데 당시 전남대 학생처장이었다.

"뭐 하러 왔소?"

"스쿨버스를 가지러 왔는데 책임자가 누굽니까?"

"당신이 누군데 스쿨버스를 가지러 왔소?"

"광주시민들이 곤봉에 맞아 죽고, 대검에 찔려 죽고, 총에 맞아 죽고 있습니다. 이 사실을 시민들에게 알리기 위해 스쿨버스가 필요합니다. 전남대 스쿨버스를 사용해 시민들에게 방송하고, 〈투사회보〉도 뿌리고, 시민들을 도청 앞으로 실어 날라야 하겠습니다."

나는 윤상원이 만들어 준 도청 상황실 출입증을 보여 주었다. 그것은 윤상원이 도청에 있는 비교적 큰 도장을 종이에 찍은 후 자신이 사인한 것이었다.

"도청 상황실에서 차가 필요하니 차를 가져가야겠습니다. 나중에 차를 찾으시려거든 이 출입증을 가지고 오십시오."

김태진 학생처장은 출입증을 잠시 들여다보더니 돌려주면서 거절했다.

"안 되겠소. 여기 이 차들은 국가에서 관리하는 국유 재산이요. 그러니 줄 수 없소." 학생처장이 우리 앞을 가로막았다. 나는 안 되겠다 싶었다.

"당신이 책임자요?"

학생처장이 애매한 표정을 짓더니 "아니요" 하고는 한발 물러섰다. 나는 그 자리에 있는 사람들을 죽 둘러보았다.

"누가 책임자요?"

모두 입을 닫고 아무 말도 하지 않았다.

"책임자 없어요?"

"여기는 없습니다."

모두 내 시선을 피했다. 나는 가로막고 있는 학생처장에게 도청에서 가져온 출입증을 다시 쥐여 주었다.

"차를 찾으려면 이 출입증을 가지고 도청으로 오십시오. 우리는 차를 가져가야겠습니다."

전남대 스쿨버스를 시내로 가지고 나와 곧바로 앰프를 설치하려고 계림전파사로 갔다. 그런데 전파사 주인은 앰프가 없다고 했다. 마침 광주고등학교 방송반 출신인 김광섭이 차라리 자기의 모교인 광주고등학교의 방송 시설을 뜯어 전남대 스쿨버스에 옮기자고 제안했다.

마침내 윤상원과 김광섭은 앰프와 스피커 등 방송 기자재를 모두 찾아냈다. 우리는 성능 테스트까지 마친 후 스피커를 스쿨버스 지붕 위에 철사로 고정하여 단단히 묶었다. 이제 마음껏 가두방송을 할 수 있게 된 것이다.

방송을 시작하자 길거리에 있는 사람들이 전부 박수를 쳐 주었다. 녹두서점에서 기록한 상황일지를 활용해 공수들의 만행을 하나하나 방송했다. 멀리 떨어져 있는 사람들도 가만히 서서 우리 차를 쳐다보면서 듣는 것을 보면 앰프의 성능이 매우 뛰어난 것 같았다.

광주시민 여러분!

살인마 전두환 일당은 국민투표로 대통령을 뽑겠다는 민주일정의 약속을 어기고 5월 18일 자정을 기해 제주 일원까지 비상계엄을 확대했습니다. 그리고 김대중을 비롯한 민주 인사들을 예비검속했습니다.

전두환 일당은 이미 5월 17일 밤에 전남대, 조선대, 교육대에 공수들을 투입하여 학생들을 무차별 구타하고 연행했습니다. 대검으로 찌르고 총을 쏘아 죽였습니다. 어제는 대낮에 수만 명의 시민들을 행해 집단 발포를 하여 수백 명의 사람들이 학살당했습니다.

공수들은 집집마다 난입하여 젊은 사람들은 무조건 구타하여 초주검으로 만들고, 팬티만 입힌 채 끌어가고 있습니다. 총으로 쏘아 죽이

고 대검으로 찔러 죽인 사람들을 군용차에 싣고 어딘가에 암매장하
고 있습니다.

광주시민 여러분!

광주시민들이 죽어가고 있습니다. 민주 인사들이 예비검속당하고 학
생들이 대검에 찔리고 총에 맞아 죽어가고 있습니다. 살인마 전두환
일당과 공수들에 대항하여 총을 들고 싸웁시다. 그리하여 공수들을
광주 밖으로 몰아냅시다.

가두방송을 하고 의기양양하게 녹두서점으로 돌아오자, 형수를 비
롯한 여자들이 영령들을 추모하기 위해 검은 리본과 플래카드를 만들
어야 한다며, 검은색 천과 광목을 대인시장에서 사 오라고 했다. 우리
는 대인시장으로 차를 이동하면서 가두방송을 했다.

물건을 사 가지고 돌아오니, 곧바로 전복길 어머니 노경숙, 정현애,
정현순, 정유아, 이영자를 비롯한 여성들이 검은 리본을 만들었다. 만
들어진 검은 리본은 옷핀과 함께 녹두서점 앞에서 나눠 주었다.

홍성담, 임영희, 이현철 등은 국세청으로 가서 플래카드를 만들었
다. 홍성담과 박용준의 친구인 이현철도 종일 플래카드를 만들었다.

'계엄령을 해제하라!'

'전두환을 찢어 죽이자!'

'민주 인사 석방하라!'

'비상계엄 해제하라!'

'구속 학생 석방하라!'

나는 최인선, 서대석, 박정열, 이현주 등 학생들과 함께 스쿨버스를 타고 열심히 가두방송을 했다. 공수들의 만행을 열심히 알렸고 시민들에게 총을 들고 함께 싸우자고 독려했다. 시민들은 방송 차량이 가는 곳마다 박수를 치며 연호했고 가던 길을 멈추고 귀를 기울이며 경청했다. 오후 3시에 도청 앞 분수대에서 광주시민보고대회가 있다는 소식을 알렸더니, 일부 시민들은 방송 차량에 올라타 도청까지 함께 갔다.

학생수습대책위원회가 만들어지다 _1980년 5월 22일 오후

오후 3시가 되자 나는 차량에 있는 방송시설을 떼어 내 분수대 위에 설치했다. 스피커에서 안내 방송이 나오자 바늘 하나 떨어지는 소리까지 들릴 정도로 조용해졌다.

극단 광대 주도로 보고대회가 열리는 것을 본 후 나는 분수대에서 내려와 녹두서점으로 돌아갔다. 서점에 있던 윤상원과 김광섭에게 우리도 도청 지도부에 참여할 것인지 물었다. 우리는 일단 '수습대책위원회'라는 형태로 참여하자고 의견을 모았다. 윤상원은 나에게 '학생 수습대책위원회를 만들어야 하니 학생들을 모으자'는 메모를 주면서 보고회 사회자에게 전하라고 했다. 그러고는 급히 누군가를 만나야 할 일이 있다면서 녹두서점을 나갔다. 나중에 알았지만, 학동에 있는 김세원 선생을 만나러 간 것이었다.

윤상원은 이 절체절명의 순간에 함께 상의할 사람이 없어 매번 어떤 결정을 내려야 할지 걱정스러워 했다. 그래서 연락 가능한 선배들을 찾아가 상의하곤 했다. 아무래도 경험이 많은 선배의 판단이 자신보다 나으리라고 생각했던 것 같다.

나는 윤상원의 메모를 가지고 오재일 선배에게 갔다. 메모에는 '학생들은 광주시민보고대회 후 오후 4시 남도예술회관 앞으로 모입시다'라고 써 있었다. 오재일 선배는 사회를 보던 김선출에게 메모를 전달했다.

그러나 4시가 되었는데도 윤상원이 도착하지 않았다. 윤상원은 김세원 선생이 한국전쟁과 4·19혁명 이야기를 장황하게 하는 바람에 늦었다고 했다.

윤상원은 4시 30분쯤 도착해 남도예술회관 앞으로 달려갔으나 학생들은 보이지 않았다. 보고대회가 끝나고 대학생들이 남도예술회관 앞에 모였는데, 윤상원이 나타나지 않자 송기숙, 명노근 교수가 대학생들을 데리고 도청 민원실 2층에 있는 회의실로 데리고 간 것이다. 도청 민원실 모임에서 학생수습대책위원장에 김창길, 부위원장에 황금선이 선출되었다.

김창길은 위원장에 선출되자마자 곧바로 무기 회수를 명령했다. 그리고 치안 유지와 무기 회수를 위해 기동순찰대를 편성했다. 우리의 의도와 정반대의 상황이 되어 버린 것이다.

보고대회가 끝나고 방송시설을 다시 전남대 스쿨버스에 설치한 나는 〈투사회보〉를 싣고 시내 곳곳에 배포하면서 가두방송을 했다. 사실 22일의 보고대회는 궐기대회라기보다 이 사람 저 사람이 분수대 위에 올라가 자유발언을 하는 모양새였다. 이 보고대회는 30분 만에 끝나고 말았다.

오전에는 독립운동가 최한영 등 지역 유지들이 총기 회수를 호소했다. 한편 많은 시민은 민주정부가 수립될 때까지 싸우자는 주장을 계속하고 있었다. 분수대 주변에 모인 시민들의 의지는 강렬했지만, 어제 흩어져 버린 운동권 식구들의 소식은 알 길이 없었다. 하지만 어떻게든 총기 회수만은 막아야 했다. 총기가 회수되면 곧바로 계엄군들이 시내에 진입하여 시민들을 무차별 살육할 것이 명확했다.

나는 다시 가두방송을 하면서 〈투사회보〉를 뿌렸고, 차에 타고 있던 사람들을 가는 곳마다 내려 주었다. 한참 운전하고 있는데 세 사람이 운전석으로 다가왔다. 그중 한 녀석이 품에서 장도리를 꺼냈다.

"너 지금부터 내 말대로 운전해!"

깜짝 놀라 고개를 돌려 힐끗 쳐다보니 녀석의 눈에 살기가 있었다. 그러고 보니 차 안에는 우리 외에 아무도 없었다.

"임마, 운전해!"

나는 녀석들에게 생포된 거나 마찬가지였다. 녀석들은 차에서 사람들이 다 내리기만을 기다리고 있다가 장동 로터리에서 마지막 한 사람이 내리자 드디어 본색을 드러낸 것이다. 우리 주위에 공작원들이 배회할 거라는 사실을 알고 있었지만, 내가 이렇게 당할 줄은 몰랐다.

나는 상황을 주시하고 있었다. 녀석들이 잠시 한눈을 판 사이에 재빨리 운전석 문을 열고 스쿨버스에서 뛰어내렸다. 돌아보니 녀석들이 멍하니 나를 바라보고 있었다. 얼른 뛰어서 녹두서점 안으로 들어 갔다.

도청을 중심으로 사방 천지에 정보과, 대공과 형사들이 널려 있었 다. 이들은 우리와 눈이 마주치면 단지 시선만 옆으로 돌릴 뿐 태연하 게 행동했다. 그들은 계속해서 녹두서점과 시민궐기대회 그리고 도 청 주변을 어슬렁거리며 우리를 감시했다. 그런 사실을 알고 있었기 에 분수대에서 사회를 보거나 낭독을 하고 내려오면 식은땀이 나면서 '이제 죽었구나!' 하는 생각이 들 때도 있었다.

지금까지 이미 수백 명의 시민이 죽었고, 계엄군이 다시 시내로 진 입하면 얼마나 많은 사람이 잡혀가고 죽을지 알 수 없었다. 분명한 것 은 녹두서점을 중심으로 활동한 사람들과 시민궐기대회를 주도했던 사람들은 결코 안전할 수 없다는 사실이었다.

나는 5·18 내내 아무도 모르게 살해되어 암매장당할 것 같은 공포 를 떨칠 수가 없었다. 녹두서점은 공개된 공간이었고, 온갖 기관원들 이 우리를 주시하고 있다는 것을 알고 있었다. 게다가 군부의 움직임 이 누군가에 의해 녹두서점으로 전해졌고, 〈투사회보〉에 이 내용이 그대로 실려 있는 데다가, 궐기대회를 주도하는 인물과 사용하는 장 비들이 대부분 녹두서점에서 나왔기 때문이다.

나는 저들이 노리는 표적이 될 수밖에 없었다. 전남대 스쿨버스로 가두방송을 하고 〈투사회보〉를 배포했으며 궐기대회의 방송시설까지 제공했으니 어찌 보면 당연한 일이었다.

이번에 조직된 학생수습대책위원회에 신분이 확실한 사람이 거의 없었다. 기동순찰대를 편성해 무기 회수 작업을 시작하자 우리는 몹시 불안했다. 운동권 학생들을 규합할 필요가 있었다. 일단 윤상원, 김윤기, 안길정, 김영철 등은 도청 안으로 들어가 추이를 살펴보기로 했다. 그러나 들불야학 강학과 학생들, 극단 광대 그리고 송백회 여성들을 다 모아도 숫자가 너무 적었다. 밤이 되면 계엄군이 공격해 오지 않을까 불안에 떨었고, 날이 새면 어제 왔던 동지들이 혹시라도 오지 못하면 어쩌나 마음 졸여야 했다.

총기 회수를 중지시켜야 한다 _1980년 5월 23일

5월 23일 오전 도청 내 학생수습대책위원회는 재야수습대책위원회와 합의하여 강제로 무기를 회수하기 시작했다. 우선 총기 회수를 중지시켜야만 했다. 우리가 왜 총을 들 수밖에 없었는지 시민들에게 알리고, 고등학생 등 총기를 다룬 경험이 없는 사람들의 총기는 회수하되 군대를 다녀온 사람들에게는 총기를 지급하여 재무장하도록 촉구하기로 했다. 또한 시민궐기대회를 통해 결집한 시민의 힘과 요구로 도청 내 수습대책위원회의 입장을 변경하도록 요청하자고 의견을 모았다.

가두방송을 다시 시작하려면 스쿨버스를 찾아야 했다. 어제 장도리를 든 정보요원의 습격을 피해 스쿨버스를 내버리고 왔다. 수소문 끝에 계림동파출소 부근에 주차된 버스를 찾아냈다. 그러나 시동이 걸리지 않았다. 기름이 떨어진 모양이었다.

우리는 다시 전남대로 스쿨버스를 가지러 갔다. 전남대 측에서는 우리가 차를 가져가지 못하도록 차마다 바퀴 하나씩 바람을 빼놓았다. 나는 스쿨버스 공구함을 열어 바람 빠진 바퀴를 스페어타이어로 교체했다. 드디어 운전석에 앉아 어제처럼 여러 시도를 했는데 당최 시동이 걸리지 않았다. 시간을 지체할 수 없었다. 나는 김광섭과 김효석에게 사람을 불러 모아 달라고 했다. 서너 사람이 합세하여 버스를 밀었다. 기어를 넣은 채 클러치에서 발을 뗐더니 마침내 시동이 걸렸다. 의기양양하게 스쿨버스를 운전하며 전남대를 빠져나왔다. 우리는 곧장 계림전파사에 가서 마이크를 설치했다. 계림전파사는 어제 우리가 도청 분수대에서 보고대회를 하는 모습을 보고 자기들이 가지고 있는 성능 좋은 방송시설이 있으니 가져다 쓰라고 했다. 계림전파사 사장은 손수 전남대 스쿨버스에 앰프를 설치해 주었다.

방송시설이 하나 더 늘어, 전남대생 엄태주가 운전하는 봉고차에 설치했다. 그리하여 엄태주의 봉고차를 포함해 두 개 조로 가두방송을 운영할 수 있게 되었다.

나는 어제 장도리를 든 일당들한테 하마터면 잡혀갈 뻔했기 때문에 오후에는 버스운전을 다른 사람에게 맡겼다. 스쿨버스에 올라가 마이크를 잡고 오후 3시에 도청 앞에서 시민궐기대회를 하자는 홍보 방송을 하면서 〈투사회보〉를 뿌렸다. 아는 사람들이 보이면 녹두서점으로 모이라고 알렸다. 도청 지도부를 장악하려면 많은 사람이 힘을 모아야 했기 때문이다.

도청 내 지도부를 장악하지 못하면 우리는 위험에 빠질 수 있었다.

수습대책위원회가 무기를 회수하면서, 강경 발언을 하거나 문제를 제기하면 바로 간첩이나 용공분자로 몰아가는 험악한 분위기였다. 도청 안에서는 녹두서점을 빨갱이 결집소로 보는 사람들도 있었다.

함평에 있는 이양현 집으로 피신했던 정상용, 이양현, 김성애가 오후 2시 반쯤 다시 녹두서점으로 돌아왔다. 정상용과 이양현은 나에게 그동안의 상황을 듣더니, 윤상원을 만나 향후 조직적으로 대응하여 수습대책위원회를 교체하는 일에 힘을 모으기로 결정했다. 엄청난 위기의식 속에서 우리는 〈투사회보〉와 송백회가 만든 대자보를 통해 '무기 회수 결사반대', '군사독재 및 전두환 타도', '노동자 농민의 기본권 보장' 등을 주장했다.

마침내 오후 3시 도청 앞 분수대에서는 10만 명이 넘는 시민이 운집한 가운데 '제1차 범시민궐기대회'가 열렸다. 이날은 김태종과 이현주가 사회를 보았다. 먼저 희생 영령에 대한 묵념, 애국가 제창, 노동자·시민·학생 등 각계각층 대표의 성명서 발표가 있었고, 수습대책위원회가 계엄분소에 전달한 내용을 낭독한 후 마지막으로 '민주주의 만세' 삼창이 있었다.

형수 정현애는 임영희와 함께 녹두서점 상황일지를 참고하여 각계각층 대표의 성명서를 만들었다. 또한 궐기대회를 주도하는 인원이 적어 여러 사람에게 성명서를 낭독하도록 순서를 정해 주어야 했다. 나도 성명서를 낭독하기 위해 분수대에 올라갔다.

궐기대회가 진행되고 있는 사이에도 도청 수습대책위는 계속 무기를 회수하고 있었다. 기동순찰대가 아닌 사람이 총을 들고 있으면 강

제로 총기를 회수해 갔다.

어제 보고대회와 달리, 우리는 제1차 범시민궐기대회를 성공적으로 치르기 위해 단단히 준비했다. 그동안 상황일지에 기록된 피해 상황을 정리해 시민들에게 조목조목 보고하기로 했다. 피해 사실로는 전남대병원, 조선대병원, 기독병원, 적십자병원에서 확인된 사망자 30구를 포함하여 사망자 500여 명, 부상자 500여 명, 연행자 1,000여 명으로 발표했다.

나아가 상무관에 시체를 안치하고 분향소를 설치하자 시민들의 발길이 끊이지 않았다는 사실과 도청 정문에 확인되지 않은 시신이 있다는 사실도 알렸다. 혹시 내 식구가 죽지 않았나, 내 자식이 도청 안에서 총을 들고 있지 않을까 걱정하는 부모들이 찾아와 도청 앞에 줄지어 서 있었다.

우리는 부산항에 정박한 미국 항공모함이 계엄 치하의 군부독재 세력을 견제할 것이라고 발표했다. 당시 상황에서 반미 표현은 대중으로부터 고립을 자초할 수 있었기 때문에 미국이 민주주의를 수호하는 나라라는 인상을 줄 필요가 있었다.

궐기대회가 끝났는데도 시민들은 분수대 주변을 떠나려 하지 않았다. 사회자가 가두행진을 하겠다고 하자 시민들은 열광했다. 가두행진은 대형 태극기를 앞세우고 전남대 스쿨버스로 가두방송을 하며 금남로1가 → 유동삼거리 → 광주역 → 공용터미널 → 금남로4가를 거쳐 다시 도청으로 돌아오는 코스였다. 제1차 범시민궐기대회는 대성공이었다.

"8일만 버티면 민주정부가 수립될 것이다" _1980년 5월 24일

녹두서점은 제2차 범시민궐기대회를 준비하느라 24일 내내 사람들이 북적댔다. 녹두서점은 너무 좁았다. 예비검속된 선배들의 형수들과 극단 광대, 가두방송팀, 궐기대회 준비팀 등이 함께 일하니 정신이 없었다. 아무래도 YWCA 같은 넓은 장소로 옮길 필요가 있었다.

나는 전남대 스쿨버스를 타고 시내 곳곳을 돌아다니며 '우리는 반드시 승리한다'는 확신에 찬 가두방송을 했다. 우리가 승리한다고 방송을 하고 다닌 것은 그럴 만한 이유가 있었다. 윤상원 형이 어젯밤에 나에게 들려준 말 때문이었다. 22일 외신기자들이 두 손을 높이 들고 여덟 손가락을 펴 보이면서 다음과 같이 말했다는 것이다.

"여러분들이 앞으로 8일만 버텨 주면 미국은 전두환을 지지하지 않고 민주일정에 따라 민주정부가 수립될 것이다."

그러니까 '우리가 광주를 사수하고 있으면 많은 광주시민을 희생시켜가면서까지 미국이 전두환을 지지하지는 않는다'는 의미였다. 다른 지역의 움직임을 알 수도 없고 광주만 고립된 상황에서 외신기자들의 이야기는 너무나 솔깃했다. 나 역시 고무되어 확신에 찬 목소리로 가두방송을 했다. 우리가 총을 들고 끝까지 저항하면 결국 승리하리라는 믿음을 시민들에게 주고 싶었다.

"미국은 항공모함을 부산항에 정박하고 전두환이 무고한 광주시민을 더 이상 학살하지 못하도록 견제하고 있습니다. 우리 시민군이 끝까지 저항하면 미국은 전두환을 더 이상 지지하지 않을 것입니다. 결국 민주일정에 따라 국민투표에 의한 민주정부가 수립될 것입니다.”

오후 3시 제2차 범시민궐기대회가 시작되었다. 궐기대회 후 ‘대학생들은 YWCA 앞으로 모이자’는 광고도 했다. YWCA를 사용할 수 있도록 해 달라고 이애신 총무님께 몇 차례 말씀드렸으나 YWCA로부터 허락이 떨어지지 않자, 우리는 무작정 YWCA로 들어가 자리를 잡기로 했다. 마침내 24일 오후부터는 YWCA를 사용할 수 있게 되었다.

이날 궐기대회도 시민들의 적극적인 호응 속에 성황리에 끝났다. 도청 안의 수습대책위원들은 우리들을 소위 ‘강경파’라 불렀다. 궐기대회 후 1만여 명의 시민들과 함께 도청 분수대에서 공용터미널, 광주역, 유동삼거리를 거쳐 금남로5가에서 도청 앞 분수대까지 가두행진을 했다. 행진을 마치고 오후 7시경 YWCA로 돌아오니 신영일, 김정희 등 100여 명의 학생이 모여 있었다. 곧바로 우리들은 YWCA팀을 결성했다.

어제 함평에서 돌아온 정상용, 이양현은 김영철, 윤상원, 윤기현과 함께 전체 기획을 맡기로 했고, 홍보 및 가두방송은 내가, 〈투사회보〉 인쇄는 박용준, 궐기대회는 임영희, 대자보는 정현애가 팀장을 맡기로 했다.

회의가 끝나고 어두워지자 정상용, 이양현, 윤상원, 김영철, 윤기현, 정해직, 박효선, 김광섭, 안길정, 김효석 등 우리는 모두 전남대 스쿨버스를 타고 보성기업으로 자리를 옮겨 또다시 회의를 했다.

우리에게 가장 시급한 일은 총기 회수를 저지하는 것이었다. 이양현, 정상용. 윤상원 선배가 나서서 내일 오전 11시 YWCA에서 각계 민주 인사 원로들을 모시고 회의를 열어 동의를 구하기로 했다. 우리는 '총기 회수 중단, 학살 인정과 군부정권 퇴진, 책임자 처벌과 희생자 안장' 등 광주시민의 요구를 설명할 계획이었다. 각계 민주 인사들의 동의를 얻으면 도청 수습대책위원회의 개편이 훨씬 용이해지고, 개편된 수습대책위원회의 무게감도 커지리라 기대했다.

대학생들을 시민군으로 조직하다 _1980년 5월 25일

5월 25일 오전 11시 YWCA 2층 소회의실에 재야 민주 인사들이 모였다. 정상용, 이양현, 윤상원이 참석하여 어젯밤 보성기업에서 정리된 우리의 입장을 설명했다. 한편 1층 강당에서는 송백회와 극단 광대 그리고 여학생들 70여 명이 대자보를 쓰고 있었다. 형수 정현애와 나는 2층 계단 입구에 서서 초조하게 재야 민주 인사들의 회의 결과를 기다리고 있었다.

한 시간쯤 지난 뒤 회의장을 나온 윤상원은 나와 눈이 마주치자 고개를 절레절레 흔들었다. 총기 회수 중단 요구가 받아들여지지 않았다는 뜻이었다.

"총 들고 싸우자고 해서 얼마나 많은 사람을 더 죽게 만들려고 그러느냐? 여기서 나가라! 총 다 뺏어라!"

회의에 참석했던 조아라 YWCA회장과 김경천 간사가 큰소리를 쳤다. 궐기대회 준비를 하고 있던 우리는 고개를 돌리고 옆으로 숨었다.

몇몇 여성들은 묵묵히 고개를 숙인 채 또박또박 대자보를 써 내려가고 있었다. 아무도 대꾸를 하지 않자 두 분은 밖으로 나가 금남로 곳곳에 붙어 있는 대자보를 찢었다. 대자보에는 공수들의 만행을 낱낱이 폭로했고, 큰 글씨로 '대학생은 YWCA로 모여라'고 쓰여 있었다. 대학생을 YWCA로 모이라고 한 것은, 대학생들에게 총을 지급하여 새로운 시민군을 조직하려는 계획 때문이었다.

당시 수습대책위원회는 광주시민들의 요구와 상관없이 강제로 총기를 회수하고 있었다. 그러나 무장을 해제하면 곧바로 계엄군의 공격을 받을 것이고, 광주에는 또다시 피바람이 몰아칠 것이 분명했다. 시민들은 그런 사실을 잘 알고 있었기에 '총기 회수 결사반대'를 외치며 궐기대회에 참여했다. 〈투사회보〉에 실은 '우리는 왜 총을 들 수밖에 없었는가'라는 글은 시민들의 뜨거운 호응을 받았고, 궐기대회에서 낭독할 때마다 열화와 같은 박수를 받았다. 그러나 기대했던 민주인사들이 총을 드는 것을 막무가내로 반대했다.

계엄군은 총기를 회수하지 않으면 어떠한 협상도 없다는 입장이었다. 수습대책위원회는 협상을 명분으로 100여 정의 총기를 반납한 뒤 시위 도중 연행된 일부 학생들을 석방시켰다고 자랑했다. 24일 바로 어제의 일이었다. 반면 텔레비전에서는 '간첩이 광주에 침투하여 무장 폭동을 일으키고 있으며 그중 한 명을 잡았다'고 보도하고 있었다. '협상을 위해서라도 총기 회수를 중단해야 한다'고 주장하면 빨갱이로 몰리는 상황이었던 것이다. 총기를 회수하고 시민군의 무장이 해제되면 계엄군들은 또다시 피의 살육을 자행할 것이고, 지금까지 민주주의를 위해 싸우다 억울하게 숨진 모든 사람이 폭도라는 누명을 쓰고 역사의 죄인으로 남을 것이다. 우리는 더 이상 수습대책위원회에 기대를 걸지 않기로 했다. 궐기대회를 통해 시민군을 새롭게 조직하여 결사 항전을 결행하기로 했다.

평소와 다름없이 스쿨버스로 가두방송을 하고 〈투사회보〉를 배포한 후, 오후 3시에 있을 제3차 범시민궐기대회를 위해 분수대에 마이크를 설치했다. 비가 오는데도 많은 시민이 우산을 쓰지 않은 채 모여들었다.

궐기대회가 끝나고 오후 6시경이 되자 100여 명의 학생이 모였다. 나는 학생들을 10명씩 1개 분대로 묶은 뒤, 학생증과 주민등록증을 걷었다. 그리고 간단한 제식훈련으로 정신을 가다듬은 다음 현 시국에 대해 간략히 설명했다.

지금부터 여러분은 시민군이다. 이제 제2의 생명인 총기를 지급받으러 간다. 가두방송을 통해 알린 대로 공수들은 지금도 시도 때도 없이 광주시 외곽 지역에 숨어들어 와 양민들을 학살하고 암매장한 후 도망치고 있다.

어제 공수들이 전남대에 침투하여 학생 둘을 죽이고 문리대 앞 야산에 암매장하고 도망쳤다는 제보가 들어왔다. 곧 기동타격대가 전남대로 긴급 출동하여 시민들이 목격한 암매장 자리에서 학생 시신 두 구를 파내어 도청으로 데려왔다. 현재 신원 확인 중이고 곧 상무관에 안치할 예정이다. 여러분의 임무는 이러한 공수들의 만행으로부터 시민들의 생명과 재산을 보호하는 것이다.

현재 부산 앞바다에는 미국 항공모함이 정박해 광주의 움직임을 예의 주시하고 있다. 동시에 전두환 군부의 움직임도 감시하고 있기 때문에 우리 광주시민군이 끝까지 저항한다면 그리 쉽게 진압 작전에 동의하지는 못 할 것이다. 수습대책위원회는 도청 지하에 300톤의 TNT를 보관하고 있다. 만약 계엄군이 진압 작전을 단행한다면 자폭하겠다고 선언했다.

최규하 대통령 권한대행은 민주일정에 따라 국민투표에 의해 민주정부를 구성하겠다고 약속했다. 우리의 요구는 비상계엄을 철폐하고 민주일정에 따라 국민투표를 해서 민주정부를 수립하라는 것이다. 너무나도 당연한 요구조차 거부하고 진압을 하겠다면 우리는 자폭할 것이다.

외신기자들의 말로는, 미국은 이러한 엄청난 시민의 희생을 원치 않을 것이므로 우리가 끝까지 광주를 지킨다면 미국은 더 이상 전두환을 지지하지 않고 민주일정에 따른 민주정부 수립으로 방향을 선회할 수도 있다고 한다. 22일 광주가 해방구가 되었을 때 외신기자들이 두 손을 앞으로 내밀어 여덟 손가락을 펴 보이며 "앞으로 8일만 버틸 수 있다면 여러분이 이깁니다"라고 말했다. 외신기자들은 수습대책위 사람들을 만날 때마다 손가락을 하나씩 접더니 오늘은 네 개의 손가락을 펴 보였다. 앞으로 4일만 더 버티면 우리가 승리한다는 의미다.

현재 공수들은 광주시 외곽에서 시내를 들락거리며 양민을 학살하고 있다. 동시에 지금 시내에는 각종 기관원들이 시민군의 동태를 감시하며 때때로 시민들을 납치하고 있다. 그렇기 때문에 여러분들 가운데 누군가가 잡혀가더라도 고문에 못 이겨 시민군 전우의 이름을 댈 수 있기 때문에 지금부터는 일절 이름을 부르지 않고 몇 분대 몇 번 이렇게 번호만 부르도록 한다.

학생증과 주민등록증을 회수한 것은 혹시 전투 중에 여러분 가운데 누군가 죽는다면 그 사람은 시민군으로서 의롭게 싸우다 죽었으므로 여기에 있는 명단을 바탕으로 반드시 국가유공자임을 증명할 것이다. 잠시 후에 도청에 들어가 총기를 지급받으면 그때부터는 암호를 가르쳐 줄 것이다. 암호는 두 시간 간격으로 변경되니 암호를 잘 기억해야 한다. 공수들과 기관원의 출몰이 너무 잦으므로 암호를 모르면 위험에 빠질 수 있고 잘못하면 죽을 수도 있다. 여러분은 주로 도청 경비와 외곽 지역 방어에 투입될 것이다.

이렇게 세세하게 설명한 다음 도청 안에 있던 윤상원에게 연락했다. 잠시 후 안길정이 와서 10개 분대를 인솔해 갔다.

100여 명의 학생에게는 곧바로 총기가 지급됐고 초소에 배치됐다. 우리들은 이날 저녁 도청 항쟁지도부의 주도권을 넘겨받았다. 본격적인 재무장 결사 항전이 시작된 것이다.

"끝까지 싸울 수 있습니까"_1980년 5월 26일

26일 아침, YWCA에 웬 쌀가마니들이 배달되었다. 식량이 없는 사람은 연락해 달라고 어제 가두방송을 하고 다녔더니 쌀이 없어 굶는 사람이 있으면 먹이라고 많은 시민이 보내 준 것이었다. 쌀가마니가 강당 앞에 수북이 쌓여 있었다. 이 소문을 듣고 여러 곳에서 식량이 없다는 연락이 와서 스쿨버스에 쌀가마니를 싣고 김향득, 김효석, 김광섭과 함께 오전 내내 배달했다.

오후 3시가 되자 분수대에 방송 장비를 설치하고 YWCA에서 쉬고 있는데, 제5차 범시민궐기대회를 진행하던 임영희와 김태종이 찾아와 '시민결의문'을 낭독해 달라고 했다. 똑같은 사람이 매일 분수대에 올라가 이것저것 낭독하자니 속 보인다며, 나보고 읽어 달라고 부탁한 것이다. 향토예비군에게 총을 들고 광주를 지켜 달라고 호소하는 내용이었다. 제5차 범시민궐기대회 순서를 짤 때 내가 주장했던 말이기도 했다.

어제는 대학생 100여 명을 도청과 외곽방어에 투입했고, 오늘은 아침부터 가두방송과 대자보를 통해 향토예비군까지 궐기대회에 나오도록 홍보했다. 분수대 위에 올라가니 예비군복을 입은 수백 명의 사람이 보였다. 나는 분수대에 올라가 '민족의 이름으로 울부짖노니, 살인마 전두환을 공개 처단하라', '예비군은 도청으로 와 무기를 들고 광주를 지키자' 등 여섯 가지 결의사항을 80만 광주시민의 이름으로 낭독한 후 만세 삼창을 부르고 내려왔다.

궐기대회 후 어제와 마찬가지로 태극기를 앞세우고 전남대 스쿨버스를 운전하며 광주역, 광주공원, 금남로 일대를 돌며 시가 행진을 했다. 스쿨버스 위에서는 목포에서 광주의 동향을 살피기 위해 파견되어 온 남녀가 공수들의 만행을 목격하고는 자청하여 가두방송을 했다. 우리는 그들을 통해 그동안 목포에서의 민주화 시위 과정을 알 수 있었다.

21일 오후 1시 전남도청 앞에서 집단 발포 후 곧바로 시위대는 여섯 대의 광주고속버스를 타고 목포까지 내달렸다. 이들은 시가지를 누비며 광주시민 피해 사실을 가두방송하며 목포시민의 궐기를 호소했다. 집단 발포 소식을 들은 목포시민들은 '계엄 철폐', '전두환은 물러가라', '김대중 석방' 등의 구호를 외치며 목포 시내를 행진했다. 시민들은 점점 불어나 2만여 명이 넘었고, 연동파출소를 불태웠으며, 목포시청과 세무서를 부수고 파출소마다 들어가 무기를 획득했다.

22일 목포역 광장에서 안철 주도하에 궐기대회가 열렸는데 온 인파가 시내에 빼곡히 차서 20만 명이 넘는 시민들이 저녁까지 시위를 계속했다고 한다. 23일에는 '목포시민 민주화투쟁위원회'가 결성되어 위원장 안철, 집행위원장 박상규, 총무부장 황인규가 선출되었고, 시위 본부를 목포역으로 정했다. 목포시민 민주화투쟁위원회는 광주의 소식이 궁금하여 23일부터 날마다 남녀 학생을 1개조로 하여 광주로 보냈는데, 계속 소식이 없어 자기들이 목포에서 올라온 네 번째 조라고 소개했다.

나는 시민결의문 낭독자로서 가두행진을 마친 예비군 300여 명과 함께 총기 지급을 요구하며 도청 정문 앞에 앉아 연좌데모를 벌였다. 예비군은 군대를 갔다 온 향토예비군들이 무장을 해야 계엄군을 상대할 수 있다고 주장했다. 예비군들이 〈우리는 향토예비군〉 등 예비군가와 '재무장 결사 항전' 구호를 외치자 잠시 후 도청 안에서 상황실장 박남선이 나왔다. 박남선은 무기 지급은 안 된다고 말하며 향토예비군들에게 도청 정문에서 물러날 것을 요구했다. 이에 흥분한 예비군들이 자리에서 일어나 도청 정문을 밀어붙이기 시작했다. 전남도청 정문이 무너질 듯 삐걱거리자 박남선은 깜짝 놀라 허리춤에서 권총을 꺼내 들고는 하늘에 총을 발사하며 외쳤다.

"더 이상 들어오면 쏜다! 쏜다!"

총소리를 듣고 도청 안에서 수습대책위원들이 몰려나왔다. 박남선이 계속 총을 허공에 발사하며 위협하자 정상용과 윤상원 등이 설득했다. 이미 어젯밤에 도청지도부가 민주진영으로 바뀌었기 때문에 정상용과 윤상원의 설득으로 박남선도 물러섰다. 이윽고 예비군들에게 총기를 지급할 테니 YMCA에 가서 기다리라고 약속했다. 나는 예비군들을 인솔해 YMCA로 데려갔다.

어제와 마찬가지로 궐기대회 방송을 듣고 YWCA로 모인 70여 명의 대학생을 분대로 편성했다. 이번에도 학생증과 주민등록증을 모두 회수하고 이를 박용준에게 맡겼다. 그런데 이 신분증들은 곧 소각되고 만다. 27일 새벽 계엄군이 쳐들어오자 박용준이 증거를 없애기 위해 태워 버렸기 때문이다. 신분증을 소각한 박용준 또한 총을 맞고 사망하고 만다.

어느 정도 규율이 잡히자 명령을 내렸다.

"1분대부터 번호 맞춰 앞으로 가!"

모두가 구령을 제창하면서 열을 지어 도청으로 들어갔다. 도청 앞에서 길게 줄을 선 시민들은 우리에게 뜨거운 박수를 보내 주었다. 줄을 선 시민들은 사망자나 행방불명된 사람을 신고하러 왔거나, 상무관 분향소에서 시신을 확인하기 위해 기다리고 있는 사람들이었다.

학생들을 데리고 본관 3층 회의실로 들어갔다. 마침 도청 대변인을 맡았던 윤상원이 외신기자와 회견 중이라 우리는 회의실에서 대기하고 있었다. 그때 김윤기가 회의실 밖에서 안을 들여다보았다. 그는 철모를 쓴 채 카빈총을 메고 보초를 서고 있었다. 김윤기에게 카빈총을 달라고 한 후 거기에 모인 70여 명의 대학생에게 총기 교육을 했다. 사실 김윤기도 군대에 다녀오지 않아 총기 사용법을 모른 채 총을 메고 있었다. 문제는 야간에 교전 상황이 발생했을 때였다. 노리쇠의 스프링이 약해 한 방 쏘면 노리쇠가 제대로 전진하지 못해 총알이 발사되지 않았던 것이다. 그래서 매일 밤 무전기에서는 총이 고장 났다며 지원 요청을 하는 시민군이 많았다.

잠시 후 기자회견을 끝내고 윤상원 형이 나타났다. 그는 시민군 앞에서 우리의 의지를 밝혔다.

방금 외신 기자회견을 끝내고 왔다. 우리의 의지는 확고하다. 전두환 살인마가 우리 부모형제들을 무차별 살육하고 있고, 오늘도 공수들이 암매장한 시신들을 찾아왔다. 소식을 모르는 행방불명자들이 이미 수천 명이 넘는다. 자유와 민주를 위해 싸우다 비통하게 숨진 열사들의 숭고한 뜻이 헛되지 않도록 우리는 총을 들고 싸워야 한다.

광주시민들의 생명과 재산을 보호하기 위해 시민군이 되고자 여기 모인 여러분들을 열렬히 환영한다. 우리는 전두환 살인마가 즉각 비상계엄을 해제하고 민주일정에 따라 민주정부를 수립할 때까지 싸울 것이다. 외신기자들은 손가락 세 개를 펴 보이며 앞으로 3일만 더 버티면 전두환은 물러날 것이라고 했다. 민주정부가 수립될 그날까지 끝까지 투쟁하자.

상원이 형의 연설은 감동적이었다. 그가 연설 말미에 물었다.
"끝까지 싸울 수 있습니까?"
시민군 모두 우렁찬 목소리로 "네!" 하고 대답했다. 나는 상원이 형과 함께 도청 1층의 무기고로 가서 시민군에게 무기를 지급했고, 들불야학 형제들을 이끌고 다시 YWCA로 돌아왔다.

한편 YWCA에서는 투사회보팀이 활발히 활동하고 있었다. 26일 밤 들불야학 형제들과 투사회보팀 20여 명이 총기를 지급받고 YWCA로 돌아와 진을 치고 있었다. 많은 양의 선전물이 필요했기에 27일부터 전남대 인쇄소를 사용하기로 했다. 당시 대동고 교사였던 박석무 선생께서 전남대 사범대학 오병문 학장에게 전남대 인쇄소를 사용할 수 있도록 해 달라고 연락해 주었고 마침내 허락을 받았다.

또한 광주시 외곽 지역의 경비가 절실히 필요하다고 판단하여 우리는 밤늦게 시청에 전화를 걸었다. 전화번호부를 보고 시장실로 전화했더니 누군가가 전화를 받았다.

"광주시청입니다."

"누구십니까? 저희는 시민군 궐기대회팀입니다."

"네, 구용상 시장입니다."

나는 깜짝 놀랐다. 설마 시장이 전화를 받으리라고는 생각지 못했던 것이다.

"오늘 궐기대회에서 예비군 수백 명이 모여 총기 지급을 요구했습니다. 현재는 YMCA에서 총기 지급을 기다리고 있습니다. 알고 계십니까?"

"네, 알고 있습니다."

구용상 시장은 샅샅이 보고를 받는 모양이었다. 공무원들과 경찰들도 공수들의 만행에 대해서 우리와 같이 치를 떨고 있었다. 이 때문에 경찰과 공무원들도 수습대책위원회가 질서를 잘 유지하며 궐기대회를 진행할 뿐 아니라 시민들의 전폭적인 지지를 받고 있다는 것을 잘 알고 있었다. 오히려 자기들이 해야 할 일을 우리가 대신하고 있다면서 고마워하는 실정이었다.

그래서 곧바로 구용상 시장에게 예비군 동원을 요청했다.

"광주시민의 생명을 지키기 위해 향토예비군이 필요하니 광주 외곽인 지원동, 학운동, 지산동, 산수동, 풍향동, 운암동, 용봉동, 농성동, 광천동, 백운동 등의 예비군을 동원할 수 있도록 각 동사무소에 연락해 주십시오. 그러면 수습대책위원회에서 내일 아침 10시까지 대학생 두 명씩 한 조로 삼아 총과 실탄을 보내겠습니다." 내 말을 듣고 구용상 시장은 바로 "그렇게 해도 좋다"고 대답했다.

30분쯤 지나 우리는 동사무소마다 전화를 걸어 시장에게 전화한 내용을 설명하고 시로부터 연락을 받았느냐고 물어보았다. 동사무소 당직자는 시로부터 연락을 받았다고 말했다. 나는 27일 아침에 학생 두 명씩 보내 예비군들에게 무기를 지급할 터이니 동마다 예비군을 동원해 대기하라고 전했다.

밤이 되자 피곤이 몰려왔다. 보초를 서는 들불야학 형제들도 피곤할 것이다. 나는 두 사람씩 묶어 보초를 세우게 하고 나머지 형제들은 방으로 들어가 잠을 자게 했다.

잠시 후 밖의 보초상황을 살펴보려고 나와 보니 YWCA 정문을 지키는 보초가 목재로 된 현관 카운터에 앉아 밖을 향해 총을 겨냥하고 있었다. 놀란 나는 그에게 말했다.

"나무는 총알을 관통한다. 그리고 대한민국 육군의 사격술은 대단하기 때문에 만약 밖에서 조준을 하고 쏘면 곧바로 죽는다. 시멘트 계단 뒤로 가서 몸을 숨기고 총구를 겨눠."

그러나 그 사람은 내 말을 듣지 않고 다시 그 자리로 돌아갔다가 결국 앉은 채로 숨졌다고 한다. 다시 건물 밖으로 나와 앞에 세워진 전남대 스쿨버스를 살펴보니 버스 안에서 김향득과 김광섭이 총을 들고 자고 있었다. 그들을 깨워 '군인들은 처음에는 무조건 차에 총을 갈겨대니 안으로 들어가서 자라'고 했다. 그들은 건물 안에 사람이 너무 많아 잠을 제대로 잘 수 없어 나왔다고 했다. 다음 날 보니 스쿨버스는 계엄군의 사격으로 벌집이 되어 있었다.

형수가 내 손목을 잡아끌다 _1980년 5월 27일 새벽

우리는 YWCA에서 계엄군의 공격을 방어하기 위해 광주일고 동기인 정연효에게 YWCA 경비대장을 맡게 했다. 정연효는 70여 명이 넘는 대자보팀과 50여 명에 달하는 투사회보팀 및 궐기대회팀의 안전을 위해 YWCA 정문에 바리케이드를 쳤다. 정연효는 정문을 막은 대신 피신할 비상구를 하나 만들었다. YWCA와 옆 병원 사이에 2미터 정도의 높은 담이 있었는데, 사람이 타고 올라갈 수 있는 철망을 비스듬히 설치하고 만약 계엄군이 쳐들어올 경우 이 철망을 딛고 담을 넘어 피신하라고 알려 주었다.

새벽, 계엄군의 공격 소식이 들려왔다. 아무래도 여성들을 먼저 피신시키는 게 좋을 것 같았다. 우선 강당에 있는 대자보팀부터 차례차례 철망을 타고 담을 넘으라고 했다. 일단 YWCA 밖으로 나간 다음에는 사방에 계엄군이 깔려 있을지 모르니 우선 녹두서점으로 들어가라고 단단히 일러 주었다. 그런데 철망을 타고 담 위로 올라선 여성들은 깜깜한 데다 담이 너무 높아 뛰어내리지 못했다. 안 되겠다 싶어 전용호와 나는 총을 담장에 세워 두고 담을 넘어가 차례차례 여성들의 발을 잡아 어깨에 발을 딛고 담을 넘어오도록 도와주었다.

여성들이 모두 월담하고 난 뒤에 건물 안으로 들어와 보니 방금까지 있었던 내 총이 보이지 않았다. 보니까 나이 어린 들불야학 형제가 총을 움켜쥐고 있었다. 그는 총을 달라고 해도 막무가내였다.

"총이 없으면 내가 죽는데요?"

얼마나 무서웠으면 총을 쏠 줄도 모르면서 저럴까 싶기도 하고 따질 시간도 없어서 일단 도청으로 향했다. YWCA 밖으로 나와 대공분실과 전일빌딩 사이로 나가려는데 도로에 총알이 핑핑 튕겼다. 도청에서 금남로를 향해 위협사격을 해대고 있었다. 뒤에 따라오던 전용호가 소리쳤다.

"형, 이러다가 우리끼리 죽이겠소." 나도 안 되겠다 싶어 돌아서 도청으로 가려는데, 뒤에서 형수가 다급하게 불렀다.

"상집 씨, 서점으로 돌아갑시다. 이러다가 다 죽겠어요."

형수는 우선 녹두서점으로 가자며 전용호와 나의 손목을 잡아끌었다. 나중에 알고 보니, 19일에 아버지가 나를 산수동 집으로 데려가려고 했는데 내가 뿌리치고 나가 버리자, 아버지는 서점에서 계속 울고 계셨다고 한다. 아버지가 형수에게 "상집이를 꼭 챙기라"고 신신당부하셨는데, 녹두서점에 내가 없자 형수가 다시 돌아와 나를 데리러 온 것이다.

녹두서점에 가까스로 도착하니 뒷방까지 사람들로 꽉 차 있었다. 그러나 한꺼번에 서점을 나가면 계엄군에 잡힐 우려가 있었으므로 우리들은 두서너 명씩 시간을 두고 서점을 나섰다. 그 와중에서도 형수는 〈투사회보〉와 대자보, 상황일지 등을 서점 뒤채에 있는 아궁이에 태워 없애고 있었다.

27일 새벽이 밝아오자 형수는 설핏 잠이든 나와 전용호를 깨웠다. 일어나 보니 서점에는 형수와 정현순, 전용호와 나 이렇게 넷만 남아 있었다.

"상집 씨, 서점을 빠져나가야 하는데 이미 군인들이 쫙 깔려 있으니 깔끔하게 옷 입고 나갈 준비하세요."

서점과 연결된 부엌문을 열고 안마당으로 나와 집 주위를 살펴보니 온통 계엄군이 깔려 있었다. 옆 가게 문은 모두 굳게 잠겨 있었다. 나는 서점 안을 살펴보다 시민군들이 서점에 놓고 간 화염병과 수류탄을 발견했다. 보자기나 신문지로 싼 다음 옆집 담 밖으로 던져 버렸다. 마지막으로 또 의심받을 만한 물건이 없나 하고 서점을 둘러보는데 계산대 안쪽에 카빈총 한 정 있는 게 아닌가! 이때는 날이 완전히 밝아 옆집 담 밖으로 던질 수도 없는 상황이었다. 일단 카빈총을 둘로 분해한 다음 보자기로 싸 놓으니 정현순이 그것을 서점 뒤 나무 창고에 넣어 놓고 나왔다. 그러나 계엄군이 수색하면 바로 들킬 것 같아서, 맨 아래에 보자기로 싼 카빈총을 놓고 그 위에 다시 나무를 여러 개 포개어 놓았다.

형수가 차려 놓은 아침을 먹고 거울을 보니 수염이 더부룩했다. 나가면 잡히기 딱 좋았다. 전용호를 먼저 내보내고 면도를 했다. 그런데 갑자기 부엌문이 열렸다.

"손들어!"

문 사이로 총구가 튀어나왔다. 계엄군이었다. 포로가 된 것이다. 우리는 모두 계엄군에 의해 안마당으로 끌려나갔다.

원래 계엄사 합동수사단은 녹두서점에서 YWCA로 본부를 옮긴 광주 운동권을 일망타진할 계획이었다고 한다. 그러나 YWCA에는 들불야학팀과 대학생 등 경비를 서던 사람들만 남아 있었고, 녹두서점에 들이닥치니 나와 형수, 정현순 세 사람뿐이었다. 게다가 서점에 있는 카빈총과 수류탄, 화염병 같은 무기는 내가 모두 하수구에 버리거나 골목 밖으로 던져 버렸고, 형수는 상황일지와 대자보, 〈투사회보〉, 궐기대회 자료와 시민군을 자원한 대학생 명단 등을 모두 소각해 버린 상태였다. 도청에 있는 지도부를 제외하고는 사람도 증거물도 대부분 사라져 버린 후였다.

3부

항쟁은 끝나지 않았다

살아남은 자 1
내란 주동자 김상윤

온 세상이 깜깜했다

며칠이 지났을까? 어딘지 모르게 보안대 조사실의 분위기가 매우 어수선하다는 느낌이 들었다. 나는 지하실에서 1층 사무실로 옮겨졌다. 어떤 학생이 심하게 두들겨 맞고 있었다. 군복을 입은 두 명의 사람과 사복을 입은 두 명의 사람이 학생에게 린치를 가하고 있었다. 나중에 알고 보니 그 학생은 전남대 자연대학 학생회장인 윤목현이었다. 나를 보자 그들은 이제 나에게 덤벼들었다. 다짜고짜 나를 두들겨 팼다. 이유고 뭐고 없었다. 군홧발로 머리고 얼굴이고 닥치는 대로 차고 두들겨 팼다. 그러다 어떤 녀석은 지쳤는지 저만치 떨어져 담배를 피워댔다. 그러다 곧 다시 나에게 덤벼들더니 담뱃불로 내 팔뚝을 지졌다. 정신없이 맞으니 이러다가 죽겠다 싶어 비명과 고함을 마구 질렀다. 주춤해져서 정신을 차리고 옆을 보니 윤목현이 나를 쳐다보고 있었다. 처참하게 깨지고 있는 적나라한 모습을 후배에게 보인 게 참으로 부끄러웠다.

우리는 군용 지프차에 실려 상무대 영창으로 옮겨졌다. 나중에 상황을 재구성해 보니 시민군이 광주를 장악했고, 위험을 느낀 보안대 조사반이 전부 상무대로 옮기면서 우리에게 보복을 가한 것 같았다. 아마 5월 21일쯤이었을 것이다.

상무대 영창에는 예비검속된 정동년(전남대 복적생), 김운기(조선대 복적생), 박형선(민청학련), 문덕회(민청학련), 윤목현, 박선정(전남대 인문사회대학 학생회장) 등과 5월 18일 녹두서점 앞에서 연행된 김천수(전남대 학생) 등이 잡혀 와 있었다. 우리는 영창 생활을 하는 군 사병들과 같이 섞여 있었다. 간간이 광주 시내에서 시위를 하다 잡혀 온 사람들도 영창에 들어왔다. 열네 살 구두 수선공은 얼굴이 시퍼렇게 멍들었는데도 시민들이 얼마나 잘 싸우고 있는지 자랑스럽게 이야기했다.

여기로 옮긴 이후부터 나는 아무런 조사도 받지 않았다. 다만 군인들을 통해 사태가 매우 심각하게 진행되고 있다는 사실만 듣고 있었다. 도둑과 강도들이 광주 온 시내를 휩쓸고 다닌다는 둥 부녀자들을 강간하고 있다는 둥 폭도들의 난동이 지나쳐 인민군 점령 때 같다는 둥 여러 이야기를 했다. 또한 총기 오발 사고로 많은 시민이 죽었고, 무장한 깡패 때문에 시민들이 공포에 떨고 있다고 했다. 나는 군인들의 말에 몹시 놀랐고, 혼자 남아 있는 아내에게 몹쓸 일이 생기면 어쩌나 심히 걱정되었다. 그러나 정동년 선배는 "병신 같이 잡혀 와서 재미있는 것을 못 본다"며 태평한 모습이었다.

어느 날 영창을 지키는 책임자인 박 중사가 흥분된 목소리로 외쳤다.

"호명된 사람들은 밖으로 나와!"

김천수와 시위하다 잡혀 온 몇 사람이 호명되어 밖으로 나갔다. 박 중사는 영치된 그들의 물건을 모두 돌려주고 옷도 갈아입으라고 했다. 그들은 석방된다고 했다. 이게 무슨 일이지? 영문을 모르는 우리들에게도 "나머지 사람들도 석방될 준비를 하라"면서 전원이 곧 석방된다고 했다. 이유야 어찌 되었든 모두 석방된다는 건 아주 좋은 일이라고 생각했다. 밖의 상황이 민주화 세력에게 유리하다는 방증 아니겠는가. '신군부가 모두 물러나려나?'

그러나 먼저 석방된 사람들을 제외하고 더 이상 석방된 사람은 없었다. 나중에 알게 된 사실이지만, 시민수습대책위원회가 예비검속된 자들과 구금된 자들을 석방하라는 요구를 했고, 계엄사령부에서 시민수습대책위원회를 회유하는 차원으로 일부를 석방했던 것이다. 그러나 정동년을 비롯해 예비검속으로 잡혀 온 자들은 아무도 석방되지 않았다.

5월 28일 새벽, 두런두런하는 소리에 잠을 깼다. 영창 밖에서 사람들 소리가 들렸다. 밖이 깜깜하여 아무도 보이지 않았다. 잠시 후 한 사람씩 쪼그려 뛰기를 하는 모습으로 머리에 양손을 얹고 영창으로 들어왔다. 후배 김윤기와 이양현이 보였다. 그들을 보자 안심이 되었다. 갇혀 있는 우리에게 하도 험악한 소식을 전하는 바람에 내심 걱정을 많이 했는데, 이양현이 참여했다면 그렇게 걱정할 상황은 아니라는 판단이 들었다. 조금 있으니 내 동생 김상집이 쪼그려 뛰기 자세로 영창으로 들어왔다. 윤기나 양현과 달리 상집은 내 동생이라서 어둠 속에서도 바로 알아보았다. 5월 1일에 제대한 녀석이 한 달도 채 되지 않아 잡혀 들어온 것이다.

상무대 영창은 반원형으로 된 건물에 방 여섯 개가 부채꼴 모양으로 펼쳐져 있었다. 앞은 좁고 뒤는 넓은 형태로, 한 방의 정원은 30명이지만 각각 10여 명 정도가 갇혀 있었다. 그러나 곧이어 시민군이 엄청나게 잡혀 오더니 한 방에 100명 넘게 수용되었고, 어떤 때는 150명이 수용될 때도 있었다. 잡혀 온 시민군들의 웃옷 뒤에는 '폭도', '총기 소지자', '극렬분자', '단순가담자' 등 빨간 매직펜으로 쓴 글씨가 휘갈겨 있었다. 합동수사단이 분류하기 위해 써 놓은 것이다.

점심시간이 지난 후 얼마 되지 않았는데, 누군가 나에게 영창 밖을 보라고 눈짓했다. 밖을 보니 아내가 서 있는 것이 아닌가! 게다가 아내 옆에 처제도 함께 앉아 있었다. 온 세상이 깜깜했다. 동생이 잡혀 온 것도 참을 수 없는데 아내와 처제까지 잡혀 왔으니 이 일을 어찌해야 좋단 말인가! 처제 정현순은 아마 언니가 고생하고 있는 걸 보고 같이 있다가 잡혀 온 것 같았다.

다음 날 새벽에 고약한 꿈을 꾸다가 잠에서 깼다. 일어나 보니 우리 방에 잡혀 온 시민군이 더 들어온 것 같았다. 바로 내 옆에서 자는 사람이 눈에 익어 살펴보니 정상용이 아닌가? 정상용은 우리가 아주 어려울 때 함께 쥐포를 만들어 황금동 술집 같은 곳에 팔기도 했던 아주 친한 후배였다. 앓는 소리를 내길래 이불을 들추니 상용의 몸은 온통 퍼런 멍 천지였고, 퉁퉁 부은 다리는 곧 터져 버릴 것 같았다. 끔찍한 모습에 놀라 나도 모르게 울음이 터져 나왔다. 정상용은 내 울음소리에 놀라 일어나더니 무릎을 꿇고는 눈물을 흘리며 말했다.

"형님, 지고 들어와 죄송합니다."

제 몸뚱이가 만신창이가 된 건 아무렇지도 않다는 표정이었다. 우리 방으로 정상용과 함께 들어온 정해직도 만신창이가 되어 있었다. 그럼에도 그는 흥분이 가라앉지 않았는지 시내에서 있었던 일을 계속 이야기하면서 자랑스러워 했다. 정해직은 광주교대를 나와 국민학교 선생이 되어야 했는데, 선생을 하지 않고 신용협동조합 운동을 하고 있어서 가깝게 지내게 된 후배였다. 아내와는 광주교대 동기이면서 흥사단 활동도 함께 했다고 한다.

아는 후배들이 연이어 잡혀 왔다. 전용호, 김선출 그리고 민족민주화성회에서 활동하던 박용성 등 많은 후배가 잡혀 왔다. 그 외에 잡혀온 시민군은 대부분 모르는 사람들이었다. 천대받던 도시 하층민들이 부지기수였다. 그들은 조사받는 과정에서도 매우 가혹한 고문에 시달렸다.

나는 '역사의 주체가 민중'이라고 생각했으나 막상 민중의 힘을 믿지 않았던 것 같다. 광주의 하층민들이 계엄군의 총부리를 뚫고 떨쳐일어났다는 사실을 상상할 수 없었다. 내 머릿속의 민중은 농민이나 노동자였다. 말하자면 실생활과 동떨어진 관념적 민중관을 가지고 있었던 셈이다. 바로 옆에 있는 그들에게 한없이 미안했고, 책 줄이나 읽고 운동가라고 여겼던 자신이 몹시 부끄러웠다.

상무대 영창에서 초기 조사과정

계엄사령부 합동수사단은 보안사나 헌병대, 중앙정보부, 경찰서에서 차출된 수사관들로 구성되었다. 그렇지만 김재규가 중앙정보부장이 었기 때문에 중앙정보부에서 차출된 수사관보다는 보안대나 헌병대 에서 차출된 수사관들이 중심 역할을 하는 것 같았다. 합동수사단은 1 과, 2과, 3과로 구성되어 있었다. 1과는 주로 학생들을 조사했고, 2과 는 일반인, 3과는 반공법이나 국가보안법 위반자에 대해 조사하는 것 같았다.

당연히 나는 1과에서 조사를 받았다. 나에 관한 조사는 5월 18일 이전까지이니 주로 어용교수 문제나 학생 시위에 관한 내용이 대부분 이어서 그다지 주목받을 내용이 없었다. 그런데 검거된 학생들이 들 어올 때마다 나와 관련된 내용을 실토하는 바람에 매번 고문을 당할 수밖에 없었다. 아마 거의 한 달 가까이 두들겨 맞으며 시달림을 받았 을 것이다. 검거된 학생들이 계속 들어올 때마다 정말 두려웠다.

6월 초쯤이었다. 5월 16일 저녁에 도청 분수대 위에서 사회를 보았 던 박용성이 내가 조사받는 사무실로 들어오고 있었다. 박용성은 고 등학교 후배였고 '백제 야학'에서 학생들을 가르치던 올곧은 학생이었다. 나는 사무실로 들어오는 박용성을 보고, 손짓으로 나를 모른 척하라는 신호를 보냈다. 바로 눈치를 챘는지, 박용성은 갑자기 쓰러지면서 헛소리를 해댔다. 미친 척한 것이다. 박용성은 곧바로 국군통합병원으로 후송되었다.

모두 견디기 힘든 나날을 보내고 있었다. 많은 사람이 죽었고, 권력욕에 광분하고 있는 사람들이 벌인 짓이라 눈 뜨고 볼 수 없는 광경들이 계속 일어났다. 조사받는 과정이 너무 고통스러웠지만 결과는 뻔할 것이라 생각했다. 나는 5월 18일 이후에 활동한 내용이 없으니 기껏해야 포고령 위반으로 3년 이하의 징역을 받을 것이다. 나보다는 내 동생 상집과 아내가 어떻게 될지 그것이 걱정스러웠다. 또한 이른바 '광주사태'를 내란으로 날조하면서 누구를 희생양으로 삼을지 우리로서는 알 길이 없었다. 아니 솔직히 말해 그런 큰 문제에 신경을 쓸 만큼 마음의 여유가 없었다. 나는 한 달쯤 시달리다 3과로 옮겨 조사를 받았다.

정동년이 자해하다

5월 27일 새벽, 도청이 진압되고 수천 명이 상무대에 잡혀 와 북새통을 이루었다. 자정 무렵, 서울 합동수사단에서 내려온 수사관들이 정동년과 조선대 복적생 김운기를 불러냈다. 그러더니 10여 명의 괴한이 정동년에게 무차별 린치를 가했다. 아무것도 묻지 않았다. 주먹과 발길질 그리고 몽둥이로 온몸을 내리쳤다. 까무러칠 수밖에 없었다.

"너 김대중에게 얼마 받았어?"

갑자기 묻는 말에 뭐라고 대답했는지도 몰랐을 것이다.

"그것밖에 안 받았단 말이야?"

또 한참을 정신없이 맞았다. 무자비한 구타와 린치를 당하다가 그는 김대중에게 500만 원을 받았다고 이야기했다.

정동년이 김대중의 동교동 자택을 방문하고 방명록에 이름을 쓴 것이 화근이었다. 김대중을 광주사태와 연결할 고리를 찾아야 하는데 그가 걸려든 것이다. 정동년은 30대 후반이었고, 전남대 복적생 중 가장 나이가 많아 이용 가치가 컸다.

린치와 고문 속에서 어쩔 수 없이 정동년은 김대중에게 돈을 받았다고 거짓 자백을 했다. 걱정이 태산 같았을 것이다. 그 돈을 어디에 썼느냐는 추궁이 이어질 것이고, 사건이 커지면서 주변 사람들도 큰 피해를 입게 될 터였다. 그는 차라리 그 자리에서 얻어맞고 죽고 싶었다고 했다.

어느 날 영창에 함께 수감되어 있던 군인이 다급한 목소리로 나를 불렀다. 군인이 소리치는 화장실로 달려갔더니 정동년 선배가 배와 이마에 피가 낭자한 상태로 비틀거리고 있었다. 무언가로 배와 이마를 찔러 자살을 기도한 것이다. 그의 옆에는 스푼 겸 포크로 쓸 수 있는 숟가락이 떨어져 있었다. 정동년 선배는 고민을 거듭하다가 점심 식사 후 숟가락을 숨겨 놓은 듯했다. 자세히 보니 포크 날이 깊지 않아 생명에 지장은 없을 것 같았다. 정동년 선배는 병원으로 후송되었고, 500만 원 수령 사건도 더 이상 확대되지 않고 종결되어 버렸다.

천만다행이었다. 아마 6월 중순쯤이었을 것이다.

김영철이 자해하다

김영철은 나와 중·고등학교 동기다. 보육원에서 자랐고, 항상 주변을 서성거렸으며, 겨울이면 추위를 감쌀 옷이 없어서 양지 쪽에 자주 서 있곤 했다. 고등학교 졸업 후 대학에 진학하지 않고 YWCA 신협에 근무했다. 윤상원, 박기순 같은 후배들이 광천 천주교회에서 들불야학을 해서 그곳에 격려차 갔다가 김영철을 오랜만에 만났었다.

그가 살던 광천시민아파트에는 상원이도 살았고, YWCA 신협에서 함께 근무했던 박용준도 살았다. 김영철은 광천동에도 신협을 만들어 이사장을 맡았고, 마을 청년들과 함께 새마을운동에도 힘을 쏟았다. 말이 새마을운동이지, 요즘 식으로 이야기하면 '지역주민운동'의 선구적 모델을 만들었다고 해야 할 것이다.

들불야학과 광천동 지역주민운동을 어떻게 지원할 것인지, 그 방법을 찾기 위해 나는 윤상원과 여러 번 상의했다. 내가 직접 돈을 전달하는 것은 위험했다. 당시는 유신체제였고, 박정희는 국민의 저항을 잠재우려고 '긴급조치 9호'라는 악법으로 나라 전체를 협박하고 있었기에 우리는 매우 조심스럽게 행동해야 했다. 우리가 생각한 구상은 이랬다.

윤상원은 내가 이사로 있는 계림신협에서 100만 원을 융자받고, 그 융자금은 내가 서서히 분할 상환한다. 윤상원은 그 돈으로 광천동에

'동명이네 가게'를 세우고 김영철 부인이 운영하게 한다. 김영철 부인은 이익금의 일부를 윤상원을 통해 들불야학에 보낸다.

우리는 이렇게 들불야학과 김영철을 돕기로 하고, 나는 윤상원 이름으로 계림신협에서 100만 원을 융자받아 윤상원에게 주었다. 내가 1977년에 녹두서점을 만들 때 80만 원 정도 들었으니, 100만 원은 상당히 큰 액수였다. '동명이네'라는 명칭은 영철이 아들 녀석 이름에서 따왔는데 광주사태가 터질 때까지 운영되었다.

광천신협도 도와야 했다. 김영철이 이사장이라지만 실질적으로 광천신협까지 운영할 형편이 되지 못했다. 그래서 광천신협은 내가 믿고 따르던 김길만이라는 선배를 참사로 영입하여 운영을 책임지도록 했다. 김길만 선배는 전남대 상대를 중퇴하여 회계도 할 수 있었고, 9급 공무원으로 여러 해 근무하여 실무 역량도 갖추고 있었다. 그런데 광주사태가 일어나자 그 선배도 보안사에 잡혀 와 많은 고초를 겪었다고 한다.

김영철이 근무한 YWCA는 당시 전일빌딩 바로 뒤편에 있어서 도청과 아주 가까웠다. 또한 윤상원의 지도 아래 들불야학 학생들이 〈투사회보〉 제작에 참여하고, 박효선이나 전용호 등 들불야학 강학들도 대거 광주사태에 참여하고 있어서 김영철도 기획위원장으로 활동했던 모양이다. 게다가 YWCA 조아라 회장과 이애신 총무는 사회의식이 매우 높은 분들이어서, 계엄군들의 만행에 분노했기에 김영철은 별 고민 없이 이번 일에 참여했을 것이다.

어느 날 새벽 상무대 영창에 무너질 듯한 큰 굉음이 울렸다. 잠자던 우리는 모두 일어나 무슨 소리인가 두리번거렸다. 알고 보니 김영철이 자살을 하려고 영창 모서리에 힘껏 자신의 머리를 처박은 것이다. 그 소리를 듣고 헌병들이 몰려와 군홧발로 사정없이 그를 짓밟고, 심지어 곡괭이자루로 온몸을 찍어댔더니, 이번에는 혀를 깨물었다. 결국 김영철은 포승줄로 꽁꽁 묶여 국군통합병원으로 이송됐다.

윤상원이 남긴 마지막 사진

어느 날 차정수 수사관이 나에게 사진 한 장을 내밀었다. 그는 나를 조사하는 수사관은 아니었으나, 자주 나와 이야기를 나누는 사이였다.

"누구 같은가?"

당시에는 컬러사진이 드물었다. 그 사진 속에는 어떤 사내가 처참한 모습으로 죽어 있었다. 얼굴은 검게 그을렸고 입은 앙 다문 채 고개를 뒤로 젖히고 있었다. 웃통은 벗겨져 있었고 바지 지퍼는 열려 있었다. 빨간 팬티가 드러나 있는데, 오른쪽 옆구리에 창자가 흘러나와 있었다. 처참했다. 자세히 보니 팬티색이 빨간 것이 아니라 하얀 팬티에 피가 흘러 빨갛게 보인 것이었다.

"누군지 알겠어?"

"아니요. 전혀 모르겠는데요."

"찬찬히 봐. 알 수도 있을 텐데."

나는 도저히 누군지 알아볼 수 없었다. 누굴까?

"상원이 아니야? 윤상원이."

'뭐라? 윤상원이?' 아니었다. 분명히 윤상원은 아니었다.

"윤상원이 맞아. 검시까지 끝났는데."

'아니, 이 사진 속에 있는 사람이 윤상원이라면, 그렇다면 윤상원은 아직 살아 있는 걸까?' 속으로 그런 생각을 하고 있는데, 갑자기 어떤 섬광 같은 것이 등줄기를 타고 뜨겁게 흘러내렸다. 날카로운 칼날이 등줄기를 죽 긋고 내려가는 것 같았다. 한순간이었다.

'아, 상원이구나! 상원이다!'

사진 속 사내가 입고 있는 바지는 내가 입던 바지였다. 윤상원은 종종 내 옷을 입고 다녔다. 죽을 때 내가 입던 바지를 입고 죽은 것이다. 눈물을 죽죽 흘리고 있는 나를 차정수 수사관이 진심으로 위로했다.

잡혀 들어온 이양현이 얼마 되지 않아 내가 있는 방으로 오게 되어 여러 소식을 들었다. 윤상원이 죽게 된 과정도 자세히 들었다. 5월 27일 새벽, 윤상원과 이양현은 민원실에 함께 있었다고 한다. 계엄군이 도청 뒷담을 넘어 습격하는 바람에 도저히 저항할 수 없었다.

"항복!"을 외치며 밖으로 나가려는데 갑자기 윤상원이 쓰러졌다고 했다.

"나는 안 되겠다."

윤상원은 총을 맞은 채 쓰러져 있었다고 한다. 바로 솜이불을 펴 그 위에 윤상원을 엎드리게 하고 밖으로 나왔는데, 섬광이 번쩍하며 불꽃이 퍼진 것으로 보아 화염방사기를 쏜 것 같았다고 했다. 이때 김영철도 함께 밖으로 나오다 계엄군에게 생포되었을 것이다.

윤상원이 죽었다는 소식을 듣긴 했지만, 이양현을 통해 그의 마지막 모습을 확인하고 나니 슬픔을 참을 수가 없었다. 나 때문에 죽은 것 같았다. 내가 체포되지 않았더라면 윤상원이 그렇게까지 하지 않았을 것이다. 자책감이 들어 하염없이 울었다.

왜 광주에 빨간색을 칠하려는가

조사를 시작한 지 한 달쯤 지나 나는 대공수사팀인 3과로 옮겨 조사를 받았다. 그러나 마음의 여유가 없어 얼마나 시간이 지났는지 정확히 알 수 없었다. 내가 3과로 옮길 무렵 신군부는 소위 광주사태를 어떻게 처리할 것인가를 두고 고심하고 있었다. 김대중의 배후 조종에 의한 내란으로 몰 것인지, 아니면 아예 북한의 지령에 의한 공산주의자들의 준동으로 할 것인지, 그 갈림길에 있었다. 나중에 들은 이야기에 의하면, 당시 서울 보안대 본부에서 특수공작 총괄 임무를 맡고 내려온 홍성률 대령이 '광주를 빨갛게 색칠하면 영원히 화해 불가능하다'는 주장을 폈고, 이를 신군부가 받아들여 광주사태를 공산주의자들의 준동으로 날조하려는 시도가 철회되었다고 한다.

3과에서 나를 조사한 수사관은 중앙정보부 광주지부에서 차출된 황의섭 씨였다. 광주고등학교 출신으로 성품이 후덕한 분이어서 조사를 까다롭게 하지 않았다. 조사받는 동안 단 한 차례의 구타도 없었다. 오히려 자신의 돈으로 속옷을 사다 줄 정도로 우리를 잘 대해 주었다. 3과에서 만난 수사관은 황의섭 이외에 중앙정보부 광주지부 출신인 김민수, 광주경찰서 소속인 차정수 등이었는데, 모두 조사받는 피의자들에게 가혹 행위를 하지 않았던 것으로 알고 있다.

그즈음 광주사태에 대한 윤곽이 대체로 드러났다. 결국 호남 지역이 희생양이 되었다는 사실을 수사관들도 알고 있었다. 따라서 이 지역 출신 수사관들은 '이제 그만 고문하자'는 분위기가 팽배했고, 어떨 때는 우리에게 연민까지 느끼고 있었다. 그렇지만 업무는 업무여서, 황의섭은 내 고향인 장성을 여러 번 방문하여 우리 집안에 관한 조사를 철저히 했다고 한다. 그러나 우리 집안은 6·25전쟁 때 여덟 식구가 학살당해, 오히려 반공 집안이라는 증언만 들었던 모양이다. 황의섭은 많은 조서를 작성했으나 그 내용은 중복될 수밖에 없었고, 포고령 위반 이외에 다른 내용을 추가할 수 없었다.

사실 광주사태를 공산주의자들에 의한 폭동으로 만들 계획이었다면, 나는 무사하지 못했을 것이다. 도청을 마지막까지 지켰던 사람 중에 나와 가까운 사람들이 많아서, 나를 빨갱이로 만든다면 도청에 있던 사람들을 모두 빨갛게 칠하는 것은 아무 문제가 되지 않았을 것이다. 그러나 다행히 그런 광풍은 몰아치지 않았다. 그럼에도 불구하고 나는 내란 중요임무 종사자가 될 때까지도 적색공포에서 벗어나지 못하고 오들오들 떨고 있었다. 당시에 적색공포는 상상을 초월할 만큼 강해 '자신이 죽은 뒤에 가족까지 죽이는' 천형에 가까운 무서운 형벌이었기 때문이다.

아내는 중죄인, 나는 포고령 위반

어느 날 조사를 하던 황의섭은 나를 지긋이 바라보다가 조심스럽게 말을 꺼냈다.

"자네는 기껏해야 포고령 위반으로 3년 이하의 징역에 처할 것이네. 그러나 부인은 처음엔 폭도 순위가 10위 정도였는데 지금은 다행히 64위로 내려왔네. 그렇지만 운이 아무리 좋아도 10년 이상 징역을 받을 것이네. 부부를 함께 구속하지 않는다면 자네는 풀려날 가능성도 있는데, 그리되면 부인 옥바라지는 자네가 해야 할 것이네. 마음 단단히 먹으소!"

나는 아내가 밖에서 무슨 일을 했는지 알 수가 없었다. 오히려 혼란 중에 무슨 해나 입지 않았는지 걱정됐을 뿐이다. 폭도 10위였다니, 도대체 아내가 무슨 일을 한 것일까? 수사관들끼리는 김상윤 부인이 '사형'을 받을 수도 있다고 예상했다고 한다.

며칠 후 아내와 나는 대질심문을 하게 되었다. 대공 관계로 마지막 조사 절차를 밟고 있는 듯했다. 아니 오히려 대질심문이란 핑계로 아내를 만나게 해 준 것일지도 모른다. 나는 기껏해야 3년 이하의 징역에 불과하니 걱정할 것이 없다고 했다.

"당신은 어떤가?"

아내 역시 서점에 찾아오는 사람들이 많아 편의를 좀 제공하고 약간 뒷바라지를 해 준 것이 전부라며 걱정하지 말라고 했다. 정말로 그런 것인가? 걱정하지 않아도 될까? 한 차례 대질심문으로 모든 의문이 풀릴 수는 없었으나, 잡혀 온 첫날 먼발치로 아내를 본 후 오랜만에 얼굴이라도 보니 살 것 같았다. 조사를 마치고 가면서 아내는 조아라 회장과 이애신 총무도 같이 있으니 너무 걱정하지 말라고 하면서 웃는 얼굴로 돌아섰다. '참 강한 여자네!' 마음속으로 감탄했다.

학생회 간부들의 자수

많은 사람이 피신했다. 윤한봉 같은 예비검속 대상자나 박관현 회장 같은 학생회 간부들도 피신해 숨어 버렸다. 또한 도청이나 여러 투쟁 현장에 있었던 사람들도 많이 도망갔다. 신군부는 그들을 잡아야 했다. 그들이 타 지역을 선동하거나 폭동이라도 일으킬까 노심초사했을 것이다. 그래서 조사가 거의 끝날 무렵에 기간을 정해 자수를 권장했다. 피신했던 전남대 학생회 간부들 여러 명이 자수했다. 한상석, 김양래, 원순석 등이 연이어 자수했다. 전남대 총학생회 총무부장이었던 양강섭도 6월 30일 자수했다. 학생회 주요 멤버들이 자수하자 상황이 급변했다.

확실하진 않지만 7월 1일이었던 것 같다. 늦은 오후에 황의섭 수사관이 나를 조사실로 불렀다. 이렇게 늦은 시간에 불러 조사한 적이 없었는데 약간 이상한 생각이 들었다. 황 수사관은 조심스럽게 물었다.

"지금까지 조사한 것 중에 사실과 다른 것이 있는가, 혹시 말하지 않은 것이 있는가."

그는 여러 번 나에 대한 조서를 꾸미면서 거의 토씨 하나 틀리지 않게 진술하는 나를 매우 신뢰하고 있었다. 그런데 갑자기 지금까지 한 진술을 확인하는 것을 보면 무언가 상황 변화가 있는 것 같았다.

"혹시 잘못 진술했거나 빠뜨린 것이 있으면 지금 나에게 이야기해 주어야 하네."

"무슨 일이 생겼습니까?"

"정확한 것은 모르겠으나 자네를 다시 1과에서 조사할 모양일세. 자네를 믿고 자네 진술대로 조서를 꾸몄는데, 1과에 가서 새로운 사실이 나오면 내가 책임을 져야 하네. 그러니 혹 빠뜨린 것이 있으면 지금 나에게 이야기해 주시게나."

나는 몹시 겁이 났고 무엇이 어떻게 돌아가는지 종잡을 수 없었다. 황 수사관에게 거짓말을 하지도 않았고 빠뜨린 것도 없었다.

"만약 여기서 진술하지 않은 내용이 나오면, 그건 고문에 못 이겨 나온 거라고 생각해 주십시오. 17일에 잡혀 와서 더 이상 숨기고 말 것이 없는 상황 아닙니까?"

황 수사관은 나를 믿는다면서 조사를 잘 받으라고 격려해 주었다. 그리고 영창으로 돌아가려는 나에게 귀띔해 주었다.

"실은 학생회 간부들이 자수해 들어와 있어."

'학생회 간부들이 자수해 들어왔다고? 피신한 사람들이 뭐 하러 자수를 해?' 나는 앞이 깜깜했다.

영창으로 돌아와 저녁을 먹었다. 1과에서 조사받던 생각이 나서 몸이 떨렸다. 다시 그 고문을 어떻게 견디나. 사실 나는 철학과에 다니는 한상석이 학원자율화 추진위원회를 만들어 활동할 때 120만 원을 지원한 일이 있었다. 그는 총학생회가 출범한 후 나에게 120만 원 전액을 가져왔다. 경비 처리를 하고 학교에서 돈을 받아왔다고 했다. 말하자면 돈을 빌려주고 다시 돌려받은 것뿐이었다. 그런 사실은 굳이 말할 필요가 없어서 진술하지 않았던 것이다. 혹시 그게 문제가 되었을까?

당시에는 도대체 누가 자수하여 들어왔는지 알 수도 없었다. 혹시 양강섭이 자수했을까? 그렇지는 않았겠지. 박관현이 피신한 상황에서 양강섭이 자수했을 리가 없었다. 그러나 혹시 그가 자수했다면? 그건 좀 복잡한 문제였다. 나는 박관현의 선거 비용으로 상당한 돈을 양강섭을 통해 전달했다. 박관현을 떨어뜨리기 위해 정보기관이 개입했다는 소문을 듣고 격분한 나는 53만 원을 만들어 양강섭에게 주었던 것이다. 철학과 안진오 교수가 15만 원을 주셨고, 영문과 김정수 교수와 사학과 이석연 교수가 각각 10만 원씩 주셨다. 거기에 윤상원이 준 3만 원과 내 돈 15만 원을 보태 53만 원을 만들었다.

"돈을 준 사람도 없고 돈을 받은 사람도 없으며 오간 돈도 없어야 하네."

안진오 교수는 이런 부탁을 하면서 돈을 주었다. 이 일이 밝혀지면 어떻게 대처해야 하지? 여러 생각으로 정신이 매우 혼란스러웠다.

"김상윤 밖으로 나와!"

올 것이 온 모양이다. 나는 심호흡을 하고 영창 밖 출입문으로 따라나갔다. 나는 영창 밖에 있는 군인들 식당으로 끌려갔다. 식당 안에는 처음 보는 수사관들이 네 명이나 있었다. 심상치 않은 분위기였다. 수사관들 또한 긴장하는 모습이 역력했다.

"왜 우리가 이 일을 해야 하는 거야?"

어떤 수사관이 불만스러운 목소리로 한마디 했다. 둘러보니 고문을 할 준비가 되어 있었다. 그날 저녁으로 벌건 고깃국이 나왔는데, 아마 그 고춧가루가 가득 든 고깃국을 내 얼굴에 퍼부을 모양이었다. 겁이 덜컥 났다. 식탁 사이에 막대기도 걸쳐 놓았다. 소위 '통닭구이'를 할 생각이었을 것이다. 식탁 사이에 막대기를 걸쳐 놓고 내 손발을 묶은 후 그 막대기 사이에 나를 끼워 넣고, 수건으로 가린 얼굴에 고춧가루 국물을 퍼부을 것이다.

"김상윤! 한번 해 볼까?"

"무얼 해 보자는 겁니까? 이러는 이유가 뭡니까?"

몹시 겁이 났지만 까닭이라도 알아야겠다는 생각이 들어 용기를 냈다.

"돈이 많더구먼!"

그 말을 들은 순간 양강섭이나 한상석이 자수했구나, 하는 생각이 들었다.

'할 수 없다. 사실대로 말하자. 조금이라도 사실이 아닌 것을 말하다가는 오히려 저들에게 더 큰 고통을 받을 뿐이다. 내가 돈을 주었다는 사실이 큰 죄가 되는 것도 아니지 않은가.'

"무슨 돈을 말하십니까?"

"어? 돈을 주긴 준 모양이네!"

"예. 돈을 주었습니다."

"사실대로 말할 거야?"

"그렇게 하지요."

"잘 생각했어. 얼마 주었나?"

"50만 원 정도 주었을 겁니다."

"조사받을 때 그대로 진술할 거야?"

"그렇게 하겠습니다."

그들은 상의하더니 고문 도구를 치우면서 사실대로 진술해야 한다
고 재차 다그쳤다. 나는 다행히 지독한 고문을 피할 수 있었다. 실은
그 수사관들도 고문을 하고 싶지 않은 듯했다. 그러나 더 끔찍한 고통
이 나를 기다리고 있었다.

"자식아, 그건 와꾸에 없어!"

나는 다시 1과로 넘어갔고 김차섭이라는 악질 수사관이 나를 조사했
다. 김차섭은 중앙정보부에서 차출된 수사관이었는데, 경상도 사람이
어서 이 지방 출신들과 달리 사건 관련자들에게 전혀 애정이 없었다.
수사관 중에서 유독 가혹한 매질과 고문으로 악명이 높은 자였다. 그
는 바닥으로 떨어진 중앙정보부의 위상을 세우기 위해 혈안이 되어
있었다. 이런 자에게 걸려들었으니 엄청난 구타와 고문으로 오랜 기
간 고통을 당할 수밖에 없었다.

그는 우선 내가 박관현에게 선거 자금을 준 사실부터 확인했다. 나
는 선거 자금을 준 사실을 시인했다. 그는 자금의 출처를 추궁했다.

처음에 결심한 대로 나는 모든 것을 사실대로 말했다. 섣불리 거짓말을 했다가 오히려 화를 자초할 수 있다는 생각이 들었기 때문이다. 모두 내 돈을 주었다고 할 수도 있었으나, 나는 처음부터 모든 것을 사실대로 이야기했다. 안진오 교수, 김정수 교수, 이석연 교수에게 책값으로 받은 돈을 주었다 했고, 윤상원이 3만 원을 주었다고 했다. 거기에 내 돈 15만 원을 보태 모두 53만 원을 전달했다고 사실대로 진술했다.

자존심이 몹시 상했다. 오랫동안 운동으로 다져진 내가 교수님들에게 받은 돈을 감추지 못하고 사실대로 실토하는 것이 속상했다. 확인 조사를 받으면서 '교수님들이 나를 어떻게 생각하실까?' 이런 생각을 하면 한없이 속이 상했다. 하지만 그때 나는 작금의 사태가 포고령 위반 정도의 문제가 아님을 직감했다. 거대한 역사의 파고에 휩쓸리고 있다는, 그리고 그 파고를 견뎌내야 한다는 압박이 나를 엄습하고 있었다. 아무리 심한 고문을 당해도 이를 악물고 정신을 차려야 했다. '선생님! 죄송합니다.' 이런 죄송할 일이 얼마나 더 생길지 알 수 없었다. 나는 김지하 선배의 시처럼 "저 밑 모를 어지러움" 속으로 빠져들고 있었다.

새로 자수한 학생들뿐만 아니라 1과에서 수사받던 학생들 대부분이 다시 조사를 받는 것 같았다. 김차갑은 가혹하게 나를 조여 왔다. 큰 사무실 벽을 향해 학생들을 빙 둘러 세워 놓고 조사를 했는데, 조사가 마음대로 되지 않으면 김차갑은 나를 사무실 한가운데로 끌고 가 여러 차례 몽둥이로 내려쳤다. 발바닥을 너무 많이 맞아 바람만 스쳐도 쓰라렸다. 그는 몽둥이로 발바닥을 때리면서 자백하려면 엄지발가락을 꼼지락거리라고 했다. 나는 후배들이 있는 현장에서 악을 쓰거나 신음 소리를 내는 것이 창피해 이를 악물고 아픔을 참았다. 그러나 그게 도대체 참아질 일인가. 나도 모르게 이를 으드득으드득 갈았던 모양이었다.

조사받던 한 학생이 수사관의 질문에 반응이 없었다. 눈은 분명히 뜨고 있는데 아무 반응이 없자 수사관이 그 학생의 뺨을 가볍게 때렸다. 그러자 학생이 뒤로 벌렁 넘어졌다. 실제로 내가 이를 가는 소리에 '기가 막힌' 것이다. 그 학생은 조선대 불교학생회 회장, 이민이었다. 이민은 얼굴에 물을 퍼부은 후에야 기가 터져 의식을 회복했다. 김차갑은 내 입에 수건을 물렸다. 아무리 이를 갈아도 소리 나지 않게 하려는 수작이었다.

고통스러운 나날이 한없이 이어지니 견딜 수 없었다. 신동엽의 시가 떠올랐다. "이미 죽은 사람은 행복한 사람이어라!" 먼저 죽은 사람들이 행복해 보였다. 독한 성품으로 태어나지 못한 것이 너무 억울했다. 김영철이나 정동년 형처럼 자살을 기도하고 싶었으나, 그 짓도 독해야 할 수 있었다. 죽어 버리고 싶은데 죽음을 결단할 만큼 독하지 못했다. 내가 정말 못난 녀석이라는 것을 온몸으로 체험해야 했다.

결국 박관현에게 제공한 선거자금 53만 원은 김대중에게서 나온 것으로 날조되었다. 내가 김대중을 만난 사실이 없으므로 정동년이 김대중에게 받아 온 500만 원 중 일부를 나에게 주었다는 것이다. 그런데 조사가 거의 끝날 무렵에 엉뚱한 문제가 불거졌다. 시기를 맞춰 보니 정동년이 김대중에게 자금을 수령하기도 전에, 김상윤에게 돈을 전달한 꼴이 되었기 때문이다. 자금을 주고받는 시기가 맞아떨어지지 않았다. 여러 조서를 다시 만들 수 없으므로 그건 정동년이 자신을 과시하기 위해 자기 돈을 김대중 자금이라고 하면서 준 것으로 수정되었다.

이제 각본은 명확히 드러났다. 광주사태는 김대중의 배후 조종으로 일어난 일이고, 정동년은 김대중의 뜻에 따라 그에게 받은 자금을 활용해 윤한봉, 김상윤, 김운기를 포섭해 광주사태를 일으킨 것이다. 정동년은 이미 5월 27일 김대중에게 자금 500만 원을 수령한 사실을 자백했고, 양강섭의 자백으로 선거자금 53만 원을 김상윤에게 받았다는 사실이 드러났으니, 김대중-정동년-윤한봉-김상윤-김운기로 이어지는 연결고리가 확보된 셈이다.

가장 혹독하게 당한 사람은 김운기였다. 조서에는 정동년의 자금이 윤한봉에게 전달되고, 윤한봉은 전남대 자금을 김상윤에게 전달하고, 조선대 자금은 김운기에게 전달했다고 되어 있었다. 김운기는 이에 "왜 내가 윤한봉에게 돈을 받느냐"며 버텼던 모양이다. 그는 "차라리 내가 직접 김대중에게 돈을 받았다"라고 하라면서 대들었다. 그들의 대답이 걸작이었다. "자식아! 그건 와꾸에 없어!"

김차갑은 요령껏 상처가 드러나지 않게 나를 구타했다. 몸은 골병이 들어도 밖으로 상처가 드러나지 않으니 같은 방에 있는 동료들도 내가 얼마나 고통을 당했는지 잘 몰랐다. 그러나 김운기는 몽둥이로 전신을 두들겨 맞아 목 아래에 성한 데가 한 곳도 없었다. 온몸이 퍼렇게 멍이 들어 보기에도 끔찍했다. 나도 참을 수 없는 고통을 당하고 있었지만, 김운기의 몸을 보면 소름이 끼쳤다. 그렇게 온몸이 만신창이가 되도록 조선대의 자존심을 지키기 위해 노력했지만, 김운기는 결국 윤한봉에게 자금을 수령했다는 사실에 서명할 수밖에 없었다. 합동수사단은 나와 김운기를 만신창이로 만들고, 그리하여 학생팀을 중심으로 광주사태를 내란으로 만든 다음, 병원에 후송되어 있는 정동년을 다시 상무대 영창으로 데려왔다. 이제 내란수괴를 날조할 때가 된 것이다.

정동년은 모든 것이 어찌해 볼 수 없는 지경이 된 것을 알아차렸다. 자신은 내란수괴가 되어 사형장에서 죽을 수밖에 없다는 운명을 받아들이고 있었다. 그러나 내란수괴가 힘없이 서류에 서명하고 맥없이 죽을 수는 없다고 생각했다.

"나를 쳐라! 죽을 때까지 맞아나 보자!"

그는 자지러질 때까지 두들겨 맞고 조금씩 조금씩 시인을 해 주었다고 한다. 정동년은 역시 수괴다웠다.

우리에게는 죄가 없다

내란은 돈 몇 푼이 오간 것으로 완성되지 않는다. 내란 중요임무 종사자로서 그 임무를 수행한 행위가 있어야 한다. 그러나 정동년을 비롯한 우리 세 사람은 모두 5월 18일 이전에 체포되었으니 18일 이후 내란 임무 수행이 있을 수 없었다. 그러니 별수 없이 17일 이전에 내란을 위해 모의를 거듭하고 구체적인 실행 계획을 짠 것으로 만들 수밖에 없었다.

김차갑은 정동년, 윤한봉, 김상윤이 만나 내란을 일으키기 위해 모의한 전 과정을 날조했다. 정동년, 윤한봉, 김운기가 만나 계획을 짜는 시나리오는 다른 수사관이 맡았을 것이다. 깊은 수렁으로 빠져들었지만 어찌할 도리가 없었다. 그러나 날조를 폭로할 기회가 있을 거라 생각했다. 재판에서 폭로하거나, 그럴 수 없다 하더라도 반드시 다른 기회가 올 것이라 생각했다. 나는 몽둥이세례를 받으면서도 모든 정신을 기울여 부재 증명이 확실한 날을 기억해 내야 했다. 우리가 모의했다고 알려진 그 시간에 누구도 부정할 수 없는 알리바이를 만들어 놓았다. 우리가 억울하게 죽더라도 역사는 우리의 억울함을 이런 증거들을 통해 밝혀 주리라 믿었다. 이 알리바이는 재판 과정에서 아무런 힘도 발휘하지 못했으나, 내 항소이유서에서 날조를 통렬하게 폭로하는 근거가 된다.

계엄사는 광주사태의 전모를 발표한 후 나를 포함해 정동년, 김운기를 여러 곳으로 분산 수용했다. 정동년은 공군헌병대, 김운기는 31사단 영창, 나는 광주교도소로 옮겨갔다.

무등산 타잔 박흥숙의 죽음

내가 광주교도소에 도착한 날은 깜깜한 밤이었다. 보안과를 거쳐 1사 독방에 수감되었다. 1974년 민청학련 사건 때 서울구치소에서 안양

교도소를 거쳐 광주교도소에서 지낸 적이 있었지만, 그래도 교도소는 매우 낯설었다. 그때는 병사 2층에 있는 큰 방을 혼자 썼고, 넓게 트인 유리창을 통해 새로 만들어진 고속도로까지 볼 수 있었다. 지금 내가 들어온 독방은 1사 복도 안에 조그만 복도를 다시 만들고 그 안에 0.7평의 방들을 연이어 만들어 놓은 것이었다. 게다가 내 방은 가장 끝에 깊숙이 처박혀 있어서 바깥 풍경은 전혀 보이지 않았다. 외딴 섬 같았다.

"18방! 18방!"

누군지 아까부터 방 번호를 여러 번 부르는 소리가 들렸다. 나는 아무런 반응을 보이지 않았다.

"18방! 광주사태로 들어온 사람 아니요?"

나는 내 방이 몇 호인지 보지도 않았다. 설마 나를 부르는 소리는 아닐 거라고 무심히 넘겼는데, 광주사태라는 말에 '혹시 나를 부르나' 하는 생각이 들었다.

"내가 광주사태로 들어온 사람입니다만."

"그렇군요. 나는 박흥숙이라고 합니다. 반갑습니다."

"아, 무등산 타잔이시군요."

"나를 아시네요? 이름이 어떻게 되시나요?"

"잘 모르실 겁니다. 김상윤이라 합니다."

"어? 상윤이 형이 들어오셨네!"

"날 어떻게 아시오?"

"왜 모르겠습니까? 여기 독방에 리영희 교수님이나 박몽구 등 여러 사람이 거쳐 갔어요. 그 사람들이 형님 이야기를 많이 해서 잘 알고 있지요."

그때부터 나는 사형수 박흥숙의 위로를 많이 받았고, 심심치 않을 만큼 통방도 하면서 지냈다.

광주교도소는 해방구에 온 느낌이었다. 교도관들은 그동안 광주사태에 관해서 들을 만큼 들었던 터라 나를 매우 우호적으로 대해 주었다. 반말을 하는 사람도 없었고, 내 가족을 걱정해 주는 분도 있었다.

그중에서도 박흥숙은 틈만 나면 나하고 통방을 하며 나에게 제일 큰 위안이 되어 준 사람이었다. 그는 광주사태에 관해 시시콜콜 물어보았고, 자신의 과거 이야기도 자주 들려주었다.

사법고시 준비를 했던 사람이라 지적 호기심이 대단했고, 긴급조치 9호로 수감된 사람들을 통해 많은 책을 섭렵한 내공도 느껴졌다. 특히 중국어 공부를 열심히 했고, 한문보다 백화체 공부에 열중했던 것을 보면 자신이 머지않아 석방될 거라는 희망을 가졌던 것 같다.

이처럼 박흥숙과 나는 하루에도 서너 차례 이상 통방을 했는데, 어느 날부터인가 내가 불러도 전혀 통방에 응하지 않았다. 통방 없이 며칠이 지나자 '이 사람이 어디 크게 아픈가?' 걱정되었다. 물론 나는 내 방에서 전혀 밖으로 나갈 수 없었기 때문에 특별한 기회가 주어지지 않으면 박흥숙의 얼굴도 볼 수 없었다.

1980년 크리스마스 전날이었다. 담당 교도관이 엄청난 눈이 쏟아지고 있다고 전해 줬다. 즐거운 크리스마스이브가 되길 바란다고 덕담도 해 주었다. 저녁 식사가 끝나고 일하는 소지들(식사 당번 등을 그렇게 부른다)이 입방(入房)하면 그날의 일과는 모두 끝나는 셈이었다. 어두워져 할 일이 없으면 바로 취침해도 괜찮았다. 잠을 자려고 누우려는 찰나 박흥숙의 목소리가 들려왔다.

"상윤이 형!"

'어? 웬일이지?' 나는 자리에서 벌떡 일어나 반갑게 대구했다.

"어 흥숙이! 괜찮아?"

박흥숙은 몹시 들떠 있었고 까닭을 알 수 없는 흥분에 차 있었다. 아니 환희에 휩싸여 있는 사람 같았다. 그날 밤 무슨 이야기를 주고받았는지 기억이 나진 않는다. 주로 박흥숙이 떠들고 나는 그냥 맞장구를 쳤던 것 같다.

아침에 일어났는데 교도소 분위기가 이상했다. 담당 교도관이 박흥숙의 사형이 집행되었다고 전해 주었다. 엄청나게 쌓인 눈길 속에서 사형장으로 가지 않으려 발버둥 쳤다고 한다. 망치로 머리를 얻어맞은 것처럼 멍했다. '아 그랬었구나!' 그때야 모든 상황이 이해되었다.

우리나라의 사형수들은 사형 언도를 받은 후 3년 안에 사형을 집행하는 것이 일반적이다. 그런데 사형을 집행하는 날이 주로 국경일인 경우가 많았다. 그러니 삼일절, 석가탄신일, 광복절, 성탄절 등은 사형수들에게는 매우 긴장되는 날이다. 1980년은 박흥숙에게 사형 언도를 받은 지 3년이 되는 해였고, 이 해만 무사히 넘기면 자신은 사형당하지 않고 무기로 감형되어 살 수도 있을 것이라 기대했던 모양이다. 밖에서 박흥숙 구명운동이 계속되었으니 기대가 더 컸을지도 모르겠다. 그는 '이번 성탄절만 넘기면 된다'고 생각하고 일주일 전부터 생사기로의 고통을 참고 있었을 것이다. 성탄절 전야 일정이 끝나자 그는 '이제 살았다'며 환희에 찼고, 그래서 그토록 흥분한 목소리로 나와 한 시간 가까이 통방을 했던 것이다.

죽음의 공포 앞에 기도를 올리다

우리 집 식구가 모두 다섯 명이나 잡혀 와 조사를 받았지만 내용이 경미했던 여동생과 처제는 이미 석방되었고, 중형을 면할 수 없을 것이라던 아내도 내가 내란 중요임무 종사자로 기소되자 1980년 9월 5일에 석방되었다. 다만 총을 들고 도청과 시내를 종횡무진하던 남동생 김상집만 석방되지 못하고 나와 함께 기소되었다.

나는 5월 18일 이전에 예비검속되었으니 기껏해야 최고 3년 형에 불과한 포고령 위반 정도였을 텐데 이제는 내란 중요임무 종사자가 되었고, 특히 내란수괴로 몰린 정동년 선배와의 관계 때문에 결국 그와 함께 형장의 이슬로 사라질 수밖에 없다는 사실이 분명해졌다. 나는 사형당할 것이라는 두려움과 홀로 싸우며 고통스러운 날들을 보내고 있었다.

내가 수감된 1사 18방은 복도 안쪽에 별도로 만들어진 0.7평의 독방 중 맨 끝에 있어서 하늘이고 땅이고 한 치도 내다볼 수 없었다. 그러나 '지도'라 불리는 감시원이 하루 종일 내 방 앞에서 나를 지키고 있었다. 지도는 교도소에 수감된 사람 중 병역을 거부한 종교인이거나 깡패 노릇을 하다 들어온 사람들에게 완장을 채워 감시원 노릇을 하는 사람들이었다. 나를 감시했던 지도들은 대부분 주먹을 쓰던 20대의 어린 친구들이었는데, 내 방 앞에 의자를 가져다 놓고 하릴없이 한나절 동안 앉아 있었다. 몹시 따분했을 것이다. 어떤 녀석은 다짜고짜 나를 형님이라 부르면서 말을 걸었는데, 대부분은 대화하지 말라는 엄명을 받았는지 눈치를 많이 보는 기색이 역력했다. 나와 대화하지 않을 때는 요즘 유행하는 노래를 콧노래로 부르면서 혼잣말처럼 이것저것 지껄이는 녀석도 있었다. 나를 감시하는 지도는 거의 매일 다른 사람으로 교체되었다.

어느 날 나는 어떤 지도 녀석에게 말을 걸었다.

"자네, 사형장에 가 본 적 있나?"

"아 예. 사형 집행하는 현장에도 있었지라우."

"현장이라면 목을 매다는 곳 말인가?"

"아니요. 목을 매달고 난 후 시신이 아래로 툭 떨어지는 곳에 있었지라우."

"그러면 사형당한 사람의 시신을 수습했겠구먼."

"혼자가 아니라 몇 사람이 같이하는데 서로 다투지요."

"무얼 다투나?"

"서로 털을 먼저 뽑으려고 난리를 쳐요."

"그건 또 왜?"

"사형수 털로 마스코트를 만들어 달고 다니면 아주 운이 좋다고 하니까요."

'허허, 저 녀석이 내가 죽으면 내 털부터 모두 뽑아갈 놈이로군!'

교도관들이 베풀어 주는 여러 가지 호의도 있었고, 또한 박흥숙과 하루 몇 차례씩 통방을 했음에도 불구하고 나는 '한 일도 없이 억울하게 죽을 수밖에 없는' 공포와 싸우느라 큰 고통을 받고 있었다. 너무 외로워 두 손을 맞잡고 해 보지도 않은 기도를 여러 번 하기도 했다.

"정동년 사형! 김상윤 징역 20년!"

광주교도소에 혼자 있을 때는 매우 외로웠으나 상무대에 취조를 받으러 가면 정동년 선배와 김운기도 만날 수 있었다. 물론 내란 중요임무 종사자로 기소된 여러 후배도 먼발치에서나마 얼굴을 볼 수 있었다. 아무리 사형에 대한 공포로 주눅 들었다 할지라도 후배들 앞에서 기죽은 모습을 보일 수는 없었다. 죽음의 공포에 짓눌려 있을 정동년 선배는 의외로 당당해 보였다. 항상 미소로 우리를 위로했고 걱정하지 말라는 당부를 했다.

'별로 한 일도 없이 죽는게 억울하지만, 먼저 간 선배들처럼 당당하게 죽음을 맞이하자.' 그런 다짐을 여러 번 하면서도 저 깊은 내면에서 올라오는 사형에 대한 공포는 솔직히 어찌해 볼 도리가 없었다. 나는 너무 불안해서 아내에게 꼭 변호사를 채용해 달라고 부탁했다. 당시 변호사가 아무런 역할도 할 수 없다는 것을 잘 알고 있었고, 풍비박산된 집안에서 변호사 비용을 대는 일이 매우 어렵다는 점도 알고 있었지만, 지푸라기라도 잡고 싶은 심정이었다.

그해 10월 25일 계엄사 보통군법회의에서 선고가 내려졌다. 이때는 상무대 영창에 있다가 광주교도소로 이감된 사람들도 많았다. 정동년 선배와 나는 같은 차로 광주교도소에서 상무대 법정으로 출정했다. 방청석에는 가족들 외에는 아무도 들어올 수 없었다. 아내는 학교에 복직되었으므로 법정에 오지 못했고, 석방된 여동생 현주만 방청석에 앉아 있었다.

별을 몇 개씩 달고 있는 장군들이 여러 명 재판석에 앉아 있었다. 헌병들이 좌우에 도열해 있는 법정에서 준엄한 선고가 이어졌다.

"정동년 사형!"

"김상윤 징역 20년!"

그리고 연이어 후배들에게 징역형이 선고되었다.

'징역 20년'이라는 선고를 듣자 하늘을 나는 듯 기쁨에 휩싸였다. 나는 당연히 사형이 선고될 거라 생각하고 있었기 때문이다. 방청석을 돌아보니 여동생 현주도 미소를 짓고 있었다. 정동년 선배가 사형을 선고받았는데 오빠가 사형을 면했다고 하여 대놓고 기쁨을 드러낼 수 없었을 것이다. 그러나 나는 정말 뛸 듯이 기뻤다.

선고가 끝나고 정동년 선배와 나 그리고 광주교도소에 수감된 사람들은 같은 차를 타고 교도소로 돌아갔다. 차가 출발했는데 뒤에서 정동년 선배의 부인이 하염없이 울면서 우리를 쳐다보는 모습이 보였다. 나는 큰 소리로 울부짖었다.

"우리 죽지 않습니다. 형수님! 걱정하지 마세요."

정동년 선배는 교도소로 돌아올 때까지 까닭을 알 수 없는 콧노래를 흥얼댔다. 망연하지만 자제하려고 노력하는 듯했다.

교도소에 돌아와 독방에 홀로 있으니 사형을 면했다며 떨 듯이 기뻐했던 자신이 너무 부끄러워 목 놓아 울고 또 울었다. 내가 조사를 잘못 받아 정동년 선배가 사형 선고를 받았는데, 자신은 죽음을 면했다고 날아갈 듯 기뻐하다니! 참으로 파렴치한 행동이었다. 지금도 그때 일이 떠오르면 너무 부끄러워 얼굴이 화끈거리고 땅속으로 기어들어 가고 싶다.

석방 그 이후

1981년 12월 24일 점심 무렵 땜빵 교도관이 나에게 인사를 했다. 담당 교도관이 점심을 먹는 동안 잠시 교대 근무를 해 주는 교도관이었다.

"밖에 나가면 뭘 하실 거요?"

"누가 석방시켜 준다던가요?"

"어? 모르고 계시나? 내일 특사로 석방될 거요."

"네?"

"홍남순 변호사도 함께 석방될 거요. 전두환 대통령이 그래도 좋은 사람입니다. 이번 성탄절 특사로 당신들이 석방되면 광주사태 관련자는 몇 사람만 남고 대부분 석방되는 거요. 대통령이 너그럽게 처분하는 줄이나 알고 있으시오."

아내나 동생 상집이 면회 올 때마다 광주사태 관련자가 계속 풀려나고 있다는 말을 해 주어서 석방 사실을 알고 있었지만, 홍남순 변호사나 나까지 이렇게 빨리 석방될 줄은 몰랐다. 솔직히 석방을 기대하지도 않았다.

나는 1981년 12월 25일 새벽, 성탄절 특사로 석방되었다. 밖에는 홍남순 변호사가 워낙 유명한 분이어서 많은 환영 인사가 기다리고 있었다. 나는 교도관에게 석방된다는 말을 듣고서 전날 저녁에 거의 잠을 자지 못했다. 아내를 비롯한 많은 사람도 어젯밤부터 홍성에서 기다리고 있었다는데, 그들도 잠을 설쳤을 것이다. 한편 정동년 선배를 비롯한 사형수들과 한상석 등 옥중투쟁을 극렬하게 전개한 사람들은 석방되지 못했다.

나는 윤상원이 죽어 있는 사진을 본 뒤로 환청과 환각에 시달렸다. 석방된 지 두 달이 될 무렵 망월묘역에서 윤상원과 박기순의 영혼결혼식이 거행되었다. 박기순은 민청학련으로 같이 고생한 박형선의 누이동생이어서 나 역시 몹시 예뻐하던 후배였다. 박기순은 들불야학의 실질적인 창립멤버였고, 야학에 다니는 학생들과 성탄절을 보낼 준비를 마친 뒤 집에서 연탄가스 중독으로 죽고 말았다.

이 영혼결혼식은 문병란 선생의 주례로 진행되었는데, 가족이 데려온 무당의 진혼제로 온통 울음바다가 되었다. 윤상원의 어머님이 상원의 무덤을 끌어안고 온몸을 던지면서 통곡하시는 통에 모두 울음을 참느라 고개를 돌리고 있었다. 이 영혼결혼식 후 얼마 지나지 않아 황석영 형과 몇몇 후배들이 〈넋풀이: 빛의 결혼식〉이라는 노래굿을 만들었고, 김종률이라는 대학생은 〈님을 위한 행진곡〉을 작곡했다.

〈님을 위한 행진곡〉은 전국으로 퍼져 각종 집회에서 의전행사 때

불렸을 뿐만 아니라, 노동쟁의 현장이나 농민들의 시위 현장에서도 빠짐없이 불리는 노래가 되었다. 5·18기념식에서도 매년 이 노래가 기념식 순서에 반드시 들어갔다.

2장

살아남은자2

폭도 정현애

체포되다

그들은 고물 라디오, 결혼기념패, 들불야학 문집 등 증거물들을 챙기더니 내 등을 총 끝으로 밀었다. 마당에는 남자들이 네 명 정도 고개를 땅에 박은 상태로 있었다. 시동생도 있었다.

"이들도 끌고 와."

다행히 여동생은 끌고 오지 않았다. 군인의 총 끝에 밀린 채 대인동 거리로 내려가고 있었다.

"여자도 잡아가네." 길가에 있는 아주머니들이 걱정스러운 표정으로 우리를 바라보았다.

"고개 숙여."

고개를 숙이고 하염없이 걸었다. 이 세상에는 감시하는 군인과 나만 존재하는 것 같은 막막한 느낌이 들었다. 이윽고 금남로에 있는 서석병원에 도착했다. 군인에게 끌려서 옥상으로 갔는데, 20명도 넘는 남자들이 엎드려뻗쳐를 하고 있었다. 군인들은 자세가 조금만 흐트러져도 곤봉으로 패고 군홧발로 차 버렸다. 여자는 나 혼자였다. 그래서인지 나를 한쪽 끝으로 데려가서 앉게 했다. 자기들끼리 '장동서점을 기점으로 반경 100미터 정도를 뒤져서 모두 잡아 왔고, 도청과 YWCA 사태가 끝났으며, 아직도 주택가로 스며든 폭도들을 잡으려면 멀었다'는 이야기를 주고받는 소리를 들었다.

양복을 입은 사람이 군인들에게 광주 시내 곳곳을 가리키면서 설명하고 있었다. 보나마나 정보과 형사일 것이다. 이들은 사복을 입고 시내 곳곳에서 우리들을 감시했었다. '도청과 YWCA에 있던 사람들은 모두 어떻게 되었을까? 무사할까? 다치지 않았을까? 죽은 사람은 없나?' 여러 생각이 떠올라 머리가 아팠다.

옥상으로 더 많은 사람이 올라왔다. 젊은 사람들이었다. 시동생과 옆 가게 주인도 머리 뒤에 두 손을 깍지 낀 채 올라오고 있었다. 시동생을 쳐다보니 얼마나 맞았는지 제대로 걷지 못하고 비틀거리고 있었다. 그런데 바로 뒤에 내 동생 정현순이 올라오고 있었다. 갑자기 가슴이 쿵 내려앉았다. '아니 저 애를 왜?' 동생 얼굴이 그야말로 사색이 되어 있었다. 아무 말도 못 붙이고 손만 잡아서 내 옆에 앉혔다. 군인들이 남자들에게만 신경을 쓰자 동생이 조용히 말했다.

"언니가 잡혀간 후 나를 서점에 세워 놓고 군인들이 다시 집 안을 샅샅이 뒤지기 시작했어. 그런데 계속 전화가 왔어. 군인들이 받으라고 해서 전화를 받았지. 군인들이 들어왔다는데 어떻게 되었는지 물어보는 전화였어. 군인들 때문에 물어보는 말만 하고 끊었는데, 끊임없이 전화벨이 울리는 거야. 지켜보던 군인이 안 되겠다며 나까지 잡아왔어."

그때 서석병원 원장이 옥상에 올라와 군인들에게 항의했다.

"부상자들만 있게 한다고 해서 허락했는데, 이렇게 시민들을 잡아오는 집합소로 사용하는 것은 곤란합니다. 우리는 시민을 상대로 영업하는 병원이니 옮겨 주십시오."

그분도 참 용감한 분 같았다. 군인들은 난색을 표시했고, 옆에 있는 형사들이 여자들은 우리가 데려가겠다면서 동생과 나를 앞장세웠다. 병원 옥상을 나오면서 뒤를 돌아보았으나 시동생은 엎드려 있어 얼굴도 보지 못했다.

형사들은 우리를 아모레화장품 건물 옥상으로 데려갔다. 거기에는 아무도 없고 조용했다. 앉아 있다가 무심결에 주머니에 손을 넣었더니 잡히는 것이 있었다. '이게 뭘까?' 생각해 보니 임영희가 나에게 준 쪽지였다. 그 쪽지에는 YWCA에서 일했던 사람들의 명단이 적혀 있었다. 일을 효율적으로 하려고 역할을 분담하면서 적어 놓은 것이었다. 집에서 멀리 떨어진 곳으로 가서 없애려고 했는데, 그럴 틈도 없이 그대로 잡혀 온 것이다. 또다시 가슴이 쿵쿵 뛰기 시작했다. '만약 이 명단이 저들의 손에 넘어가면……' 갑자기 손이 마비되는 것 같았다. 손목시계를 보니 12시가 다 되어 가고 있었다.

"화장실 좀 가야겠는데요." 그들은 화장실까지 따라왔다. 화장실 안에 들어가자마자 쪽지를 꺼내어 갈기갈기 찢었다. 다행히 수세식 변기여서 물을 내리니 순식간에 사라졌다. 살았다는 생각이 들었다.

쏟아지는 햇볕 속에 우리를 앉혀 둔 채 군인들은 식사를 했다. 5월의 태양이 시멘트 바닥에 반사되어 살이 타들어 갈 정도로 뜨거웠다. 2시경 군인들은 지프차에 우리를 태우며 고개를 숙이라고 했다. 차가 어디로 가는지 궁금하여 얼굴을 들고 밖을 쳐다보았다.

"고개 숙여!" 외침과 동시에 내 머리를 총의 개머리판으로 사정없이 후려쳤다. 아프다는 느낌이 들기 전에 머릿속이 그냥 하얘졌다. 팔로 머리를 감싸자 이번에는 어깨를 사정없이 내리쳤다. 손등도 맞았는데 순식간에 부어올랐다. 옆에 있는 동생은 꼼짝도 하지 않고 있었다. 차의 속도가 느려지면서 커브를 도는 느낌이 들어 살짝 얼굴을 들어보니 계림동에 있는 광주시청이었다.

이윽고 차가 멈추었다.

"내려." 고개를 들어 보니 숙직실이란 간판이 보였다. 갑자기 두려움이 왈칵 몰려왔다. 이 좁은 공간에서 앞으로 무슨 일이 일어날까? 총을 든 어린 군인이 동생과 나를 문안으로 밀어 넣었다.

"빨갱이들은 옷 속에 난수표를 가지고 다니지?" 가지고 있는 모든 것을 꺼내 놓으라고 했다. 군인들은 동생을 벽장 속에 들어가라고 억지로 밀어 넣었다. 그리고 나를 먼저 수색한 후 다시 벽장문을 열고 들어가게 하고는 동생을 수색했다.

그들은 우리를 다시 트럭에 태웠다. 시청 정문 쪽에 이르자 시동생을 태웠는데 심하게 맞은 모습이었다. 몸은 어떠냐고 작은 소리로 물었지만 군인이 조용히 하라고 소리쳤다. 말을 했다가는 시동생이 더 맞을 것 같았다. 트럭은 상무대 정문으로 들어갔다.

별이 두 개 박혀 있는 군모를 쓴 사람이 우리를 힐끗 보았다. "무슨 죄가 이렇게 많아!" 그러고는 A4 용지 두세 장을 들고 줄줄이 읽어 내려갔다.

"전화하고, 등사기 밀고, 유인물 만들고, 검은 리본 만들고, 플래카드 만들고……"

그는 끝까지 읽어 내려갔다. 짐작은 했지만 우리들의 일거수일투족을 모두 파악하고 있었다. 소름이 끼쳤다. 그는 다시 헌병을 부르더니 무언가를 지시했다. 우리는 다시 트럭에 탔다. 해는 설핏 기울어져 오후 서너 시경이 된 것 같았다. 드디어 악명 높은 보안대에 도착했다. 헌병은 지하실 입구에 있는 내무반으로 우리를 데려가더니 다른 군인에게 넘겨주고 돌아갔다. 내무반 입구에 들어설 때부터 비명이 들렸다. 우리는 그 소리를 듣고 공포에 떨었다. 자기들끼리 "도청에서 잡혀 온 것들"이라고 말했다.

우리는 내무반 의자에 앉았다. 내 생애 그와 같은 공포는 처음이었다. 본인이 맞는 것보다 동료가 고문받으면서 내지르는 소리가 더 무섭다는 이야기를 들은 적이 있었다. 사실이었다. 무서운 공포 속에서 아무런 조사도 받지 않고 두세 시간이 흘러갔다. 동생의 얼굴은 백지장같이 하얗게 되었고, 크기도 조그마해진 것 같았다. '내 얼굴도 저

렇겠지. 이제 곧 우리 차례가 될 텐데, 무엇을 이야기하고 무엇을 이야기하면 안 되나?' 아무리 가다듬어도 머릿속이 컴컴하기만 했다. 식사 시간이 되었는지 밥과 국을 우리 앞에 가져왔지만, 전혀 손이 가지 않았다. 화장실에 가겠다고 하니 동생과 함께 다녀오라며 총 든 군인이 따라왔다. 그런데 옆 화장실에서 한 남자가 나오면서 말했다.

"우리 같은 사람이 있어서 광주사태가 빨리 진압된 것입니다."

무슨 소리인지 알 수가 없어서 멀뚱하니 쳐다보다가 내무반으로 돌아와 시동생에게 그 사람 이야기를 했다.

"그 사람은 도청에서 독침을 맞았다고 거짓말을 하고 쓰러졌다가 병원으로 옮겨진 후 사라진 장계범 같습니다." 어디선가 괴로움에 울부짖는 소리가 들려왔다.

이곳은 지옥일까

좁은 사무실에 시동생 김상집, 동생 정현순, 나 이렇게 셋만 앉아 있었다. 지하실에서 들려오는 비명 때문에 몸서리가 쳐졌다. 고개를 들어 보면 총을 들고 있는 군인이 계속 우리를 감시하고 있었다. 공포의 시간이 한없이 흘러갔다. 자정 무렵 한 군인이 들어오더니 우리에게 나오라고 했다. '드디어 우리 차례구나.'

문밖에 트럭이 있었다. 트럭을 타고 어두운 거리로 나서니 비명이 들리지 않아 살 것 같았다. 상무대로 돌아왔을 때 시계를 보니 어느새 자정이 넘어 있었다. 내무반으로 들어갔는데, 거기에는 먼저 온 예닐

곱 명의 여성이 있었다. 모두 아침에 도청에서 잡혀 온 사람들이라고
했다. 몰골이 말이 아니었다. 나이 든 아주머니도 있고, 앳된 중학생
정도의 소녀도 있었다. 대부분 처녀인 것 같았다. 군인들이 조그마한
소리도 내지 못하게 하여 우리는 그저 쳐다보기만 했다.

새벽 2시가 지나자 민간인 복장을 한 남자들이 들어오더니 동생과
나를 각각 불러냈다. 동생과 나를 따로따로 데려가더니 종이와 볼펜
을 던져 주었다.

"지금까지 했던 모든 일을 다 써라."

간첩을 수사하는 방법이 아닌가 하여 너무 무서웠다. 글을 쓰게 하
고, 꼬투리를 잡아 또 쓰게 하여, 내용이 조금만 틀려도 족친다는 이
야기를 들었던 기억이 났다. 막막하여 수사관에게 질문했다.

"무엇을 써야 하지요?"

"태어나서 지금까지의 일을 모두 써."

그러고는 획 나갔다. 막막했지만 항쟁 기간의 일을 일방적으로 추
궁하는 것이 아니어서 다행이라고 생각했다. 어린 시절을 돌아보니
부모님의 뜻에 따라 나름 공부도 열심히 하여 중등교사가 된 점은 잘
한 것 같았다. 그러나 결혼은 부모님께 흔쾌히 허락받지 못했다. 아마
도 남편의 과거 학생운동 때문에 이런 일이 또 벌어질 수 있다고 예감
하셨을 것이다. 더구나 집안의 기둥 노릇을 하는 동생까지 잡혀 왔으
니 부모님께 정말 죄송했다. 나름대로 열심히 살았던 내용을 쓰려고
노력했다. 성실하게 살았던 인상을 주어야 좀 나은 취급을 받을 것 같
았기 때문이다.

28일 새벽 동틀 무렵에 헌병들이 들어와 우리가 써 놓은 것을 가져 갔다. 그들은 여자들을 모두 데려가더니 군인들이 먹는 짬밥을 먹으라고 내놓았다. 공포와 피로가 겹친 데다가 밤을 꼬박 새우며 조서를 쓴 탓에 수저를 들 힘조차 없었다. 하지만 사색이 되어 있는 동생과 다른 사람들 앞에서 나라도 정신을 차려야겠다고 생각하여 억지로 밥을 떠먹었다. 무슨 맛인지 감각이 없었다.

식사를 끝내자 여성들을 한 줄로 세워 상무대 영창 마당으로 데려 갔다. 밖이 너무 환해서 영창 안이 잘 보이지 않았다. 남자들이 방마다 가득 차 있다고 누군가가 속삭였다. 그들은 우리를 영창 마당에 두 줄로 앉혔다. 영창 마당에 앉고 나서야 나는 같이 끌려온 여성들을 돌아볼 여유가 생겼다.

내 바로 옆에 긴 머리가 앞으로 쏟아져 내려와 마치 귀신같은 모습을 한 학생이 있었다. 박영순이라고 했다. 그 여학생은 도청에서 27일 새벽 2시경 방송을 한 사람인데, 군인들이 자기를 찾아내려고 혈안이 되어 있다고 했다. 조금이라도 얼굴을 보이지 않으려고 긴 머리로 얼굴을 가리고 있는 것 같았다. 그 앞에는 같은 또래로 보이는 커트 머리의 학생이 앉아 있었다. 이 커트 머리의 여학생은 도청에서 취사도 하고 방송도 했단다. 그러고 보니 25일 밤에 도청 민원실에서 본 학생이었다. 김미숙이라는 어린 여중생도 있었고, 아들을 찾으러 나온 김태종의 어머니도 계셨다. 어머니는 김태종이 궐기대회 사회를 보았다는 동네 사람의 이야기를 듣고 아들을 찾으러 나왔다가 이곳까지 잡혀 온 것이다. 이들을 보니 도청에 있던 윤상원을 비롯하여 녹두서점에서 같이 일했던 사람들의 안부가 궁금했다. 이들은 새벽에 있었던 도청 상황을 가만가만 이야기해 주었다. 갑자기 두려움이 온몸을 파고들었다.

계속해서 남자들이 잡혀 왔다. 남자들은 뒷짐을 지게 하여 마당 한쪽에 세웠다. 또 영창에 대고 이름을 확인하기도 했다. 점심시간이 지나자 함께 일했던 사람들의 이름도 호명되었다.

윤상원! (대변인)

김상집! (시동생)

김영철! (투쟁위원회 기획실장)

김윤기! (궐기대회 준비 및 진행, 대학생)

윤강옥! (도청 기획위원)

이양현! (도청 기획위원)

박효선! (도청 홍보부장)

정해직! (국민학교 교사, 민원실장)

안길정! (전남대 총학생회 기획실)

아는 이름이 호명되었지만 김윤기의 모습만 확인했다. 김윤기는 YWCA에서 궐기문을 쓸 때 바로 내 옆에서 함께 문서를 작성한 대학생이었다. 그를 보고 다른 사람들은 잡히지 않았다고 생각했다. 혹시라도 죽은 사람은 없겠지. 그런데 헌병이 내 앞으로 오더니, 당신 남편이 저 안에 있다고 말하는 것이다. 갑자기 아득해졌다. 17일 밤에 잡혀간 남편이 바로 저 영창 안에 있다니. 눈이 부셔서 영창 안이 보이지 않았지만, 그때 남편은 동생과 나를 보고 있었다고 했다. 우리는 꼼짝도 하지 못하고 뜨거운 볕 아래 계속 앉아 있었다. 그 사이 줄줄이 젊은이들이 계속 잡혀 들어오고 있었다. 이곳이 지옥일까?

영창 마당 한쪽에 신발이 산더미처럼 쌓여 있었다. 군인들은 우리들이 신고 있던 신발을 벗기고 맨발로 끌고 갔다. 해가 지면 군인들이 있는 내무반에서 지냈고 아침이면 다시 영창 마당으로 끌려가 앉아 있었다. 수사는 첫날만 하고 이후로는 한 번도 하지 않아 불안만 커졌다. 워낙 잡혀 오는 사람이 많으니 우리를 조사할 틈도 없는 듯했다. 31일까지 이런 상태가 계속되었다.

빨갱이 공포증

31일 저녁 식사를 끝내고 여성들을 모두 트럭에 태워 광산경찰서 유치장으로 데려갔다. 잡혀 들어온 남자들이 너무 많아서 여자들을 광산경찰서로 옮긴 것 같았다. 당시에 조사받은 사람만 3,000명이 넘었다고 한다. 유치장으로 들어가니 네 명의 여자들이 우리를 바라보았는데, 그곳에 류소영이 있는 것을 보고 깜짝 놀랐다. 여성 중에서 유일하게 예비검속된 류소영은 조선대 약대 재학생으로 녹두서점에 간간히 책을 사러 왔다. 고등학교 후배였던 류소영은 반공법 위반으로 수감 중인 아버지 류낙진 때문에 예비검속된 것 같다고 했다.

가두방송을 하던 전춘심과 차명숙도 광산유치장 안에 있었다. 전춘심과 차명숙은 간첩 혐의를 받고 있었다. 당시 시민들은 그녀들이 매우 열성적인 방송을 하자, 누군가가 '저 여자들이 매우 수상하다'고 계엄사에 신고했다고 한다. 전춘심과 차명숙은 시민들의 빨갱이 공포증 때문에 말로 표현할 수 없는 혹독한 고문을 당했다. 전춘심과 차명숙은 북한과 전혀 관계가 없을 뿐만 아니라 매우 순수한 사람들이었다. 그들 이외에도 많은 사람이 빨갱이로 몰렸다. 김영철은 그것이 겁이 나 자살을 기도하기도 했다. 그렇게 철저히 조사를 했음에도 불구하고 단 한 사람도 북한과 관계가 있거나 공산주의자로 확인된 사람은 없었다.

광산유치장 안에는 팔에 붕대를 칭칭 감고 있는 여고생이 있었다. 시민군이 순찰차를 타고 광주 외곽을 살피러 다녔는데, 여고생인 홍금숙은 헌혈 홍보를 위해 18명이 타고 있는 순찰차를 타고 화순 방면으로 가고 있었다고 한다. 순찰차가 주남마을 근처를 지나는데 갑자기 계엄군이 집중 사격을 했고, 차 안에 있는 시민군은 모두 죽었다고 했다. 홍금숙은 차 안 의자 밑에 고개를 숙인 채 벌벌 떨고 있었는데, 계엄군이 총을 겨누며 끌어내 잡혀 왔다는 것이다. 그녀는 여러 곳에 파편이 박혀 있어 응급처치를 하고 붕대를 감았다고 했다. 얼마 후 그녀는 "이 사실이 알려질까 봐 자기를 가두어 놓고 있는 것 같다"고 가만히 말해 주었다.

다음 날부터 여성들이 계속 잡혀 들어왔다. 일주일 정도 지나자 잡혀 온 여성들이 엄청나게 늘어나 유치장 다섯 개의 방에 가득 찼다. 예닐곱 명이 수감되는 방에 20명이 넘는 사람들을 넣어 유치장에 수감된 여성들이 최소 100명은 넘는 것 같았다. 여성 중에는 상무관에서 시체를 닦아 주고 염을 해 주다 잡혀 온 사람도 있었다. 그들은 아방궁이라는 술집에서 일하는 여성들이었다. 수사관들은 이 여성들에게 '폭도고무죄'라는 죄목을 붙였다.

유치장에 잡혀 온 여성들이 한 일들은 매우 다양했다. 시위에 참여한 여학생들, 시민군에게 김밥을 나누어 준 아주머니, 수배자를 숨겨주다가 들어온 여성들도 있었다. 충청도가 고향이라는 여성 선교사도 있었다. 강진에서 잡혀 온 여성은 여관에서 "광주에서 군인들이 사람을 많이 죽였다더라"고 말했다가 '유언비어죄'로 잡혀 왔다.

며칠 후 YWCA의 조아라 회장과 이애신 총무가 수갑을 찬 채 유치장으로 들어왔다. 도청 수습대책위원회에 참여했다는 이유로 보안대에서 곤욕을 치르다가 유치장으로 온 것이다. 수배 중이던 김선옥도 잡혀 왔다. 김선옥은 전남대 사범대생이었는데, 교생 실습을 하다가 체포되었다고 했다. 도청에서 홍보 활동을 했다는 혐의였다. YWCA에서 함께했던 이남순을 비롯한 여자들도 유치장에 들어왔다. 그녀들은 YWCA에서 취사를 도와주다가 5월 26일 밤에 우리들이 나누어 준 차비를 받고 도피했는데, 도저히 마음이 놓이지 않아 다시 새벽에 YWCA로 돌아왔다는 것이다. 그곳에서 군인들의 총에 부상당한 시민군을 옮기다가, 자신들도 총알파편에 맞아 부상당해 병원으로 후송되어 치료를 받고 이곳으로 왔다고 했다. 딱하게도 이남순은 석방된 후 약혼자에게 파혼당하고 말았다. 고문 후유증으로 아이도 낳지 못하게 되었다.

여성들은 낮에는 고문에 시달렸고, 밤에는 옆 사람의 신음과 울음소리로 잠을 이루지 못했다. 유치장은 점점 수감자가 늘어나 잠잘 때 옆으로 누워서 아침까지 칼잠을 자야 했고, 밥은 꽁보리밥에 노란 물감이 묻어 있는 단무지 두세 조각이 전부였다. 그중에서 도저히 참을 수 없는 고통은 사실 속옷과 생리대를 충분히 공급받을 수 없다는 데 있었다. 생리대는 한 사람에게 하루에 하나씩 제공되었고, 그 이상을 요구하면 모욕적인 언사가 따라왔다. 날마다 수사받으러 상무대로 들락날락하면서 여성들은 무지하게 맞고 돌아왔다. 얼마나 맞았는지 엉덩이 전체가 시퍼렇다 못해 까맣게 변해 있었다. 특히 항쟁 당시 방송했던 여성들은 고문으로 수시로 하혈했고, 하혈을 멈추기 위해 국군통합병원에 다니면서 치료를 받아야 했다. 그럼에도 그녀들은 신체적 고통보다 간첩 행위자로 조사받는 일이 더 두렵고 고통스럽다고 했다.

나 역시 대공과에서 수사를 받았다. 처음에는 일반과에서 조사를 받았는데 연행 초기에 대질심문을 하면서 남편을 만났다. 남편이 연행된 후 처음 보는 자리였다. 수사관은 남편에게 "당신은 예비검속되었기 때문에 광주사태와는 무관하다. 그러니 기껏해야 포고령 위반으로 3년 미만의 형을 받을 것이다. 그러나 정현애는 폭도서열 10위 안에 드니 최고형이 떨어질 수도 있으며, 최하 10년 형을 받을 것이니 나가면 부인 옥바라지 잘하라"고 했다. 그런데 나와 남편 모두 갑자기 대공과로 넘겨져 조사를 받게 된 것이다. 그들은 광주사태는 '북한의 지령을 받은 폭도들의 짓'이고, '그 지령을 받은 곳이 녹두서점'이라면서 심하게 추궁했다. 심지어 결혼한 지 2년이 넘었는데 아기가 없는 것은 혁명하기 위해 불임수술을 한 것이 아니냐며 밤새워 따져 묻기도 했다. 잡혀 올 때 증거물이랍시고 가져온 고물 라디오를 들이대면서 이것으로 북한의 대남방송을 듣지 않았냐며 윽박지르기도 했다. 만약 녹두서점이 북한과 연락하던 거점이라고 조작된다면, 그 파장이 얼마나 커질지 도저히 가늠이 되지 않았다.

　피를 말리는 시간이 계속되던 어느 날, 갑자기 조사가 느슨해지는 것 같았다. 6월 말에 전남대 학생회 간부들이 잡혀 오거나 자수하여 수사 방향이 바뀐 것 같았다. 이른바 광주사태를 북한의 지령으로 일어난 폭동에서 김대중과 연관된 사건으로 수사 방향을 틀었다는 것이다. 물론 당시에 나는 그런 사실을 명확하게 인지할 수는 없었다.
　남편은 박관현 학생회장 선거에 상당한 비용을 지원했고, 그 비용은 김대중이 정동년을 통해 지원한 것으로 날조되고 있었다. 수사관들은 시동생 김상집과 김현주 그리고 아내인 나와 내 동생 정현순이 잡혀 있는 상태에서, 우리들을 볼모로 삼아 남편에 대한 고문을 강화했다. 나 역시 보강 조사를 받기 위해 상무대 영창에 자주 갔고, 가끔 맨발로 조사실에 들어가는 남편을 먼발치에서 보기도 했다. 한번은 남편이 거꾸로 매달려 있는 모습을 목격해 놀란 가슴이 진정되지 않은 적도 있었다. 수사관도 나를 동정하는 눈빛으로 바라보았다. 상황이 매우 심상치 않게 전개되었고 그럴수록 초조하기만 했다. 수사관들은 "사형수가 다섯 명 정도는 돼야 한다"는 전두환의 수사 방침이 있었다는 이야기를 주고받았다. 가슴이 철렁했다. 혹시 일이 잘못되어 남편이 사형당하는 것은 아닐까, 오금이 저렸다.

긴박한 상황 속에서 수사관은 다시 한 번 대질심문을 구실로 나와 남편을 만나게 했다. 수척해진 남편이 말했다.

"오래갈 것 같아."

표정이 매우 어두웠다. 무언가 잘못되고 있는 것이 분명했다. 수사관도 처음과 달리 나에게 남편 옥바라지를 해야 할 것이라고 귀띔해 주었다. 결국 남편은 내란 중요임무 종사자가 되었고, 정동년은 내란 수괴가 되었다. 남편은 민청학련 관련자였기 때문에 당시 인혁당 관련자들이 사형 선고 다음 날 바로 사형이 집행되었다는 사실을 알고 있었다. 남편은 증거인멸을 위해 이들을 바로 사형시킨 것이라고 생각했다. 광주사태의 경우도 5월 18일 이전에 예비검속된 사람들이 내란수괴가 되고 내란 중요임무 종사자가 되었으니, 마찬가지로 증거인멸을 위해 바로 사형시킬 것이라고 남편은 생각하고 있었다. 남편은 재판이 시작되기 전부터 사형을 받을 것이라는 공포에 시달리고 있었다.

집에 있는 가족들은 한 달이 지나도록 우리가 어디에 있는지 전혀 모르고 있었다. 우리는 가족의 얼굴을 볼 수도 없었고, 사식이나 생필품 지원도 전혀 받지 못했다. 다행히 예비검속된 류소영의 어머니께서 딸을 면회하러 왔다가 이 사실을 아시고 사식을 넣어 주고 속옷과 생리대도 구해 주셨다. 바깥과 단절되어 있던 우리에게 류소영 어머니는 큰 온정을 베풀어 주셨다. 우리들은 달포가 지나서야 가족들과 연락이 되었다. 시부모님과 친정어머니가 면회를 오셨는데, 너무 죄송하여 아무런 말씀도 드릴 수가 없었다. 부모님들은 하염없이 눈물만 흘리셨다. 시아버님은 계엄사가 서점 이름을 바꾸라고 강요하여 녹두서점을 '한얼서점'으로 바꾸었다고 말씀하셨다.

6월 말이 되자 죄질이 가볍다고 생각한 여성들을 대상으로 1차 훈방 조치가 이루어졌다. 동생 정현순은 7월경에 2차 훈방조치로 석방되었다. 동생은 나만 두고 가는 것을 안타까워했고, 나는 부모님을 생각하여 어서 나가라고 부탁했다. 엉망진창이 되어 있을 서점 운영도 부탁했다. 좋은 직장에 다니던 동생에게 너무 큰 고통을 안겨 주어 한없이 미안했다.

유치장에 남아 있는 여성들은 대부분 심하게 앓고 있었다. 고문 후유증과 총상 그리고 불안과 공포로 혼이 반쯤 나가 있는 것 같았다. 그러나 항쟁에 참여한 동기나 활동 내용을 이야기할 때는 모든 고통을 잊어버린 듯이 활기가 넘쳤다. 조금이나마 위로하기 위해 이들의 기구한 사연을 들어주는 것이 나의 일과가 되었다. 이들 앞에서 나의 두려움과 공포를 내색할 수 없었다. 다른 사람과 달리 남편과 더불어 혁명적인 삶을 살아 보려고 결심했던 사람이 아니었던가? 그런데 어느 날 밤, 잠들지 못하고 몸을 뒤척이고 있는데 갑자기 발진이 돋기 시작했다. 두드러기가 온몸에 솟아오른 것이다. 이날 저녁 이후부터 나는 얼굴이 붉게 달아오르고 온몸에 두드러기가 돋아 오랫동안 시달렸다. 지금도 1980년 5월 그 당시를 떠올리면 그런 증세가 여지없이 다시 나타난다.

석방과 복직

두 번에 걸친 훈방조치 이후, 유치장에는 10여 명의 여성만 남았다. 도청 수습대책위원으로 활동한 YWCA 조아라 회장과 이애신 총무, 예비검속된 류소영, 가두방송을 열심히 하다 시민 신고로 간첩 혐의가 씌워진 전춘심과 차명숙, 도청에서 27일 새벽 방송으로 광주시민들을 울린 박영순, 도청에서 취사 활동을 했다는 여학생, 도청에서 방송을 했다는 이유로 교생 실습 중 잡혀 온 김선옥, 수배되었다가 잡혀 온 YWCA 간사 정유아 선배 등이 있었다. 이외에도 5·18 관련자를 숨겨 주었다가 잡혀 온 여성, 학교에서 5·18 때 불렀던 노래를 가르치다가 잡혀 온 교사, 전문대 학생도 있었는데 나는 이들과 함께 오래 수감생활을 하리라 예감했다.

8월 말경, 담당 수사관이 나를 불러내더니 대질신문을 해야 한다고 했다. 상무대 내무반으로 가니 바짝 마른 모습으로 김영철 씨가 앉아 있었다. 안절부절못하고 산만한 느낌이 들었다. 그래도 나를 보자 매우 반가워했다.

"우리는 독립운동가 같은 사람입니다. 우리와 같은 일을 한 사람들을 선생님들에게 많이 알려 주어야 합니다."

순간 정상이 아니라는 생각이 들어 섬뜩했다. 그가 자살 시도를 하여 머리를 많이 다쳤다는 이야기를 들었는데, 수사관들이 비정상적인 그를 이용하는 것이 아닌가 걱정되었다.

"YWCA 간사들인 이행자와 정유아가 있었고, 현대문화연구소

임…… 누가 있었는데…….”

정유아와 이행자는 YWCA에서 같이 근무했기 때문에 김영철 씨가 이름을 알고 있을 것이다. 그래서 나는 두 사람을 안다고 바로 대답했다. 성이 임씨인 사람은 임영희를 말하는 것 같았으나 나는 전혀 모르겠다고 답했다. 수사관이 몇 번 더 물었으나 김영철 씨가 횡설수설하자 더 이상 추궁하지 않았다. 나중에 알았지만 정유아와 이행자는 수배가 내려진 상태였다. 결국 며칠 후 정유아는 광산유치장으로 잡혀 들어 왔다. 임영희는 5월 27일 새벽 녹두서점에서 나간 후 서울로 피신했고, 피신 중에도 5·18을 알리는 활동을 계속했다고 들었다.

내가 연행되자 녹두서점에서 나와 함께 일했던 사람들은 매우 긴장하고 있었다고 한다. 특히 송백회 회원들은 더욱 그랬을 것이다. 나중에 알았지만 송백회는 신군부에 의해 크게 당할 수 있다고 판단하여 잠정적으로 해산을 했다고 한다. 나는 함께 일했던 사람들의 이름을 한 사람도 입에 올리지 않았다.

회장인 홍희윤과 가장 적극적으로 참여한 임영희는 말할 것도 없고, 송백회 회원들 중 단 한 사람도 잡혀 오지 않았다. 송백회라는 명칭도 거명되지 않았으니, 이행자 역시 송백회 회원이어서 연루된 것은 아니었다.

김영철 씨와 대질심문을 한 뒤 수사관은 취사와 모금을 나와 정유아, 이행자가 한 것으로 정리하고 지장을 찍으라고 했다. 집요하게 수사한다기보다 나온 내용을 확인하는 수준이었다. 대질신문을 한다고 하여 긴장했는데, 이때는 이미 남편이 내란 중요임무 종사자로 조작되어 나는 가볍게 처리된 것 같았다.

　9월 5일은 이른바 광주사태 관련자 중 1차로 175명을 군사재판에 기소한 날이었다. 그날 새벽에 담당 조사관이 나를 부르더니, 전격적으로 기소유예가 결정되어 석방된다고 했다. 수사 방향이 바뀌면서 나에 대한 조사가 조금씩 느슨해졌지만, 폭도 서열 10위인 내가 석방이라니 의외였다. 어리둥절하고 있는 나에게 조아라 회장과 이애신 총무가 "잘되었다"고 위로의 말을 해 주셨다. 류소영은 짐 꾸리는 일을 말없이 도와주었다. 유치장 문을 열고 나와 뒤를 돌아보니, 유치장 안에 있는 사람들이 창틀을 잡고 유령 같은 모습으로 나를 바라보고 있었다. 차마 그들을 바로 쳐다볼 수가 없었다.

　재촉하는 군인들을 따라가니 정유아 선배와 김선옥 그리고 충청도 선교사가 있었다. 군인들은 우리에게 '여기에서 일어난 일은 일절 발설하지 않는다'는 각서를 쓰게 한 후, 우리를 상무대 강당으로 데려갔다. 강당에는 그날 석방될 사람들이 모두 모여 있었다. 군인들의 일장 연설을 듣고 상무대를 나섰다. 연행된 지 꼭 100일 만이었다. 나를 마중 나온 시부모님과 친정어머니는 "일단 한 사람이라도 살아야 한다"며 위로해 주셨다. 먼저 석방된 민주 인사들과 지인들도 집까지 찾아와 주셨다.

　학교에서는 나를 5월 말경 행방불명으로 교육청에 신고했고, 교육청은 6월 30일 자로 나를 직위해제 시킨 상태였다. 석방된 지 며칠이 지나지 않아 장성군 교육청 장학사가 직접 관련 서류를 들고 집으로 찾아와 "교사직에 즉각 복직을 시키라는 명을 받았다"고 전해 주었다. "계엄사에 잡혀 있었다는 확인서만 받아 오면 바로 복직을 시키겠다"고도 했다. 미처 생각지도 못한 이런 조치는 남편에게 큰 위험이 닥치고 있음을 짐작케 했다. 남편을 수사했던 수사관이나 주위 사람들 모두 사형을 예감했고, 남편 또한 본인이 사형을 당할 것이라고 각오하고 있었다. 그런 상황에서 직장 복직이 나에게 무슨 의미가 있겠는가? 그러나 마음을 단단히 먹고 복직하기로 결정했다. 얼마간의 수입이라도 있어야 석방운동을 할 수 있지 않겠는가? 이를 악물었다. 계엄사를 방문하여 확인 서류를 발급받아 제출하고, 경위서도 작성하여 제출했다. 9월 말경 직위해제가 풀려 학교에 다시 출근했다. 교육청에서는 '경고'라는 징계를 내렸다. 다른 5·18 관련 교사들에 비하면 매우 가벼운 조치였다.

서점은 시아버님과 훈방 조치된 시누이 김현주가 맡아 지키고 있었다. 시누이는 당시 YWCA 2층에서 양서조합 일을 했기 때문에 사회과학 분야 서적에 대해 소양이 많았다. 그러나 서점의 재정 상태는 한마디로 엉망이었다. 형사들이 매일같이 감시하여 아무도 녹두서점으로 책을 사러 오지 않았기 때문이다. 서점을 확장하면서 빌린 사채 때문에 이자가 쌓이고 있었다. 서가에 꽂혀 있던 책들은 거의 없어졌다. 녹두서점에 있는 책을 빨갱이 증거물이라는 명목으로 계엄사에서 대부분 가져갔기 때문이다. 이 책들은 대부분 출판사에서 외상으로 가져왔기에 출판사에 갚아야 할 돈도 많았다. 집안에 경제활동을 하는 사람이 모두 잡혀가서 생활비 조달도 어려웠다. 친정도 어려웠다. 아버님은 대수술을 받아 누워 계셨다. 다행히 동생 정현순이 훈방되어 한국전력에 복직했는데, 사표를 제출하라는 압력에 많이 시달리고 있었다고 한다. 그래도 동생은 꿋꿋하게 버티면서 서점도 돌보고 친정 식구들도 보살폈다. 그러나 결국 버틸 수 없어 1981년 1월에 사표를 내고 말았다. 나는 평생 친정 부모님과 동생에게 미안한 마음을 갖게 되었다. 다행히 동생은 후일 한신대를 나와 광주 최초의 여자 목사가 되었고, 발산교회를 만들어 빈민선교에 뛰어들었다.

항쟁은 내란이 아니다

내가 석방되었다는 소식을 듣고 구속자 가족들이 다시 서점으로 모이기 시작했다. 가장 먼저 상무대 영창 안에서 일어난 일들을 듣고 싶었으리라. 서점은 이제 구속자 석방운동의 중심이 되었다. 모인 사람들 대부분 구속된 사람들의 아내이거나 누나들이었다. 구속자 가족들은 9월 20일에 이기홍 변호사 집에서 첫 모임을 가졌다. 도청 수습대책위원회에 참여한 원로들의 부인들은 대부분 연로하셨고, 그 외의 사람들은 본인들이 경제 활동을 할 수밖에 없었기에 많은 사람이 모이지는 못했다. 홍남순 변호사의 부인 윤이정 여사가 회장을 맡았고, 명노근 교수의 부인 안성례 여사와 이기홍 변호사의 부인이 부회장을 맡았다. 윤영규 선생의 부인 이귀님 여사와 내란수괴가 된 정동년의 부인 이명자 그리고 내가 중심이 되었다. 그날 이기홍 변호사의 집 근처에는 사복경찰들이 에워싸고 있어서 분위기가 살벌했다. 구속자 가족 모임은 앞으로 험악한 행로를 걷게 되리라는 것을 만천하에 보이며 활동을 시작했다.

구속자들에 대한 재판이 시작되자마자 중형이 선고될 거라는 소문이 파다하게 퍼졌다. 누가 사형수가 될 것인지에 대한 의견도 많았다. 내란을 모의했다는 정동년과 김상윤은 사형을 피할 수 없을 거라고 짐작했다. 주변 사람들뿐만 아니라 수사관들도 대체로 그렇게 보고 있었다.

9월 중순경, 석방된 후 처음으로 남편을 상무대 조사실에서 면회했다. 남편은 준비해 간 음식에 손도 대지 못했다. 얼굴이 몹시 초췌했다. 본인도 사형수가 될 거라 짐작하고 재판을 잘 받아야 한다고 나에게 말했다. 옆에 있는 한 수사관이 다른 말은 일절 하지 못하게 했다. 이후 남편과 면회가 허용되지 않았다. 그 이유는 그들이 만든 조작이 깨질까 봐 그랬을 것이다. 이 때문에 남편은 조사가 끝나자마자 교도소로 이감되었다. 나는 남편의 혐의 사실을 정확히 알지 못했다. 변호사를 통해야만 알 수 있는 공소 내용도 몰랐고, 변호의 쟁점도 전혀 몰랐다. 재판에서 이기기 위해서는 변호사 선임이 필수였지만 구속자 가족들은 그 당시 변호사를 선임하기 어려운 형편이었다. 변호사 비용도 문제였지만 지역 변호사들은 군사재판을 무서워했고, 또한 짜놓은 각본이라 변호해도 소용없다고 생각하여 선뜻 나서는 사람이 없었다.

이때 나는 도움이 되는 문건 하나를 비밀리에 전달받았다. 정동년과 남편이 포함된 내란죄 공소장이었다. 공소장은 변호사에게만 주는 문건이다. 변호사 선임도 하지 못하고 있었는데 내란죄 공소장을 입수했으니 우리에게는 말할 수 없이 큰 도움이 되었다. 공소장은 김대중의 지시를 받은 정동년이 윤한봉과 김상윤 그리고 조선대 김운기와 모의하여 이른바 '광주사태'를 일으켰다고 되어 있었다. 정동년과 남편이 사형을 받으리라 예상했지만, 막상 공소장을 읽어 보니 '내 남편이 정말로 죽겠구나' 하는 생각에 눈앞이 캄캄했다. 정동년과 김상윤은 5월 17일 밤에 예비검속된 사람들이다. 5월 18일에 현장에 있지도 않아서 항쟁이 어떻게 시작되었는지 보지도 못한 사람들을 내란수괴와 내란 중요임무 종사자로 날조하다니, 어처구니가 없어 입이 다물어지지 않았다. 누가 보아도 말도 안 되는 날조가 분명했으나, 오히려 그렇기 때문에 사형당할 가능성은 더 높았다.

나는 구속되었다 풀려난 이홍길 교수와 기독병원 전문의 과정에 있던 전홍준 선생과 앞으로 어떻게 해야 할지 상의했다. 이분들은 상황을 좀 안이하게 보고 계시는 것 같았다.

"사전에 내란을 모의했다는 것은 조작이 분명하니 오히려 조작되었다는 사실을 밝혀내기만 하면 내란죄가 성립할 수 없을 것입니다. 그렇게 되면 모든 5·18 관련자들의 폭도 누명도 벗을 수 있을 테지요. 변호사를 선임할 수 있도록 힘쓰겠습니다."

나를 위로하는 말이었겠지만 마음은 무거웠다. 그러나 변호사 선임을 위해 힘써주시겠다는 말은 큰 위로가 되었다.

'그렇다. 조작된 내란죄 누명을 벗겨내는 일이 광주의 억울함을 풀어내는 일이다!'

변호사를 구하지 못했어도 우리 가족들은 먼저 기소된 내용이 거짓이라는 것을 밝혀내기로 했다. 정동년, 윤한봉, 김상윤이 내란 모의를 했다는 그 시간에 세 사람은 다른 일을 하고 있었다는 정확한 알리바이를 증명해야 했다. 다행히도 남편은 세 사람이 모의했다는 시간에 충분히 알리바이를 증명할 수 있게 만들어 놓았다. 내란 모의를 했다는 첫 번째 만남은 남편이 전남대 총장과 학생처장을 면담한 시간이었고, 두 번째 만남에서는 수업을 받고 있었다. 나는 이홍길 교수를 모시고 민준식 총장과 박영준 학생처장을 찾아가 간청했다.

"사람을 살리는 일입니다. 도와주세요."

총장은 어려워했고 박영준 학생처장은 증인으로 나설 것을 승낙했다. 남편이 수업을 받은 출석부도 복사하여 증거물을 확보했다.

정동년은 구속되기 전에는 원래 학원 강사로 일했다. 부인 이명자가 학원장에게 사정을 말씀드려 증인으로 출석하겠다는 승낙을 받았다. 정동년의 강의 시간표와 강의받은 수강생들의 명단도 확보했다. 전남대와 조선대를 연결했다는 윤한봉은 수배 중이었다. 윤한봉의 권유로 함께 활동했다고 조작된 김운기는 윤한봉을 만나 내란을 모의했다는 시간에 동명동에 있는 여관에서 후배들을 만난 알리바이가 있었다. 나중에 김운기와 옥중결혼을 한 이향란이 여관 주인을 설득하여 증언 약속을 받아냈다.

증인을 신청하고 증거물을 재판부에 제출하려면 당연히 변호사가 필요했다. 그러나 선배들이 많이 노력했음에도 변호사 선임은 쉽지 않았다. 선뜻 나서는 변호사도 없었거니와 비용을 마련하는 일도 너무 힘들었다. 우리는 상의하여 정동년과 김상윤이 가장 위험하니 변호사를 한 사람만이라도 구해 보기로 했다. 어떻게든 재판 기록이나 진행 상황이라도 알고 있어야 할 것 아닌가?

마침내 남편의 선배인 전홍준과 그의 장인인 이일행 선생의 도움으로 간신히 변호사를 구했다. '사람을 살려 놓고 보자'는 절박한 설득으로 간신히 변호사 한 분의 허락을 받은 것이다. 그러나 변호사는 변론 자료를 모으는 일도 어려워했다. 우리는 그동안 열심히 노력하여 확보한 증인 신청과 증거 목록들을 변호사를 통해 재판부에 제출했다. 그러나 군사법정은 증거물을 모두 기각시켜 버렸고, 증인들을 재판 3일 전에 모두 정보기관으로 끌고 가 법정에 나올 수 없게 만들어 버렸다. 증언하려다 정보기관에 강제로 끌려간 분들은 모두 수모를 겪으며 마음고생이 많았다고 들었다. 박영준 학생처장은 당시 충격으로 암 투병을 하다 일찍 돌아가시고 말았다. 또한 신군부는 증인으로 채택된 극소수의 증인들도 회유하거나 크게 위협을 가한 후 법정에 세웠다. 법정에 나온 증인들이 오히려 우리에게 불리한 증언을 하여 구속자들과 가족들에게 큰 고통을 안겨 주었다. 이를테면 김운기 증인으로 나온 여관 여주인은 김운기에게 불리한 증언만 했다. 정보기관의 협박에 겁이 났을 것이다. 당시는 너무 황당하여 증인들에게 몹시 화가 났으나, 나중에 사정을 이해하게 되었다.

나는 변호사 비용을 마련하기 위해 월부책을 팔아야 했다. 감사하게도 이홍길, 김동원 교수가 전남대 교수들에게 월부책을 많이 팔아 주셨고, 내 친구들과 남편 친구들도 많은 도움을 주었다. 당시에는 상황이 살얼음판이라 누군가가 우리를 돕는 것이 알려지면 큰 보복을 당할 수도 있어서 매우 조심스러웠다. 월부책을 파는 것은 이러한 어려움을 피하는 명분이 되었다. 나를 도와주었던 분들은 "이런 일이라도 할 수 있어서 다행"이라며 위로해 주셨다.

9월 17일 계엄보통군법회의에서 김대중이 사형선고를 받자 광주는 경악했고, 구속자 가족들은 초긴장 상태가 되었다. 우리 가족들은 할 수 있는 데까지 최선을 다하기로 하고 석방 활동을 두 방향으로 정했다.

첫째, 여론을 형성하여 그 힘으로 석방에 유리한 환경을 만들어야 한다. 우리는 광주의 진상이 정확히 밝혀진다면 모든 국민이 공감해 줄 것이라고 믿었다. 그래서 이를 알리기 위한 문건을 작성하기로 했다. 가톨릭 광주대교구 정의평화위원회에서 5월 18일부터 27일까지의 상황을 정리해 놓은 문건이 있었는데, 여기에 내가 기억하는 내용을 첨가하여 7쪽짜리 문건을 만들었다. 또한 '국민에게 보내는 호소문'도 작성했다.

둘째, 이른바 '광주사태'를 해결하기 위해서는 무엇보다 내란죄가 아니라는 것을 밝혀야 했다. '정동년이 김대중의 돈과 지시를 받았다'는 내용과 '정동년, 윤한봉, 김상윤이 내란을 모의했다'는 시나리오가 날조된 사실이라는 것을 밝히고 이를 널리 알려야 했다. 이 문제가 풀려야 우선 사형을 면할 수 있고, 그다음 문제를 순차적으로 풀 수 있다고 판단했다.

재판이 있는 날은 구속자 가족들은 물론이고, 성당의 수녀님, 신자 등 여러 사람이 군사 법정에 나와 자리를 지켜 주셨다. 수녀님들의 기도는 구속된 김성룡 신부의 석방뿐만 아니라 억울한 재판에 항의하는 행위이기도 하여 우리 가족들은 큰 위로를 받았다. 구속자 가족들끼리 모이면 서로 위로하다가 자주 울음바다가 되기도 했다. 재판관들이 법정에 나타나면 거칠게 항의했고 때로는 기절까지 하면서 억울함을 호소했다. 그러나 재판은 아무 일도 없었다는 듯이 '내란죄'를 향해 척척 나아갔다.

"선물을 일본에 보내지 마세요"

1980년 10월 25일, 계엄보통군법회의에서 225명에 대한 선고가 내려졌다. 나는 학교에서 조퇴를 허가해 주지 않아 재판에 갈 수가 없었다. 시누이 김현주가 가족을 대표하여 법정에 다녀와 결과를 알려 주었다. 우리가 예상한 대로 1심 재판은 내란수괴인 정동년을 비롯하여 다섯 명에게 사형을 언도했고, 일곱 명에게 무기징역이라는 중형을 내렸다. 사형을 피할 수 없으리라 예상했던 남편은 20년 형을 받았다. 사형이 아니어서 날아갈 듯 기뻤다. 극도의 긴장감이 한순간에 풀어지는 듯했다.

그러나 시간이 지날수록 다섯 명의 사형수를 어떻게든 구해야 한다는 생각이 들었다. 그토록 많은 시민이 억울하게 죽었는데, 또다시 사형당하는 사람이 있어서는 안 되었다. 법정에서 사형을 당한다는 것은 광주가 또다시 죽는 일이 아니겠는가? 우리가 무엇을 잘못했다고 또 죽어야 한단 말인가? 사형을 막는 것이 광주를 지키는 일이라고 생각했다.

11월에 2심 재판이 열렸고, 그달 29일 상무대 법정에서 열린 2심 재판 결과도 대부분 1심과 같았다. 정동년, 배용주, 박노정은 그대로 사형이 언도되었고, 김종배와 박남선은 관할관청 확인 과정에서 무기징역으로 감형되었다. 남편의 형량은 그대로 20년이었다. 그러나 판결 내용이 신문과 방송에 한 줄도 보도되지 않아 사람들은 무엇이 어떻게 돌아가는지 알 수 없었다.

이제 남은 것은 대법원 판결뿐이었다. 대법원에서도 그대로 사형이 확정된다면 큰일이었다. 가만히 있을 수 없었다. 무언가 계속해야 했다. 결국 국민에게 광주의 진실을 알리는 것만이 살길이었다. 구속자 가족들은 도지사나 안기부, 청와대 등 여러 곳에 탄원서와 혈서를 보냈고 면담을 요청했으나, 아무도 우리를 만나 주지도 응답해 주지도 않았다.

바로 이때 답답한 상황을 타개할 수 있는 문건 하나가 나에게 전달되었다. 남편이 제출했던 '항소이유서' 사본이었다. 2심 재판 때는 비용도 만들 수 없었고, 재판에 별로 도움도 되지 않아 변호사를 선임하지 않았다. 그래서 우리는 정확한 항소이유를 알 수 없었다. 남편의 항소이유서는 13장이 넘는 긴 내용으로, 이번 내란죄가 어떻게 날조되었는지 자세히 기록되었고, 내란을 모의했다는 시간의 알리바이를 모두 증명하고 있었다. 나와 동생 정현순은 남편의 필체로 적힌 항소이유서를 일단 다른 종이에 옮겨 적었다. 항소이유서를 읽어 본 정형달 신부는 진실을 이해하는 데 큰 도움이 되었다면서 활용할 가치가 많다고 좋아하셨다. 직접 사건의 중심에서 날조를 강요당한 사람의 입을 통해 나온 고백이기 때문에 항소이유서는 다른 사람들의 입소문과 비교할 수 없는 큰 파급력이 있을 것이다. 소설가 황석영 선생은 내란 중요임무 종사자가 직접 쓴 항소이유서이기 때문에 국제적으로 파급 효과가 클 것이라고 장담했다. 황석영 선생 말씀대로 외국에 이를 알릴 것을 고민하다 남편과 먼저 상의해야겠다고 생각을 고쳐먹었다.

나는 교도소로 가서 남편과 상의했다.

"황석영 선생님이 선물을 일본으로 보내자고 하시던데요. 일본에 계신 분이 좋아하실 거래요."

내 말을 듣고 잠깐 생각을 하던 남편은 반대했다.

"선물을 일본에 보내지 말라고 하세요."

남편은 나중에 사람을 보내 그 이유를 들려주었다. 남편은 자신에게 가해질 고문을 더 이상 견딜 수 없을 것 같았다고 했다. 만약 선물을 전달할 경우 이 문건을 전해 준 사람은 직장은 고사하고 바로 구속될 것이며, 항소이유서가 국제적 파장을 일으킬 경우 증거인멸을 위해서라도 사형수들이 위험해질 수도 있었다. 특히 정동년의 사형이 집행될 가능성이 높다고 판단했던 것이다. 남편의 말에 동감했다.

그럼에도 남편의 항소이유서는 석방운동을 하는 우리에게 많은 도움이 되었다. 구속자 가족들도 광주가 아무 죄도 없다는 확신을 가졌고, 광주의 진실을 알리는 글이나 호소문에도 항소이유서 내용을 많이 활용했다. 또한 5·18의 진실을 외치는 학생, 종교인, 지식인들에게도 항소이유서 내용이 전해져 여론을 형성하는 데 큰 도움이 되었다.

그럼에도 불구하고 사회여론을 폭넓게 형성하기 위해서는 서명운동 등 구체적인 활동이 필요했다. '광주사태'에 관해 한마디만 해도 바로 잡혀가는 세상이어서 일반 시민들에게 탄원서 서명을 부탁할 수는 없었다. 우리는 우선 종교계에 호소했다. 천주교는 광주와 전남 지역 정의평화위원회 신부님들을 중심으로 서명 작업에 들어갔다. 이어서 전국의 신부님들도 서명에 동참해 주셨고, 모금도 진행하며 우리를 지원해 주었다. 다른 지역에서도 힘들게 모금한 돈을 보내 주었는데, 원풍모방 노동조합이 제일 먼저 모금한 돈을 보내 주었다. 나중에 이 일로 원풍모방 노동조합이 크게 고난을 겪었다고 들었다. 정형달 신부께서 그동안 모금한 돈 70만 원을 나에게 전해 주셨다. 당시로서는 상당히 큰 액수였다. 명노근 교수의 부인인 안성례 사모님과 상의하여 교도소에 영치금을 조금씩이나마 넣어 줄 수 있었다. 나는 학교에 출근해야 해서 정동년 부인인 이명자에게 총무 역할을 넘겼다. 정의평화위원회에서는 국내뿐만 아니라 해외에 있는 신부님들을 통해 교포들의 서명을 받고 상당한 액수를 모금해 주었다. 독일에 계신 장용주 신부도 마치 자기 일처럼 나서서 큰 도움을 주셨다.

기독교에서도 광주·전남의 목사님들이 적극적으로 서명 작업에 동참해 주셨다. 안성례, 이명자, 정현애, 노영숙 등 여자들이 주로 서명 작업을 위해 광주 시내의 교회를 돌아다니면서 목사님들의 서명을 받았고, 사형선고를 받은 김종배의 형 김종부가 매우 헌신적으로 우리를 도왔다. 국제기구인 세계교회협의회 한국지부 한국기독교교회협의회 산하 인권위원회 소속 목사님들께서 서명과 모금에 많은 도움을 주셨다. 한편 일부 목사들이 우리 면전에서 서명을 거절하여 눈물을 흘린 적도 있었다. 국내외에서 모금된 적지 않은 돈은 먼저 구속자 영치금으로 썼고, 생활이 너무 어려운 가족들에게 생활비로 사용되기도 했다. 석방운동을 하면서 부상자나 사망자의 가족들과 만나는 경우가 점점 많아졌다.

우리 가족은 호소문을 작성하여 대법원 및 국가기관에 보내고, 서명 작업도 전국으로 확대하기로 했다. 나는 방학 기간에 전국 서명 작업에 나설 계획이었기에 '광주의 진실'이나 '국민에게 보내는 호소문' 등을 미리 필사해 준비해 놓았다. 연로하신 분들이 문건을 작성하기 어려워하셨고 보안 문제도 있어서, 문건은 안성례, 이명자, 노영숙과 내가 주로 작성했다. 외부 사람들이 드나드는 서점보다는 홍남순 변호사 댁이나 안성례 댁에서 문건을 만들었다. 김갑제라는 청년이 많은 도움을 주었다. 김갑제는 누군가의 도움을 받아 복사를 대량으로 해 왔다. 나중에 알게 되었는데, 전매청에 근무하는 박종주라는 분이 공무원 신분 때문에 직접 나서지 못하고 숨어서 우리를 도왔다고 한다.

우리는 호소문을 보낼 때 가족들이 쓴 혈서도 함께 보내면 효과가 클 것이라 생각했다. 김갑제의 제안으로 사형수의 아내인 이명자가 혈서를 쓰기로 했다. '살려만 주소서'라는 혈서를 쓰는 이명자를 부여안고 우리는 많이 울었다.

미국의 본색이 드러나는 순간

광주학살에 대한 미국의 책임을 묻는 '광주 미문화원 방화 사건'이 1980년 12월에 터졌다. 이 사건을 계기로 우리는 미국도 석방운동에 동참하라고 요구했다. 미국은 민주주의를 지원하는 우방이기도 했지만, 광주학살에 책임이 크다는 사실을 비로소 깨달은 것이다. 우리는 미국이 전두환에게 진상규명과 구속자를 석방하도록 압박해야 한다고 의견을 모았다.

당시 이름을 밝히지 않은 광주 미문화원 직원에게서 도움을 많이 받았다. 그는 LA에서 발간된 신문 등 여러 자료를 우리에게 제공해 주었다. 우리는 자료를 정리한 후 1981년 1월 초에 광주 미문화원을 처음으로 방문했다. 미국 대통령 로널드 레이건에게 쓴 편지를 전달하고, 주한 미국대사와 면담을 요청하기 위해서였다. 광주 미문화원 장은 "광주를 잘 이해한다"고 자부하는 여성이었다. 그녀는 광주의 참상을 이야기하는 가족들의 말을 들으며 눈물을 흘리면서, 미국대사와 면담을 주선해 보겠다고 약속했다. 그러나 안심이 되지 않아 안성례 여사가 남편 명노근 교수와 친분이 있는 미국대사관 직원에게도 연락을 했다. 다행히 며칠 후에 면담을 하겠다는 약속을 받았다.

1981년 1월 어느 날, 우리들은 미국대사를 면담하고 더불어 전국 서명 운동을 하기 위해 서울로 올라갔다. 안성례, 김정부, 이명자는 미국대사관으로 갔고, 나는 정형달 신부와 함께 천주교 인천교구로 갔다. 신부 모임에 찾아가 광주의 참상을 이야기하고 서명에 동참해 주실 것과 재판에 관심을 가져 주시라고 부탁했다. 신부님들은 모두 서명을 해 주시고 힘내라고 격려도 해 주셨다. 일을 마치고 우리는 서울의 한 여관에서 주한 미국대사관을 방문한 가족들을 만났다. 미국대사관은 마지못해 면회를 수락했으나 대사는 나오지도 않았다고 했다. 대사 대신 참사가 나와서 "미국은 한국을 공산주의에서 지키러 온 우방국가다"라는 이야기만 되풀이하고 말았다는 것이다.

가족들은 그동안 열심히 준비한 자료를 전달하면서, 20사단의 광주 이동에 미국이 동의한 사실, 5·18 항쟁 당시 미국인들을 광주군사공항에 피신시킨 사실 그리고 주한 미군사령관이 "한국인들은 들쥐와 같다"고 발언한 신문 기사를 보여 주며 미국의 책임을 따지자 참사가 자리를 피해 버렸다고 한다. 다만 미국 대통령에게 보내는 편지는 주한 미국대사관에 두고 나왔다는데, 이 편지는 실제로 레이건 대통령에게 전해진 것으로 나중에 확인되었다.

우리는 미국이 변명으로 일관하는 태도를 보고 광주학살에 미국의 책임이 있다는 사실을 계속 강조해야 한다고 생각했다. 1981년 1월 말경 우리는 광주 미문화원장과 두 번째 만남을 가졌다. 우리는 미문화원장에게 강도 높게 미국의 책임을 환기시켰다. 그러나 미문화원장은 지난번 만났을 때와 180도 다른 태도를 보였다. "미국은 한국을 공산주의로부터 보호하기 위해 왔다"는 미국대사관의 입장을 되풀이하는 것이다. 가장 연장자였던 윤이정 여사가 참고 참다가 그녀에게 강하게 항의했다.

"너희들은 홍시 빨아먹듯이 우리를 빨아먹기만 한다."

1981년 5월, 우리 가족들은 미국의 책임을 묻기 위해 다시 한 번 광주미문화원을 방문했다. 그러나 그들은 이미 형사들을 대기시켜 놓고, 우리가 들어가자마자 쫓아냈다. 미국의 본색이 드러나는 순간이었다. 이후 광주 미문화원은 분노한 운동권 학생들의 공격 목표가 되었고, 결국 위치를 이전할 수밖에 없었다. 타 지역에 설치되었던 미문화원들도 이후 분노한 학생들의 공격 목표가 된다.

미국대사관을 방문한 다음 날, 간호사인 안성례는 병원 근무 때문에 광주로 내려갔고, 정형달 신부와 김정부, 이명자 그리고 나는 대구로 출발했다. 대구, 안동, 부산, 마산 교구를 모두 들러 서명을 부탁드렸는데, 정형달 신부 덕에 많은 서명을 받았다. 힘이 났다. 이렇게 여러 곳에서 받은 서명을 가지고 광주로 왔으나, 서명과 이명자의 혈서를 청와대에 어떻게 전달해야 할지 막막했다. 우편으로 보내면 전두환에게 전달되지 않고 도중에 사라질 가능성이 크다는 것이 중론이었다. 우리는 '복사한' 서명과 탄원서를 우편으로 청와대 민원실로 보냈다. 그러나 청와대는 아무런 반응을 보이지 않았다. 그러다 대통령 부인 이순자가 가끔 지학순 주교를 만나러 간다는 정보를 듣고, 안성례와 이명자가 혈서 원본과 서명지를 가지고 원주교구를 방문했다. 그러나 지학순 주교는 이순자를 만나지 못했다고 말했다. 다른 사람을 통해 전달할 수 있는 방법을 찾아보았으나 그 또한 여의치 않았다.

가톨릭 광주대교구 정의평화위원회는 김성룡 신부가 시무하던 남동성당에서 1981년 1월부터 구속자 석방을 위한 미사를 매주 열었다.

구속자 가족들은 거의 매주 참여했다. 강신석 목사도 간간이 참여하셨다. 구속자들의 근황과 가족들의 고통을 이야기하고, 이 고통이 조속히 끝날 수 있도록 기도드렸다. 신자는 아니었지만 간절한 마음이었다. 윤공희 대주교도 종종 참석하여 기도하면서 격려해 주셨다. 대주교는 5·18 직후 전두환에게 광주의 참상을 알리고 광주 문제의 해결을 위해 직접 편지를 보내기도 했다. 대주교는 우리 구속자 가족들을 항상 따뜻하게 감싸 주었다. 광주시민에게도 공개 서명을 받고 싶었으나 당국과 큰 충돌이 일어날 게 뻔했고, 시민들에게 너무 큰 고통을 안겨 줄 것 같아 직접 시민과 접촉하는 일은 하지 못했다.

가족과 면회할 수 있게 된 후, 구속자 가족들은 당국의 부당한 조치에 여러 번 항의했다. 김영철은 조사받는 동안에 간첩으로 몰리는 것이 두려워 자살을 시도하다 머리를 많이 다쳤다. 그는 병원에서 치료를 받아야 하는데도 교도소에서 적정한 조치를 하지 않아 상태가 점점 악화되고 있었다. 시급하게 외래 진료를 받게 하라고 항의했다. 다른 구속자들 중에도 심한 구타와 고문 후유증으로 건강이 몹시 나빠진 사람이 많았다. 그들은 실로 석방만이 살길이었다.

석방운동을 하면서 우리는 또 다른 국가폭력의 희생자들을 만났다. 1980년 크리스마스 다음 날, 광주교도소에서 남편을 면회하는데 남편이 어두운 얼굴로 무등산 타잔 박흥숙이 죽었으니 장례를 치러야 한다고 알려 주었다. 나는 강신석 목사에게 이 사실을 바로 알렸다. 강 목사의 주선으로 가족들과 함께 박흥숙의 장례를 치렀다. 이후부터 우리 5월의 가족들은 민주화운동이나 통일운동을 하다 구속된 많은 가족과 석방운동을 함께 하게 되었다.

전두환이 탄차 앞에 엎드리다

1981년 2월 대통령이 된 전두환이 광주를 방문한다는 정보를 알게 되었다. 전두환이 미국을 방문한 직후 '전남 초도 순시와 영광 원자력 발전소 기공식에 참석하려고 광주에 온다'는 것이다. 전두환에게 우리의 의사를 알리는 절호의 기회라고 생각했다. 광주학살의 총책임자인 전두환에게 우리 가족들이 구속자들의 사형이 집행될까 봐 얼마나 애태우고 있는지 보여 주기로 했다. 우리는 '사형수를 없애 주세요', '광주 구속자 석방'이라고 쓰인 플래카드를 만들어 전두환이 지나가는 연도에서 기습 시위를 할 계획이었다. 플래카드는 이명자와 노영숙이 만들고, 나는 주로 민주화운동가의 부인들과 지인들에게 연락하여 도청 앞 YMCA 앞으로 모이게 했다. 이번 일은 전체적으로 강신석 목사께서 많은 도움을 주었다.

전두환이 광주에 오는 2월 18일, 나는 오전 수업만 하고 조퇴를 했다. 남편 면회를 마치자마자 약속 장소인 YMCA 앞으로 갔다. 오후 6시경부터 도청 앞에 제복을 입은 사람이 드문드문 보이더니, 어느새 경호원들로 보이는 사복 차림을 한 사람들이 도로 주변을 가득 채웠다. 우리 가족들은 20명 정도 모였으나 눈에 띄지 않게 서로 떨어져 있었다. '이런 상황에서 무엇을 할 수 있을까?' 걱정이 밀려왔다. 몇몇 민주 인사들과 석방된 박형선의 부인 윤경자 등 여성들도 우리를 응원하러 나와 주었다. 플래카드를 펼치고 전면에 나설 수 있는 사람은 우리 가족들뿐이라는 생각이 들었다. 하지만 전두환과 직접 마주친다고 생각하니 항쟁 기간에 느꼈던 공포가 다시 엄습했다.

어두워지기 시작할 무렵 저 멀리 전두환과 이순자가 탄 차가 나타났다. 앞뒤로 경호하는 차가 함께 움직이고 있었다. 연도에는 동원된 공무원들이 서 있었으나 아무도 박수를 치지 않았고, 무거운 침묵만이 흘렀다. 전두환이 탄 차가 YMCA 앞을 통과하는 순간, 나는 소리쳤다.

"가자!"

그러고는 차도로 뛰어들었다. 플래카드를 든 어머니들도 모두 뛰어왔다. 그때 전두환은 뛰어나오면서 소리치는 우리를 환영 인파로 알았을까? 그는 차창 밖으로 손을 내밀고 흔들었다. 전두환의 손이 내 앞으로 다가오자 나는 전두환의 손을 부여잡고 있는 힘을 다해 소리쳤다.

"사형수를 없애 주세요, 구속자를 풀어 주세요!"

그 순간 일대는 아수라장이 되었다. 어머니들이 든 플래카드는 순식간에 경호원들의 손에 찢어졌으나, 어머니들은 온몸으로 대통령이 탄 차를 막았다. 박남선 어머니는 전두환이 탄 차의 보닛 위로 올라가기도 했다. 잘 훈련된 경호원들은 권총을 빼 들고 우리 가족들을 겨누며 밀쳐냈다. 철커덕 철커덕 총알을 장전하는 소리가 들렸다. 나는 이렇게 죽을 수도 있겠구나 생각했다. 한순간이었다. 전두환이 탄 차는 도청 안으로 사라졌다. 우리 주변으로 순식간에 경호원과 시민들이 몇 겹으로 모여들었다. 많은 시민이 몰려드는 것을 본 경호원들은 감히 총을 쏘지 못했다. 우리는 시민들의 힘에 밀려 도청 정문까지 다가 갔다. 도청문이 닫히고 있었다. 시민들은 도청문을 잡고 여기저기서 소리쳤다.

"가족들이 하고 싶은 말을 하게 해 줘!"

그들은 시민들이 한꺼번에 도청문을 밀고 쳐들어올까 봐 "5·18 가족들은 안으로 들어오라"고 했다. 우리들은 이 계획을 세울 때만 해도 '석방을 위해 노력하는 가족'의 존재를 전두환과 국민에게 알리는 정도가 목표였다. 그런데 뜻밖에도 많은 시민의 힘으로 전두환이 있는 도청까지 들어왔다. 어쩌면 전두환을 직접 만나 우리의 요구를 전달할 수도 있겠다는 생각이 들었으나, 동시에 험한 일을 당할지도 모른다는 두려움도 컸다. 우리는 도청 안으로 들어갔다. 구속자 가족 10여 명 정도가 들어가자 도청문은 닫혔다.

누군가 우리를 도청 본관 뒤쪽에 있는 경찰서장실로 데려갔다. 우리는 그들에게 대통령에게 직접 데려가 달라고 요구했다. 광주의 진실을 호소하고, 사형수를 없애고 구속자를 석방해 달라고 했다. 대통령 비서실장과 경호실장이라는 사람들이 번갈아 가며 충분히 뜻을 전해 주겠다고 했다. 오랜 시간 그들과 대화하면서 줄기차게 전두환과의 직접 면담을 요구했다. 그들은 우리에게 돌아가 기다리라고만 했다.

시간이 지나가자 가족들은 불안해했다. 이대로 버티다가는 자식들에게 해가 될 것 같다고 생각하는 사람도 있었다. 나는 우리의 의견이 엇갈리는 모습을 저들에게 보이면 안 되며, 이렇게 되면 버티는 효과도 떨어질 것 같아 오늘은 집으로 돌아가자고 했다. "뜻을 잘 전해 준다면 돌아가겠다"는 의사를 말하자, 그들은 우리에게 각각 형사를 붙여 한 차에 태웠다. 나는 윤강옥의 부인과 한 팀이 되었다. 곧바로 집으로 가면 교사 신분이 드러날까 봐 윤강옥의 가족인 척하며 그의 집으로 갔다. 형사들이 잠시 집 밖으로 나간 사이에 나는 뒷문으로 빠져나와 택시를 타고 녹두서점으로 돌아갔다. 서점에 도착할 때까지 누가 잡으러 올까 봐 조마조마했다.

서점 뒷문으로 조심스럽게 들어갔더니, 시누이 김현주가 안기부 요원이 기다리고 있다가 방금 돌아갔다고 했다. 그 요원이 "이런 일을 벌일 사람은 정현애밖에 없다"고 말했다는 것이다. 나는 서점을 시누이에게 맡기고는 친정집으로 갔다. 그날 밤 거의 뜬눈으로 밤을 새우고 학교로 출근했다. 1교시를 끝냈는데 교장실로 오라는 호출을 받았다. 그곳에서 형사가 나를 기다리고 있었다. '올 것이 왔구나.' 형사를 따라 광주까지 왔는데, 도착한 곳은 의외로 도지사실이었다. 도지사실에는 10여 명의 가족이 모여 있었다. 장형태 전남도지사는 전두환이 "자기도 가족이라면 그렇게 하겠다. 책임을 묻지 말라"고 말했다면서, 건의사항이 있으면 언제든 찾아오라고 했다. 전에 우리가 면회를 신청했을 때와는 전혀 다른 태도였다. 어쨌든 다행이었다.

그러나 일부 가족에게는 끔찍한 일이 일어났다. 우리가 도청으로 들어간 뒤에 늦게 도착한 가족 다섯 명은 즉시 체포되어 광주경찰서로 끌려갔다고 했다. 경찰서로 끌려간 가족 세 명은 형사들이 원하는 대로 진술서를 써 주고 석방되었으나, 남은 두 사람은 형사들의 요구를 거절하여 매우 심한 구타를 당했다고 한다. "주동자가 누구냐?", "누구 연락받고 나왔느냐?"며 윽박지르며 심지어 고문을 가했다는 것이다. 그들은 대통령 경호가 엉망이 된 책임을 자신들에게 물을까 봐 가족들에게 분풀이를 한 듯했다. 우리는 구타한 형사를 끝까지 찾아내서 가족들에게 사과하게 만들고 피해 보상도 받아냈다. 그러나 이때의 고문 후유증으로 하영열의 형 하일남은 암으로 죽었고, 박철 어머니 장삼남은 지병을 얻어 평생을 고생하고 있다.

전두환이 광주를 방문했을 때의 투쟁은 구속자 석방운동에 활기를 불어넣었다. 여론이 크게 고조되어 시민의 관심도 증가했다. 심지어 안기부 같은 기관도 우리가 면담을 요청하면 쉽게 거절하지 못했다. 우리는 뭉쳐서 싸울 때만 성과를 얻을 수 있다는 것을 다시 한 번 경험했다. 처음에는 무서워 주저했으나, 이제 우리와 함께 석방운동에 동참하겠다는 가족들도 많아졌다. 그러나 감시망은 더욱 촘촘해졌다. 나는 일상생활은 물론 수업이나 연수받는 시간까지도 감시를 받았다. 형사들만 감시하는 것이 아니라 동료 교사나 지인에게도 감사를 당했다. 참으로 비열한 작태였다.

도청 앞 사건 직후에 가톨릭 광주대교구 정의평화위원회 간사인 정형달 신부가 급히 만나자고 연락을 했다.

"전남의 신부들이 모두 모이는데 김성룡 신부 석방에 관해 이야기할 예정입니다. 여기에서 구속자 가족들의 입장도 설명하고 협조를 부탁해 보세요."

다른 구속자 가족들과 연락할 시간이 없어 나 혼자 유인물을 준비하여 임동에 있는 성당으로 갔다. 정 신부의 배려로 여러 신부들 앞에서 사형은 절대 안 되며, 구속자는 전원 석방되어야 한다고 간곡히 설명했다. 나는 신부들이 의견을 모으는 동안 초조하게 옆방에서 논의 결과를 기다렸다. 정 신부가 나왔다.

"여러 정보 채널을 통해 알아보니 전두환이 사형은 꼭 집행해야 한다는 입장이래요. 그러니 사형수를 없애라는 말은 보류하고 구속자 석방만 요구하는 것이 어떻겠어요?"

나는 다시 신부님들께 단호히 말씀드렸다.

"사형수를 없애야 구속자 석방도 점차 풀어질 수 있습니다. 지금 구속자 석방만 요구하면 그조차도 어려울 거예요."

1981년 3월 말에 있을 대법원 판결에 대응하기 위해 우리 구속자 가족들은 가톨릭 피정센터에서 1박 2일 동안 간담회를 가졌다. 그동안 개별적으로 관계를 맺고 있었던 유족들도 같이했다. 유족들의 억울한 사정을 잘 알고 있었고, 그들의 희생을 가치 있게 만드는 것이 우리가 해야 할 일이었다. 나는 대법원 판결에서 사형을 없애지 못한다면 정말로 사형이 집행될지도 모른다고 강조했다. 남편이 연루되었던 민청학련 사건 때, 인혁당 관련자들을 바로 사형시킨 사례를 들어 몇 번이나 강조했다. 가족들은 내 말을 이해했고 결의를 다졌다. 그러나 무엇을 어떻게 해야 할지 구체적인 계획을 세우지 못했다. 계획이 있다 하더라도 언제 정보가 새어나갈지 몰라 가족들에게 자세히 이야기할 수도 없었다.

명동성당에서 단식농성을 시작하다

대법원 판결을 앞둔 3월 초순경 서점으로 낯선 손님이 찾아왔다. 남편의 친구인 선경식이었다. 선경식은 유신헌법 반대운동을 하다가 긴급조치 9호 위반으로 7년 형을 선고받아 투옥되었다가 1978년에 출감했다. 그는 광주 상황을 알고 싶다면서 근황을 물었다. 나는 남편의 일과 최근 구속자 석방운동에 관해 이야기했다.

"아무래도 대법원 판결에서 사형이 나올 것 같아 초조합니다. 기껏 해야 20명 정도밖에 안 되는 우리 가족들 힘만으로는 이미 한계에 도달했어요. 전국의 분위기가 꽁꽁 얼어붙어 있어서 일반 국민은 물론 학생들조차 5·18 상황이 어떻게 돌아가고 있는지 모르고 있고요. 우리 가족들은 고립되어 있습니다."

선경식은 며칠 후에 다시 왔다. 자기가 좀 도울 수 있다면서 실행 가능한 방안을 만들어 볼 테니 힘을 내라고 격려한 후 돌아갔다. 그 사이에 나는 '한얼'로 이름을 바꾼 녹두서점을 장동에서 전남대 사거리로 옮겼다. 녹두서점은 항쟁 직후 사회과학 서적들을 모두 계엄사에 압수당했다. 팔 책도 없었고 책을 사러 오는 손님도 없었다. 서점은 시누이인 김현주가 지키고 있었으나 손님은 거의 없었다. 이자가 쌓여서 출판사에 밀려 있는 원금도 갚을 수 없었다. 그러나 이런 일로 광주의 명예를 실추시키고 싶지 않았다. 장두석 선생은 내 뜻을 이해하고 서점 문제를 해결하는 데 많은 도움을 주셨다. 그는 구속되었다가 먼저 석방되었는데, YWCA 2층에 있던 양서조합을 정리하면서 우리 일까지 함께 해결해 주셨다. 장두석 선생은 출판사마다 직접 찾아가 광주와 녹두서점의 사정을 이야기하고, 적은 돈이라도 성의를 표시하는 것이니 이것으로 밀린 책값을 모두 마무리하자고 제안했다고 한다. 고맙게도 모든 출판사에서 장두석 선생의 제안을 받아들여 주었다.

서점을 운영하는 일이 어려웠지만 운동의 거점이었던 서점을 폐쇄하는 것이 내키지 않았다. 서점을 지키지 못해서 남편에게도 미안했다. 그러나 이자를 부담하는 것도 어려워 결국 서점을 남편 후배인 문승훈에게 넘겼다. 한얼서점으로 이름을 바꾼 녹두서점은 1981년 3월 말에 우리 품을 떠났다.

선경식은 3월 중순경 다시 서점으로 찾아와 아이디어를 내놓았다. 나는 선경식의 제안이 실현 가능하다고 생각하여 그와 함께 구체적인 석방운동 계획을 짰다.

계획은 다음과 같았다. 우선 구속자 가족들이 대법원 판결이 나오는 즉시 명동성당에서 단식농성에 들어가 투쟁의 중심을 만든 다음, 여러 대학과 연락하여 대학생들과 연계하는 것이다. 가급적 많은 언론에 알려야 하며, 우리 입장을 대변해 줄 명망가를 구해야 한다.

다른 가족들에게는 서울로 올라가서 투쟁한다는 말만 하고 구체적인 계획을 알려주지 않았다. 대학과 언론은 선경식이 맡았고, 동생 정현순이 선경식과 연락을 주고받기로 했다. 동생은 한국전력에서 강제 퇴직당한 후, 1981년 3월 한국신학대학교에 입학하여 신학을 공부하고 있었다. 유인물은 모두 내가 준비했다. 그동안 우리가 썼던 '광주의 진실', '국민에게 보내는 호소문'과 새로 작성한 각계각층의 '지도자에게 보내는 호소문', '대학생들에게 보내는 글'까지 모두 네 편이었다.

조비오 신부는 출감 후 계림동성당에 계셨는데, 같이 고생한 사람들에게 영치금이라도 넣어 주고 싶다면서 10여 명의 가족을 불러 위로금을 주셨다. 우리는 그 돈을 모아서 여비로 썼다. 형사들의 감시가 매우 심해서 우리는 따로따로 출발했다.

문제는 유인물을 다량으로 만들고, 그것을 서울로 운반하는 일이었다. 나중에 알게 된 사실이지만, 이번에도 전매청에 근무하는 박종주 선생이 복사를 다량으로 해 주었다고 한다. 구속되었다 먼저 석방된 김양래는 복사한 유인물을 운반하는 일을 도와주었다. 무엇보다 유인물을 운반할 때 의심받지 않아야 했기에 항상 정형달 신부가 함께 거들어 주었다. 정 신부는 항상 우리의 훌륭한 방패막이가 되어 주었다. 그가 우리에게 가장 큰 도움이 된 것은 윤공희 대주교를 법정에 모시고 간 일이었다. 정형달 신부는 "김성룡 신부도 구속되어 계시니 아마도 법정에 대주교님이 함께 가실 수도 있다"고 말했고, 나는 남동성당 미사가 끝난 후 대주교를 찾아뵈었다.

"구속자 가족들을 위해서 꼭 대법정에 함께 가 주십시오."

그때 대주교님은 다른 일이 있어서 확답은 못 하겠노라고 하셨다.

3월 31일 나는 동생 정현순과 함께 고속버스에 탔다. 5분 후 출발하는 버스에는 정형달 신부와 김양래가 유인물 상자를 가지고 탔다. 유인물은 곧바로 명동성당으로 운반하도록 했고, 나는 바로 대법원으로 갔다. 형사들의 감시 때문에 가족들에게 자세한 설명을 하지 못해 현장에서 가족들이 잘 움직일 수 있을지 걱정이었다. 대법정에는 광주에서 올라온 가족들도 있었고, 서울에서 합류한 가족들도 보였다. 그런데 기대하지 않았던 윤공희 대주교가 대법정에 나타나셨다. 우리는 매우 고무되었다. 아마 정형달 신부께서 다시 간곡히 말씀드렸으리라 생각되었다. 윤공희 대주교님뿐만 아니라 다른 신부들도 많이 참석하셨다.

대법원 판결은 2심 형량이 그대로 확정될 가능성이 높았다. 만약 그럴 경우 바로 대통령 사면 조치가 이루어져야만 사형을 면할 수 있다고 생각하여 정말 초조했다. 인혁당 사건에서 보았듯이, 조작된 사건일수록 사형은 신속하게 집행되지 않았던가? 대법원 재판은 오전 11시쯤 시작되었다. 판결은 예상한 대로였다. 대법원은 82명 상고를 모두 기각하고 고등법원의 형량을 확정했다. 가족들은 탄식하고 울부짖었다.

재판이 끝나자 나는 윤공희 대주교를 따라갔다. 대주교는 김수환 추기경에게 김성룡 신부와 구속자 가족들 상황을 설명하러 명동성당으로 갈 예정이었다. 나는 이분들에게 매달리는 것이 최선이라고 판단했다. 먼저 안성례, 이명자에게 곧바로 대주교를 따라가 김수환 추기경에게 우리의 처지를 호소해야 한다고 말했다. 나는 남은 가족들을 데리고 곧바로 명동성당으로 갔다. 성당에 도착하자 김수환 추기경은 우리를 따뜻하게 맞아 주셨다.

우리는 추기경님과 윤공희 대주교에게 성당에서 기도하면서 기다리겠으니 전두환에게 우리의 의사를 전달해 달라고 부탁드렸다. 그분들은 당혹스러워했다.

"지금 어떻게 할 방법이 없습니다. 광주에 내려가서 기다리는 것이 좋겠어요."

나는 이대로는 안 되겠다는 생각이 들어 '어떻게든 일을 벌여야겠다'고 결심하고 정형달 신부께 내 뜻을 말씀드렸다. 가족들은 "이대로 그냥 내려갈 수는 없다. 여기에서 기도라도 하자"는 내 말을 듣고 본당으로 나를 따라왔다. 일부 가족들에게 성당 밖으로 나가 준비한 유인물을 시민들에게 나누어 주도록 하고 나는 안성례, 이명자, 김정부, 노영숙과 함께 성당 안으로 들어갔다.

성당 안에서는 5시 미사가 진행 중이었다. 우리는 미사가 끝나기를 기다리면서 통로와 입구에서 유인물을 나누어 주었다. 미사가 끝나고 6시 미사가 시작될 때까지 잠시 쉬는 시간이 찾아오자 나는 '국민에게 보내는 호소문'을 들고 무대로 올라갔다. 그때 어떤 신부가 놀라는 표정으로 무슨 일이냐며 나에게 다가왔다. 나는 유인물을 노영숙에게 건네주고, 안성례와 함께 신부님께 간청했다.

"저희는 광주에서 온 5·18 가족들입니다. 신자들께 저희 입장을 설명하도록 해 주십시오."

"신부님 하게 해 주세요." 여러 신자도 우리 이야기를 듣고 싶어 했다. 노영숙이 또렷한 목소리로 호소문을 읽었다. 낭독이 끝나자 신부님이 물었다.

"어떻게 할 겁니까?"

"성당에서 기도하고 싶습니다."

나는 이곳에 있어야 우리 이야기가 대학가에 신속하게 퍼지고 국민에게 관심을 받을 거라는 기대를 하고 있었다. 신부님은 여기서 기도하다가는 곧바로 끌려나갈 수 있다면서 자기를 따라오라고 했다. 그분 말씀은 적중했다. 경찰들은 상시로 명동성당을 감시하고 있었기 때문에 호소문 낭독이 끝나기도 전에 벌써 출동하여 성당 밖에 진을 치고 있었다. 나는 성당 안에 있는 가족들을 데리고 신부를 따라갔다. 바로 무대 아래에 있는 계단을 따라서 내려가니 지하 성당이 있었다. 그곳은 주로 장례미사를 거행하는 거룩한 장소라고 했다. 신부님께 너무나 고마웠다. 지하 성당에 모인 가족을 확인해 보니 갓난아이까지 모두 17명이나 되었다. 직장에 다니는 사람들은 아무런 조처도 못하고 와서 걱정했지만 그래도 우리와 함께 있겠다고 했다. 나는 학교에 하루 연가를 낸 상태였지만 하루에 끝날 일은 아니어서 처벌을 각오했다. 우선 사람을 살려 놓고 보아야 하지 않겠는가? 우리는 단식농성에 들어갔다. 농성장에 화장실이 없어 매우 고통스러웠다. 밤이 되니 기온이 떨어져 점점 추워졌다.

나는 상황을 설명하는 간단한 문건을 만들어 동생 정현순을 통해 선경식에게 전달하도록 했다. 동생은 우리가 만든 '국민에게 보내는 호소문'이 이미 대학가에 배포되었고, 대학에서 만들어진 자체 유인물도 나오고 있다고 전해 주었다. 일부 대학생들이 명동성당으로 오고 있다는 소식도 들려주었다. 국내 기자들은 물론이고 외신 기자들도 명동성당으로 오고 있다고 했다. 김양래와 함께 당시 성균관대 재학 중인 은우근도 찾아왔다. 은우근은 내가 쓴 메모를 대학가에 전달해 보겠노라고 했다. 정형달 신부가 찾아와 윤공희 대주교와 전두환의 면담이 전격적으로 이루어졌다는 소식을 전해 주었다. 우리는 그 소식에 한껏 고무되었다. 그럼에도 경찰들이 몇 겹으로 명동성당을 둘러싸고 있어서 걱정이라고 하셨다.

4월 1일 농성 2일째, 동생 정현순이 전한 바에 의하면 외신기자들의 관심이 대단하나 농성 중인 가족들과 소통이 차단당한 상태이고, 대학생들도 경찰들이 막고 있어 이곳으로 접근하지 못하고 있다고 했다. 마음이 암울해졌다. 오후에 김수환 추기경과 윤공희 대주교가 우리를 찾아오셨다. 추기경이 말씀하셨다.

"청와대에서 윤공희 대주교와 전두환이 전격적으로 면담을 했지만, 별 내용은 없었습니다. 가족들은 이제 광주로 내려가서 기다리는 것이 좋겠습니다. 여기서는 고생만 합니다."

윤공희 대주교는 별말씀이 없으셨고, 먼저 광주로 가시기 위해 지하 성당을 나가셨다. 추기경은 우주선을 타는 사람들이 먹는다는 우주식을 우리에게 나누어 주면서 가족들을 위로했다. 단식농성 중이라 보기에 안타까웠던 모양이다. 우리들은 고집을 꺾지 않았다.

"사형이 풀어지기 전에는 내려갈 수 없습니다. 사형수들의 목숨이 위험한 상황에서 구속자나 수배자들의 문제도 해결하기 어렵습니다. 계속 농성하겠습니다."

나는 뒤쪽으로 물러나 정형달 신부와 이 답답한 상황에 대해 의견을 나누었다. 신부님의 말씀으로는, 청와대 면담에서 윤공희 대주교가 사형이 있어서는 안 된다고 했더니, 전두환은 이런 사건에서 사형은 불가피하다는 주장만 되풀이했다고 한다. 전두환의 주장에 대주교는 그냥 침묵으로 일관하셨다고 했다. 나는 속으로 생각했다. '자신의 영달을 위해 그 많은 사람을 학살하고도 모자라서 또 사형을 시키겠다고? 결국 폭동을 진압한 공으로 대통령이 되었다고 말하고 싶은 거겠지.'

정형달 신부는 가족들이 명동성당을 떠나면 더 어려워질 수 있다는 말씀도 하셨다. 그리고 만약 지하 성당까지 형사들이 진입하더라도 명동성당이 그들을 막기는 어렵다는 말씀도 하셨다. 그 순간 내 머릿속에 한 가지 생각이 번쩍 떠올랐다. '김수환 추기경실은 치외법권이니까 우리가 더 버틸 수 있을 것이다. 추기경실로 옮기자.' 정형달 신부께 그 생각을 말씀드렸더니 신부님은 바로 밖으로 나가셨다. 우리가 추기경실로 이동하는 동안에 형사들에게 체포되는 상황을 막아 주기 위해 나가신 것이다. 안성례 여사에게도 그 생각을 말했다. "너무 큰 실례가 아닌가?" 그녀는 몹시 주저했다. 어차피 여기서 길게 버틸 수 없다면 추기경실로 옮기는 도중에 '가족들이 잡혀갔다'는 소식만 밖으로 전해져도 국민의 관심을 받을 수 있다고 계속 설득했다.

가족들과 이야기를 마친 추기경께서 자리에서 일어나셨다.

"사모님, 지금 가야 합니다."

"그래, 갑시다!"

안성례 여사도 결단을 내렸다. 우리 가족들은 짐을 그대로 놓아둔 채 추기경을 따라나섰다. 몰골들이 말이 아니었다. 나는 맨 뒤에 따라

가면서 주변을 면밀히 살펴보았다. 경찰들은 성당 밖에 있었다. 본당 마당을 지나면 추기경관으로 내려가는 계단이 있었다. 거기까지만 무사히 가면 될 것 같았다. 가슴을 졸이며 계단을 내려간 뒤 작은 마당을 지나 추기경관으로 들어가는 문 앞에까지 갔는데, 갑자기 추기경님이 뒤를 돌아보셨다. 졸래졸래 따라오는 우리 가족들을 보시고 약간 놀라시는 것 같았지만, 곧 들어오라는 손짓을 하셨다. '되었다!' 추기경이 들어오라고 하니 비서 수녀는 우리를 추기경 집무실로 안내했다. 우리는 추기경실에서 비로소 세수도 하고 머리도 감았다. 아이들도 따뜻한 방에서 우유를 먹고 편하게 잠을 잘 수 있었다. 나도 긴장이 약간 풀렸다. 그러나 우리는 계속 물만 마시며 단식 농성을 이어갔다.

4월 2일 새벽 눈을 뜨자마자, 이 상황을 어떻게 헤쳐 나가야 할지 걱정이 되었다. 함세웅 신부가 오셔서 여기서 농성하고 있는 것만으로는 해결이 안 된다며 더 많은 사람이 관심을 갖게 해야 한다고 조언을 해 주었다. 우리는 각계각층에 전화하여 도움을 요청했다. 종교계와 인권단체 그리고 명망가들에게 계속 전화하고 호소문을 보냈다. 강원룡 목사와 김대중 내란 음모사건 연루 가족들이 찾아와 격려해 주기도 했다. 그러나 사형이 감형되었다는 소식은 들리지 않았고 마음은 점점 초조해졌다.

정말 국민이 우리에게 관심을 가지고 있는지, 여론이 어떻게 돌아가고 있는지 추기경실에 갇혀 있는 상황에서 알 길이 없었다. 우리는 답답한 마음으로 계속 의견을 나누었다. "막연하게 서울에서 여론이 형성되는 것을 기다리는 것만으로는 이 문제가 풀릴 것 같지 않아요.

광주 현지의 여론이 들끓고 그것이 청와대에 전달되어야 합니다. 함세웅 신부도 전라남도 도지사를 비롯한 지역 인사들이 나서야 한다고 조언해 주셨잖아요?" 우리는 지역 여론을 형성하기 위해 사형에서 무기징역으로 감형된 김종배의 형, 김정부를 먼저 광주로 보냈다. 그러나 안심이 되지 않았는지 안성례 여사가 나에게 제안을 했다.

"여기 일은 어느 정도 체계가 잡혀 내가 끌고 갈 수 있으니, 자네도 광주로 내려가서 함께 거드는 것이 좋겠어."

나는 안성례 여사의 의견에 동의하고 밤에 추기경 관저를 무사히 빠져나와 혼자서 광주로 향하는 버스를 탔다. 도착하니 이미 자정이 넘어 있었다.

4월 3일, 도지사 방문 등 여러 가지 계획을 생각하고 있었는데, 갑자기 라디오에서 5·18 광주사태에 대한 특별사면 뉴스가 흘러나왔다. 사형수는 무기 징역으로 감형하고, 무기수들은 15년형 그리고 대부분의 구속자는 형기를 반으로 감형하고 형 집행 정지로 석방한다는 내용이었다. 뜻밖의 소식에 정말 날아갈 것 같았다. 어깨를 짓누르고 있던 돌덩어리를 내려놓은 것 같았다. 사건이 일어난 지 10개월 만에 이만한 성과를 낸 것은 하늘이 도왔다고 할 수밖에 없었다. 가족들의 혼신을 다한 석방운동, 자기 일처럼 도와주신 수많은 분들, 해외에서 관심을 갖고 지원해 준 모든 사람 덕분이었다.

민주화실천가족운동협의회의 탄생

수감자들이 대거 석방되었지만, 명동성당 농성을 주도한 가족이 있는 수감자들은 먼 곳으로 이감시켰다. 남편 김상윤은 충남 홍성교도소로 이감되었다. 면회하러 가는 데 여섯 시간, 면회시간은 단 5분, 다시 집에 오는 데 여섯 시간이 걸렸다. 이러한 조치는 석방운동을 막고 구속자에게도 심리적 부담감을 주기 위한 것이었다. 가족들에 대한 감시도 더욱 강화되어 나는 학교에서 조퇴하는 사유까지 엄격하게 관리받았다. 또한, 집에 가면 대문 양쪽에서 형사들이 밤늦게까지 지키곤 했다. 그럼에도 불구하고 우리 가족들은 구속자 석방운동을 이어갔다.

1981년 5월 18일 '5·18 광주민중항쟁' 1주기를 맞이했다. 구속자 가족들도 추모식을 위해 망월동으로 향했다. 경찰의 원천봉쇄 속에서 우리 가족들은 산길을 넘어 망월동에 도착했다. 유가족과 석방된 구속자들, 지역의 민주 인사들과 시민 학생들이 모여 추모식을 거행하고자 했다. 그러나 경찰의 봉쇄로 추모식은 약식으로 치러졌다.

시민과 학생들은 광주 시내로 진출하면서 진상규명을 요구했다. 나는 우리가 전개한 구속자 석방운동이 '제2차 5월 운동'의 시작이라고 생각한다. 대법원 판결 후 특별사면으로 감형 조치가 대폭 이루어졌고, 원래 형량이 적었던 사람들은 형 집행 정지로 석방되었다. 석방되지 못하고 남아 있는 사람들은 17명 정도였다.

가족들은 광복절 특별사면을 기대하면서 여러 방면으로 석방을 탄

원했으나, 정작 8·15가 되니 김성룡 신부만 석방되었다. 크게 실망했
으나 성탄절 특별사면을 기대하면서 지속해서 서명 작업을 하고, 기
도회를 열었다.

우리 가족들은 가톨릭센터에서 다시 항의 농성을 하고자 했지만 뜻
을 이루지는 못했다. 9월에는 '김대중 양심선언서'가 대학가에 배포
되었고, 시누이인 김현주가 혐의를 받고 조사를 받았다. 또한 5·18
자료 수집과 배포 문제로 시동생 김상집과 몇 명의 청년이 수배자가
되면서 우리 가족에 대한 감시가 더욱 심해졌다. 그럼에도 불구하고
나는 낮에는 학교에서 근무하고 밤에는 가족들과 함께 탄원서를 작성
하여 각계각층으로 보내는 일을 계속했다.

1981년 12월 25일 0시에 홍성교도소에서 홍남순 변호사와 남편
김상윤이 석방되었다. 장흥교도소에서는 안성례의 남편인 명노근 교
수가 풀려나왔다. 남편들이 석방된 이후에도 남은 구속자를 위한 석
방운동은 계속되었다. 1982년 3월에 벌어진 '부산 미문화원방화 사
건'의 구속자 가족들과 연대하기도 했다. 사형을 언도받았던 정동년
을 비롯한 12명이 1982년 12월에 석방이 되자 광주사태 구속자 석방
운동의 기나긴 장정이 끝났다. 이후 우리 5월 가족들의 활동은 민주
화실천가족운동협의회로 이어지게 된다. 민주화실천가족운동협의회
는 운동권에 가장 큰 힘을 주는 단체가 되었다. 5월 가족들의 석방운
동은 앞으로 진행될 진상규명과 학살자 처벌을 요구하는 '5월 운동'
의 진정한 시작이었다.

3장

살아남은 자 3
극렬분자 김상집

초주검

녹두서점에서 잡혀 줄줄이 포승에 묶일 때 쥐도 새도 모르게 죽겠거니 생각했다. 정말이지 6·25전쟁 때처럼, 아니 5·18 기간에 공수들이 민간인을 죽이고 몰래 파묻은 것처럼 어느 골짜기로 끌고 가 총으로 갈긴 뒤 그대로 땅에 파묻힐 거라고 생각했다. 허리띠를 풀고 신발도 벗기고 굴비처럼 줄줄이 묶여 갈 때 방송 카메라가 따라오는 것을 알고, 어떻게든 내 얼굴이 찍히길 바랐다. 계엄군들은 우리들을 연행할 때 모두 고개를 숙이게 하고는 마지못해 KBS 기자들에게 촬영을 허락했다. 매년 5·18이면 KBS에 나오는 단골 화면이다.

'제발 내 얼굴만이라도 찍혔으면……. 내 시체는 못 찾더라도 내가

이렇게 잡혀갔다는 사실만이라도 알려졌으면…….'

힐끗힐끗 고개를 돌려 카메라 쪽으로 얼굴을 내밀었다. 그러나 그때마다 개머리판으로 뒤통수와 등짝을 찍는 바람에 고개를 들 수가 없었다.

계엄군은 서석병원 옥상으로 우리를 끌고 갔다. 우리는 옥상 난간 아래에 무릎을 꿇고 시멘트 바닥에 머리를 처박았다. 그런 채로 그들은 다시 촬영을 허락했다. 방송 카메라가 떠나자 다시 구타가 이어졌다. 정신없이 두들겨 맞으면서도 옥상 한편에 무릎 꿇고 있는 형수 정현애와 형수의 동생 정현순이 놀랄까 봐 소리조차 지르지 못했다.

그들은 형수와 형수 동생을 옥상 구석으로 보내더니 나를 본격적으로 구타하기 시작했다. 계급장이 보이지 않았는데 장교로 보이는 사람이 눈에 살기를 띠며 물었다.

"너 몇 놈 죽였어?"

얼마나 맞았는지 그대로 죽을 것만 같았다.

우리를 연행한 군인들은 무전 연락을 받더니 우리 식구들을 태평양화장품 건물 옥상으로 끌고 갔다. 형수와 형수 동생을 보이지 않는 곳으로 데려갔다. 거기에서도 구타가 계속되었다. 팔, 다리, 엉덩이, 가슴과 배, 맞지 않은 곳이 없었다. 맞은 데를 맞고 또 맞았다. 계속 맞다 보니 어느 때부턴가 머리끝이 찌릿찌릿하여 숨을 쉴 수가 없고 몸을 가눌 수가 없었다. 그러다가 얼마 뒤 사복 차림을 한 남자가 나타나 우리를 시청으로 데려갔다. 형수와 형수 동생은 따로 어디론가 가고, 남자들은 지하실로 끌려갔다. 그곳에서도 수난은 계속되었다. 그들은 손이 뒤로 묶인 우리에게 "박아!", "일어서!" 자세를 몇 차례 시키더니 원산폭격 자세를 시켜 놓고, 앞에서부터 한 사람씩 일으켜 세워 사정없이 팼다. 일고여덟 명이 한 사람씩 맡아 패는데, 쓰러져서 꼼짝하지 않으면 그다음 사람을 세워 놓고 팼다. 대부분은 시청 지하실에 끌려오기 전에 이미 피범벅이 되어 있었다. 꽤 넓은 지하실인데 앞에서부터 맨 뒤까지 패고 또 패고 이렇게 서너 번을 돌아가며 계속 맞고 또 맞았다. 시민군들이 견디다 못해 고꾸라지면 그들은 뻗어 버린 사람들의 뒤통수를 개머리판으로 내리찍었다. 죽지 않으려면 일어나야 했다.

어느 시민군이 엎어져 개머리판에 맞고서도 꿈쩍도 하지 않자, 양동이에 있는 물을 쫙 끼얹었다. 그래도 반응이 없자 "뻗었네?" 하고는 다리를 잡아 밖으로 질질 끌고 갔다. 쓰러진 사람은 코와 입에서 피를 흘리고 있었고, 시멘트 바닥에는 맞을 때 튄 핏자국이 묻어 있었다.

양동이 물을 바닥에 쏟자 한 시민군이 핏물 섞인 시멘트 바닥의 물을 혀로 핥았다. 나는 시멘트에 머리를 처박은 상태로 눈을 감았다. 그가 민망하게 여길까 봐 시선을 피해 준 것이다. 아침부터 물 한 모금 먹지 못한 채 몇 시간 동안 포승에 묶인 상태로 원산폭격을 당했고, 가슴과 배, 팔과 다리 등을 연타당하면서 나는 초주검이 되어가고 있었다.

육법 위에 무법이다

———————

시청 지하실에서 나와 호송차에 타니 형수와 형수 동생이 보였다. 차로 이동하는 중에 형수가 몸은 괜찮냐고 물었다. 걱정하실까 봐 "네."하고 겨우 대답했다. 그런데 사실은 제정신이 아닌 상태였다.

차 안에서는 눈을 가리고 고개를 숙이게 했기 때문에 도대체 어디로 끌려가는지 알 수 없었다. 마침내 도착한 곳은 상무대에 있는 한 내무반이었다. 내무반 안에는 모자에 별 둘이 달린 소장이 우리를 쳐다보면서 소리쳤다.

"이 사람들은 무슨 죄목이 이리도 많아!"

그는 A4 용지에 적힌 내용을 읽어 내려갔다. 형수가 큰 소리로 변명을 하니 소장은 우리를 505보안대로 데려가라고 지시했다.

보안대에 도착하니, 27일 새벽 도청에서 잡힌 항쟁 지도부가 종일 고문을 당하며 취조를 받고 있었다. 505보안대 지하실은 끌려온 사람들로 넘쳐나 녹두서점 식구들이 들어갈 자리가 없었다. 우리가 갇힌 방은 상병 하나가 지키고 있었는데, 가끔 사복 차림의 험상궂은 녀석들이 우리를 살펴보고 갔다. 나는 이미 각오했었으나 형수와 형수 동생이 몹시 걱정스러웠다. 하지만 포로가 된 몸으로 무슨 도움을 줄 수 있으랴. 군인들은 가끔 들락거리며 "어쩌지, 아직 멀었는데" 하는 이야기를 주고받았다. 아마 지하실에 있는 도청 지도부의 조사가 어느 정도 끝나야 우리 순서가 되는 모양이었다.

그때 장계범이 우리 쪽으로 다가왔다. 도청에서 첩자로 활동하다 신분이 탄로 나자 독침사건을 연출한 작자였다. 장계범은 505보안대 안을 자유롭게 활보하며, 조사받는 사람들의 행적을 확인해 주고 다녔다. 우리는 이미 장계범이 도청 독침사건의 주범이라는 것을 알고 있어서 서로 주의하라는 눈짓을 보냈다.

"어디에 사는 누구신데 잡혀 왔소?"

"녹두서점에서 왔소."

"녹두서점은 이상한 집안이여."

몇 마디 더 묻더니 장계범은 돌아갔다. 그 자리에서 때려죽이고 싶었다. 나는 기다리는 것이 초조해 보초를 서고 있던 군인에게 말을 붙였다.

"우리가 어떻게 될 것 같소?"

군인은 고개를 숙이며 한숨을 푹 쉬었다. 그 군인은 처음부터 우리의 눈을 피하고 있었다. 그가 경어를 쓰며 대답했다.

"잘 모르겠습니다."

나는 보안대 사무실 입구에서 무릎을 꿇은 채 대기하고 있다가 보초가 전화받는 것을 엿들었다.

"지금 목포에서 7,000여 명이 횃불 시위를 하고 있다."

나는 '목포 사람들이 광주로 올라와 우리를 구해 줬으면' 하는 생각이 간절했다.

피를 말리는 대기 상태였다. 나중에 알았지만 그때 다른 방에는 홍남순 변호사도 계셨다고 한다. 홍 변호사의 무릎을 꿇리고 엉덩이를 들게 한 다음 두 손을 들게 한 채 벌을 서게 했는데, 왔다 갔다 하던 수사관 중 한 녀석이 이렇게 말했다는 것이다.

"야, 네가 육법전서에 통달했냐? 임마, 나는 칠법에 통달했다. 육법 위에 무법이다."

밤이 깊어지자 누군가가 "야, 안 되겠다. 영창에 처넣어 버려라!" 말하고는 나가 버렸다. 우리 가족은 한밤중에 지프에 실려 상무대 헌병대로 옮겨졌다.

헌병대 사무실에 들어서자 수사관들이 일어서더니 신분 확인을 위해 이름과 주소 등을 묻는데 형수의 머리를 사정없이 두들겨 패더니, 묻고 대답할 때마다 온갖 욕을 하며 발길질을 해대는 것이다. 내가 욱하는 마음에 고개를 쳐들고 째려보니까 "이 새끼 뭘 봐!"라고 하면서 나를 두들겨 팼다. 신분 확인을 하는 동안 온갖 욕설과 모욕을 당하고 난 뒤 밖으로 끌려 나왔다. 그렇게 형수와 헤어졌다.

연병장으로 끌려 나와서도 작신작신 두들겨 맞았다. 연병장에서는 아예 작심하고 패는 것 같았다. 엉덩이와 허벅지를 번갈아 패는데 천천히 몽둥이를 하늘 높이 치켜 올린 다음 힘껏 내리쳤다. 그렇게 끝도 없이 내리쳤다. 엎드리지 않으면 머리고 팔다리고 무자비하게 난타했다. 세워 놓고 몸무게를 실어 가슴과 배를 차면 그대로 뒤로 나뒹굴었다. 정신없이 맞고 있는데 공수부대원 하나가 나타나더니 또다시 죽일 듯 두들겨 팼다. 자기 전우가 진압 중 죽었다면서 눈에 살기가 번득이고 있었다.

사복 차림의 수사관이 그만두라고 말했지만, 몽둥이를 든 공수부대원은 대꾸도 하지 않고 나를 두들겨 팼다. 나를 패는 녀석의 입에서 술 냄새가 훅훅 내 얼굴로 끼쳤다. 그는 도움닫기로 뛰어올라 군 홧발 뒤꿈치로 내 등짝을 힘껏 내리찍었다. 아마 나는 돼지 멱따는 소리를 질렀을 것이다. 내가 몇 번 나둥그러지자 사복 수사관이 그를 제지했다.

"야, 그만하랬잖아. 계속 수사 방해할래?"

사복 수사관이 왼쪽 겨드랑이에 있는 권총에 손을 대고 눈을 부라 리자 그제야 공수 녀석은 물러났다.

윤상원의 죽음 앞에 부끄러움을 느끼다

28일 밤 상무대 영창으로 들어갔다. 이곳도 살벌하기는 마찬가지였 다. 포로가 된 시민군들은 모두 무릎을 꿇고 마룻바닥에 이마를 대고 엎드려 있었다. 조금이라도 고개를 들거나 옆 사람과 소곤거리면 끌 려 나와 10파운드짜리 곡괭이 자루로 얻어맞았다. 나도 포로가 된 시 민군들 틈새로 들어가 다른 사람과 똑같이 마룻바닥에 머리를 처박았 다. 그런 자세로 엎드려 있는데 옆에서 "형!" 하는 소리가 들렸다.

흘깃 보니 들불야학의 나명관이었다. 내가 잡혀 들어오는 것을 보 고 헌병들의 눈을 피해 살금살금 내 곁으로 다가온 모양이었다. 26일 저녁 승리를 장담하면서 명관에게 총을 쥐어 주며 경비 서고 있는 것 을 보고 헤어졌는데 영창 안에서 포로로 만날 줄이야! 속으로는 '여 기서 알은체하면 안 되는데' 생각하면서도 "어디 다친 데는 없냐?"고 물었다. 명관이가 씩 웃었다.

"괜찮아요. 형은 어디 안 다쳤소?"

"응, 나는 괜찮다."

한참 마룻바닥에 머리를 처박고 있었는데 명관이가 물었다.

"우리 어떻게 되나요?" 나는 답답했다. 어린 그에게 무슨 말을 해 주어야 하나.

"걱정 말아라. 며칠 있으면 너희들은 훈방돼 나갈 것이다. 우리가 잘못한 게 뭐 있냐?"

"정말 그럴까요?"

나명관은 설마 하는 표정이면서도 이내 얼굴이 밝아졌다.

기합을 받고 있는데 건너편에 이양현 형이 보였다. 반가운 마음에 눈짓을 하니 전혀 모른 체하며 고개를 돌려 버렸다. 나는 주저주저했다. 평소 배운 대로라면 모른 체하고 있어야 하나, 불안한 마음에 나도 모르게 헌병들의 눈을 피해 이양현 형에게 살금살금 다가갔다.

"형 몸은 괜찮아요?" 내가 묻자 형은 마지못해 씩 웃었다.

"응, 괜찮다."

괜찮아 보이지 않았다. 형이 입은 옷의 왼쪽 어깨 위에 피가 배어 나와 굳어 있었다.

"형, 많이 다쳤소?" 내가 묻자 헌병들의 눈을 피해 가만가만 이야기해 주었다.

27일 새벽, 이양현은 윤상원, 김영철과 도청 민원실 2층 회의실에 있었다. 세 사람은 민원실 건물과 경찰청 건물 사이 복도에서 각자 창문을 하나씩 맡아 지키고 있었다. 경찰청 복도 맨 앞에서 윤상원이 지키고 있었고, 그다음 창문에는 이양현이 그리고 세 번째 창문은 김영철이 지키고 있었다. 그런데 잠깐 간격을 두고는 두 명의 시민군이 차례로 경찰청 건물에서 민원실로 황급히 도망치며 외치기 시작했다.

"공수들이 후문으로 쳐들어온다! 후문이 뚫렸다!"

윤상원은 어깨총을 한 상태로 깜깜한 어둠 속에서 경찰청 복도를 주시하고 있었다. 사방에서 콩 볶는 듯한 요란한 총소리에 정신이 없었다. 그때 갑자기 윤상원이 '악' 하며 쓰러졌다고 한다.

"윤 동지! 윤 동지!"

이양현이 깜짝 놀라 달려가 윤상원을 끌어안았는데 이미 의식이 없었다. 윤상원이 아랫배를 움켜쥐고 있어 바라보니 우측 하복부에서 피가 흐르고 창자가 기어 나오고 있었다. 이양현과 김영철이 윤상원을 부축하여 2층 회의실 안으로 데려왔다. 이양현과 김영철은 죽은 윤상원을 바닥에 눕혔으나 왠지 그냥 둘 수 없어 시민군들이 잠자기 위해 가져다 놓은 담요를 끌어와 덮어 주었다. 곧이어 계엄군이 정문 쪽 난간에서 총을 쏘며 쳐들어오자 김영철, 이양현, 기동타격대장 윤석루와 기동타격대원들도 정문 쪽 창문을 향해 총을 쏘았다.

공수들은 몸은 숨긴 채 문안으로 총만 들이대고 '드르르륵 드르르륵' 갈기기 시작했다. 거의 10분 이상을 계속 갈겨댔다고 한다. 그 순간 이양현은 '항복'이란 단어가 떠올랐다고 한다.

"항복, 항복!"

공수들은 총질을 멈췄다.

"총 밖으로 던져!"

"한 놈씩 기어 나와!"

이양현은 김영철에게 이렇게 말했다.

"형님, 항복합시다."

그러고는 총을 문밖으로 던졌다. 이어 화장실 바닥에 납작 엎드려 있던 기동타격대장 윤석루와 기동타격대원들도 모두 총을 창문 밖 난간으로 내던졌다. 공수들은 총을 겨눈 채 한 명씩 2층 난간 앞에 있는 소나무를 타고 내려오라고 명령했다. 한 명이 내려오면 정문 마당에 있던 공수들이 포박을 하고 또 다음 사람이 내려오면 포박을 하는 식이었다. 공수들은 포박당한 시민군을 정문 마당 한가운데로 기어가도록 한 뒤 본격적으로 개머리판과 군홧발 뒤꿈치로 짓이겼다. 윤상원은 담요에 덮인 채 꼼짝하지 않았고, 이양현, 김영철, 윤석루를 포함한 항쟁지도부는 모두 끌려 나왔다고 한다.

이양현 형은 윤상원이 죽었으니 조서를 받을 때 모든 것을 그에게 미루라고 가르쳐 주었다. '윤상원 형은 장렬하게 전사했는데 나는 구차하게 포로가 되어 조사받을 걱정이나 하고 있다니.' 윤상원의 소식을 듣고 마음이 착잡했다.

큰형을 만나다

영창 내부는 부챗살 모양으로 소대별로 나뉘어 있었다. 나는 6소대에 수감됐다. 영창 안은 철창 앞과 한쪽 끝에 있는 화장실까지의 통로를 제외하고는 20센티미터 높이의 마루가 깔려 있었다. 소대별로 최대 인원이 40명이었지만, 첫날밤에만 한 방에 130명 정도가 들어왔다. 방이 여섯 개였으니 약 800명 가까이 영창 안에 붙잡혀 온 셈이다. 화장실은 남쪽 귀퉁이에 딱 하나 있었고, 화장실 옆 통로에 수도꼭지 하나가 전부였다. 화장실에 가려면 철창 앞으로 나가 영창 안을 감시하는 헌병에게 깍듯한 경례를 붙이고 허락을 얻어야 했다. 경례 자세가 불량하거나 목소리가 작으면 몇 번이고 다시 하도록 했다. 화장실은 하나인데 수감된 포로들만 130여 명이나 되니 화장실은 항상 미어터졌다.

27일에 도청이나 YWCA 등지에서 잡힌 사람들은 현장에서 바로 분류되었다. 군인들은 그들의 등짝에 빨간 글씨로 그들의 역할을 구분해 놓았다. 상무대 연병장에서 분류될 때에는 총을 들었는지 여부가 1차 취조 대상이었다. 내가 영창에 들어가서 보니 포로들의 등짝에는 빨간 글씨로 '총기휴대 극렬분자'라고 적혀 있고 글씨 위에 가위표가 그어져 있었다. 나도 등 뒤에 같은 문구와 가위표가 그어져 있었다. 이렇게 적힌 사람들은 먼저 곡소리 나게 두들겨 맞고 나서야 취조를 받았다.

그런데 누군가가 화장실에 가서는 몰래 '총기휴대 극렬분자'라고 적힌 웃옷을 통풍구 밖으로 던지고 나왔다. 나도 화장실에 들어가 웃옷을 벗어 던지고 돌아왔다. 이양현 형의 등에도 똑같은 문구가 적혀 있었지만, 형은 후배들 앞에서 나약한 모습을 보이기 싫었는지 주저하는 눈치였다. 내가 대신 이양현 형의 웃옷을 입고 화장실에 들어가 통풍구 밖으로 던져 버렸다. 형도 은근히 기뻐하는 눈치였다. 조사받을 때

한 대라도 덜 맞으니까. 그러나 며칠 뒤 영창 안이 발칵 뒤집혔다. 화장실 밖에 '총기휴대 극렬분자'라고 적힌 옷들이 널려 있는 것을 발견한 헌병들이 옷 주인을 색출한답시고 종일 기합을 주었던 것이다.

다음 날 아침 바로 옆 5소대에서 누군가 나를 부르는 소리가 들렸다.

"상집아, 상집아!"

큰형 김상윤이 나를 부르는 소리였다. 큰형은 5월 17일 자정에 예비검속되는 바람에 5·18 기간 내내 종적을 모르고 있었는데 영창 안에서 이렇게 만난 것이다. 헌병들이 큰형이 동생을 찾는다니까 잠깐 서로 인사라도 하라고 배려해 준 모양이었다. 큰형과 나는 5소대와 6소대 철창 귀퉁이에 쪼그리고 앉아 벽을 사이에 두고 목소리만으로 통방을 했다. 나는 큰형에게 가슴 아픈 소식을 전해야 했다. 형수님과 형수 동생이 함께 잡혀 왔고 지금은 어디 있는지 모른다고 말씀드렸다.

해가 중천에 뜰 무렵 영창 안마당에 여자들이 끌려와 무릎을 꿇었다. 형수님과 형수 동생의 모습도 보였다. 취조를 받으러 온 것이다. 온 식구들이 몽땅 잡혀 왔으니 이 모양을 본 큰형의 마음이 오죽하랴 싶어 내 마음은 바작바작 타들어 갔다. 헌병 녀석들은 남 속도 모르고 "형제는 용감했다"며 비아냥거렸다.

며칠이 지났을까. 아침 기상 시간인 6시가 되기 전이었다. 갑자기 쿵쿵 콘크리트 벽이 울리는 소리가 들렸다. 헌병들이 몰려들더니 바로 옆 5소대로 들어가 고함을 질렀다.

"엎드려! 고개 숙여!"

그들은 곤봉으로 포로들을 두들겨 팼다. 비명이 들렸다. 잠시 후 누군가가 들것에 실려 나갔다. 알고 보니 5소대에 있던 김영철 형이 화장실 모서리에 머리를 들이받고 자살을 기도한 것이다. 김영철 형은 이마가 함몰되어 피가 낭자한 상태로 통합병원으로 실려 갔다. 간첩임을 시인하라는 고문에 못 이겨 차라리 죽기로 작심한 것이다. 윤상원 형의 죽음과 김영철 형의 자살 기도로 나는 마음을 다잡았다. '여기서 죽지 않고 반드시 살아나가야 한다!'

집단 단식으로 요구를 관철하다

영창생활 중 가장 힘든 것은 대변을 보는 일이었다. 한 방에 40명이 정원인데 126명을 한꺼번에 수감했다. 하루 24시간, 한 방에 수용된 인원을 기준으로 계산해 보자면 문제는 더 복잡해졌다. 만약 한 사람이 대변을 5분 정도 본다면 하루 열 시간 반이 소요된다. 소변의 경우 한 번에 2분씩, 하루 네 번 본다면 약 열일곱 시간이 걸린다. 즉, 한 방의 수감자가 돌아가며 용무를 보는 데 걸리는 시간이 스물일곱 시간이 넘었다. 이 때문에 수감자들 사이에 여러 가지 갈등이 발생했다.

나는 더 이상 불상사가 없도록 헌병에게 우리끼리 회의할 시간을 달라고 했다. 우리는 규칙을 만들었다. 대변을 볼 때는 한 사람이 용무를 보고 있으면 네 명 정도 줄을 서기로 했고, 들어간 사람은 2분 이내에 일을 보기로 했다. 소변의 경우 30초 이내로 가급적 하루에 두 번씩만 보기로 했다. 그동안 불편을 느꼈던 수감자들은 나의 말에 적극 협조했다. 이 일을 계기로 헌병들은 나를 자연스럽게 6소대 소대장으로 인정했다. 그러나 문제는 온종일 부동자세로 앉아 있다 보니 숱한 구타로 생긴 상처에 욕창이 나 엉덩이 살과 팬티가 엉겨 붙어, 용무를 빨리 보려고 팬티를 급히 내리면 살점이 떨어져 피가 줄줄 흐르는 것이었다.

군용 식기 하나에 두 사람이 마주 앉아 밥을 먹었는데 세 숟가락이면 밥이 없었다. 영양가 없고 양도 적은 식사를 한 달 넘게 했더니 수감자들은 아우슈비츠 수용소의 수감자들처럼 머리카락이 빠지고 체중이 줄어들었다. 계속되는 구타에 옆 사람과 대화조차 할 수 없는 상황이었다.

7월 말경, 소대장을 맡았던 나는 이대로 당하고만 있을 수 없다는 생각에 방마다 수화로 연락하여 단식투쟁을 전개하기로 했다. 그런데 눈치를 챈 군인들이 나를 7소대로 옮겨 버렸다.

당시 배식은 처음에는 1소대부터 7소대 순서로 했고, 그다음 식사에서는 7소대부터 1소대까지 순서로 진행되었다. 방위병들이 군대용 밥통과 국통을 들고 와서 식판의 양쪽 귀퉁이에 밥주걱으로 쓱 문대고 국물을 살짝 흘린 다음 숟가락 두 개를 넣어 주면 두 사람이 마주 보고 식사를 했다. 식사라는 게 겨우 숟가락 세 번 뜨면 밥이 없어지는 정도라 눈 깜짝할 사이에 끝나기 때문에, 1소대에서 식사를 마치고 식기를 씻어 내놓으면 3소대는 그 1소대 식기로 배식을 했다.

그날 점심은 1소대부터 배식을 하고 있었다. 원래 당일 점심부터 단식하기로 약속이 되어 있었는데, 웬일인지 1소대에서 단식 선언이

나오지 않고 모두 평상시처럼 밥을 먹었다.

결국 7소대에서 나는 방민원, 황금선, 한상석과 함께 단식투쟁을 선언하고 지급된 점심을 밖으로 내보냈다. 이 소식을 들은 헌병들이 영창 안으로 들어와 우리들을 지근지근 밟더니 영창 마당으로 끌고 갔다. 우리가 끌려 나가자 이미 밥을 먹었던 다른 소대에서도 "우리도 단식을 선언한다"고 외쳤다. 헌병들이 "누구야, 모두 나와!" 소리치며 1소대부터 단식 선언을 한 사람들을 끌어내 영창 마당에 줄을 세웠다. 그런데 점점 수가 늘어나더니 70여 명이나 나오는 게 아닌가!

잠시 뒤에 형무반장 박춘배 중사가 나타나더니 가소롭다는 듯이 말했다.

"허, 허! 너희들이 영창에서 단식을 해?"

그러더니 10파운드 곡괭이자루로 제일 앞에 섰던 나의 목을 정면에서 칼을 베듯 후려쳤다. 정통으로 목을 맞은 나는 숨도 쉬지 못한 채 계속되는 구타에도 소리 한 번 낼 수 없었다. 정신을 차려 보니 내 뒤에 섰던 방민원, 황금선, 한상석이도 차례차례 죽도록 두들겨 맞고 있었다. 한상석까지 두들겨 팬 박 중사는 영창 마당으로 나온 단식 선언자들을 살펴보았다. 그곳에는 도청 학생수습대책위원장 김종배, 부위원장인 정상용, 허규정 등을 포함한 주요 지도자들이 모두 나와 있었다.

"요구가 뭐야?" 형무반장 박춘배가 앞으로 나오더니 물었다.

우리는 '구타하지 말 것, 576그램인 정량 급식을 지급할 것, 성경 말고 일반 책도 넣어 줄 것, 소대 안에서 한 사람씩 자유롭게 이야기할 수 있도록 해 줄 것, 시민군은 무죄이니 즉각 석방할 것' 등 일곱 가지 요구 사항을 제시했다. 특히 학생수습대책위원장인 김종배는 철창에 매달아 놓고 구타하는 등 영창 안에서의 잔인한 구타를 열거하며 곧 시작할 군사재판에서 너희들의 만행을 낱낱이 폭로하겠다고 외쳤다. 박 중사는 상부에 보고해서 결과를 말해 주겠다고 하고는 영창 밖으로 나갔다. 우리는 한 시간 정도 영창 마당 뙤약볕 아래 부동자세로 서 있었다. 석 달 동안 한 끼에 세 숟가락이면 끝나는 밥만 먹어 쇠약할 대로 쇠약해진 우리는 죽도록 두들겨 맞은 데다 점심마저 굶은 채 식은땀을 흘리며 이를 악물고 버텼다. 마침내 형무반장 박춘배 중사가 돌아왔다. 그들은 마지막 요구 사항인 '시민군은 무죄이니 즉각 석방할 것'만 제외하고 나머지 요구 사항을 모두 받아주기로 했다.

나는 다시 6소대로 배치되어 소대장을 맡았다. 6소대는 학생들이 많았고 수감 중인 교수님들도 모두 6소대에 계셨다. 송기숙 교수와 이상식 교수는 내가 그렇게 맞고도 소리 한 번 지르지 않았다면서 칭찬을 했다.

"자네 맞는 소리를 듣고 울었네. 근데 그렇게 맞고도 굴복하지 않으려고 소리 한 번 지르지 않다니 참 용감하네."

사실 나는 첫 일격에 목을 맞아 비명은커녕 숨조차 쉴 수 없었다. 교수님들의 칭찬에도 나는 목이 아파 웃을 수도 없었다.

구두닦이 박래풍과 부잣집 아들 안통일

영창 안에서 배식과 화장실 청소를 담당할 당번을 정하라고 하여 박
래풍과 안통일을 지명했다. 수감자들은 세 숟가락 정도의 밥밖에 못
먹었지만 배식 담당은 밥을 한 그릇씩 먹을 수 있었다.

나는 조사받을 때 처음으로 박래풍을 알게 되었다. 조사받을 때는
신고를 해야 했다.

"충성 박래후이! 조사받으러 왔습니다."

박래풍은 발음을 이상하게 하는 바람에 조사받을 때마다 많이 맞았
다. 몇 번을 다시 시켜도 "박래후이!"라고 해서 이상하게 생각했는데
이유를 알고 보니 기가 막혔다.

박래풍은 27일 새벽 도청에서 포박된 채 분수대 앞 광장으로 끌려
나와 시체 더미와 함께 엎어져 있었다. 날이 밝고 500MD 헬리콥터
가 분수대 광장에 내려앉았다. 헬기가 바로 앞에 내려앉는 것을 처음
보니 하도 신기해 고개를 들었는데, 계엄군이 "고개 숙여 이 새끼야!"
하면서 개머리판으로 뒤통수를 내리찍었다. 박래풍은 그대로 얼굴을
아스팔트 바닥에 처박으면서 앞니 두 개가 날아가 버리고 말았다고
했다. 앞니 두 개가 없으니 'ㅂ'과 'ㅍ' 발음이 나오지 않아 조사받을
때마다 매를 맞은 것이다.

박래풍의 고향은 영광군 신광면이었다. 다섯 살 때 아버지가 돌아가
시자 어머니는 박래풍을 희망원에 맡기고 생활 전선에 나섰다. 어머니
는 가끔 희망원을 찾아가 박래풍을 만났으나 어느 날 갑자기 박래풍이

희망원에서 사라져 버리는 바람에 소식을 알 수 없게 되었다. 박래풍은 형들의 구타를 이기지 못해 순천이나 여수로 도망쳤다고 한다. 희망원에서 나온 뒤로 어머니와 연락이 끊길 수밖에 없었다.

그 사이 박래풍은 무럭무럭 자랐고 어머니도 화순읍에 정착하여 새아버지와 살림을 꾸렸다. 소식이 끊긴 지 10년이 넘어 우여곡절 끝에 화순에서 어머니를 만났다. 박래풍은 그때부터 열심히 돈을 모아 광주 버스터미널 한쪽에 200만 원을 주고 구두닦이 터를 장만했다.

그러나 터를 잡은 지 채 두 달도 되지 않아 문을 닫아야 했다. 공수들이 젊은 사람들을 무차별 곤봉으로 때리고 대검으로 찔러대는 것을 눈앞에서 목격한 것이다. 박래풍도 구두를 닦고 있다가 공수가 내리친 곤봉에 머리가 터졌고 구두통도 날아가 버렸다. 이때부터 박래풍은 완전히 딴사람이 되었다. 갑자기 투사가 된 것이다. 그는 황금동 유흥업소 아가씨들이 뭉쳐 준 주먹밥을 먹으면서 공수들과 맞서 싸웠다. 21일 1시쯤 도청 앞에서 계엄군들이 시민들을 향해 무차별 발포하자, 그는 곧바로 화순탄광으로 가서 다이너마이트를 싣고 화순경찰서와 예비군의 무기고를 털어 총을 들었고 남은 무기들을 시내로 싣고 와 시민들에게 나누어 주었다.

안통일은 소대 안에서 제일 덩치가 컸다. 큰 덩치 때문에 세 숟가락도 채 안 되는 밥에 배고픔을 참지 못하고 자주 화장실을 들락거리며 수도꼭지의 물만 들이키곤 했다. 그는 미성년자였다. 안통일의 아버지는 비금도의 이름난 부자로 통일을 염원하는 뜻에서 아이의 이름을 통일이라 지었다 한다.

5월 항쟁 당시 안통일은 목포역 대합실에서 먹고 자며 항쟁을 주도했고 안철 선배와 함께 집회를 이어갔다. 광주가 진압되자 목포역에서 제일 먼저 잡혀 온 사람이 안통일이었다.

"통일아! 너 때문에 통일이 안 되고 있단 말이다."

송기숙 교수나 명노근 교수께서 가끔 안통일이라는 이름을 놀려댔지만, 모두가 통일을 염원하는 그의 이름을 좋아했다.

"누가 내 아들놈 손에 총을 쥐여 주었냐"

1981년 5월 항쟁 1주기가 되어 유족들은 망월 공동묘지에 모였다. 유족 중에서 유달리 내 가슴을 송곳으로 찌르는 것처럼 아프게 하는 통곡이 있었다.

"누가 내 아들놈 손에 총을 쥐여 주었냐! 왜 내 아들놈 총 맞아 죽게 만들었냐! 내 그놈을 총으로 쏴 죽일란다!"

윤상원의 묘 바로 뒤에 있는 서호빈의 묘에서 어머니가 통곡하고 계셨다.

서호빈은 영창 안에서 보이지 않았다. 26일 저녁에 무기를 지급받은 시민군들을 대부분 영창에서 다시 만났으나 서호빈은 없었다. 영창에 갇혀 취조를 받는 동안 그의 소식이 궁금했지만 꾹 참았다.

당시 합동수사단에서는 26일 시민군을 조직하고 무기를 지급하며 총기 교육을 시킨 자를 찾느라 혈안이 되어 있었다. 죽은 윤상원을 제외하고 도청 지도부가 모두 잡혔는데, 26일 저녁 시민군에게 총기 교육을 시키며 결사 항전을 유도한 자가 드러나지 않았다. 그를 잡으면 결사 항전을 교사한 죄로 반드시 사형을 시키겠다고 공공연히 엄포를 놓고 있었다.

26일 저녁, 그러니까 계엄군의 진압 작전이 시작되기 직전 시민군에 편성되었다가 잡혀 온 사람들은 상무대 연병장에서 맨땅에 머리를 박은 채로 도청 내 중요임무 종사자를 지목하도록 강요 받았다. 수사관이 복면을 한 밀고자들을 앞세우고 나타나, 한 사람씩 일으켜 세운 뒤 복면인으로 하여금 얼굴을 판정하게 했다. 아울러 이 과정에서 총기 휴대자 및 교육자를 색출하려는 시도가 이루어졌다. 이 작업은 영창에서도 했으나, 다행히 한 번도 지목되지 않았다. 시민군들은 숱한 매를 맞으면서도 나를 지목하지 않았다. 매를 견디다 못한 사람들은 "머리가 약간 짧은 게 예비역 장교인 것 같다"라고만 얘기했다. 수사관들은 예비역 장교를 찾았지만 나는 육군 병장으로 제대하여 용의선상에 오르지 않았다.

어느 날 조사받으러 영창문을 나서는데 한정섭과 나명관이 걱정하는 투로 말을 건넸다.

"형, 총기 교육을 시킨 놈을 불라고 계속 패는디, 더 이상 못 견디겠소. 오늘 우리를 형과 함께 불러내는 것이 대질심문 하려고 그러는 것 아니요?"

나는 더럭 겁이 났다.

"아니다. 절대 얘기하면 안 된다. 너희들이 얘기하지 않으면 아무도 모를 거다."

"형, 그래도 여기 수십 명이 잡혀 와 있는디 끝까지 감춰지겠소?"

눈앞이 캄캄했다. 만약 내가 시민군에게 총기 교육을 시킨 것이 드러나면 운동권이 줄줄이 엮일 게 뻔했다. 당시 정상용과 이양현 형이 "최소 10여 명은 사형당할 걸로 각오하라"면서, "조서를 어떻게 받느냐에 따라 한 명이 더 죽고 덜 죽을 수 있다"고 신신당부했던 터였다. 극도로 불안한 나날이 계속되었다. 이런 긴장 상태 속에서 나는 서호빈을 아예 잊고 있었다.

그런데 한 달여 만에 노준현이 잡혀 와 상무대 영창으로 들어왔다. 서호빈은 내 친구인 노준현의 고향 후배였다. 노준현이 1978년 교육지표 사건으로 수감생활을 할 때 노준현의 집에서 서호빈을 처음 만났다. 고향 선배가 교도소에 있어서 그랬는지 몰라도 서호빈은 나에게 왜 학생운동을 하는지 자꾸 물었고, 그와 한국근현대사 이야기를 하면서 두어 시간 대화를 한 적이 있었다. 그때 한 번 보았을 뿐인데, 서호빈은 도청에서 단번에 나를 알아보았다. 짧은 만남 이후 우리는 서로 할 일을 하려고 바로 헤어졌다.

서호빈의 시체가 도청에서 발견된 후 그의 일기장을 살펴보니, 5·18 항쟁 동안의 갈등이 상세히 적혀 있었다. 25일 마지막 일기장에는 이렇게 쓰여 있었다.

"방송 차량에서 대학생들은 YWCA로 모이라고 하는데 더 이상 숨어 있을 수가 없다. 나가 싸우겠다."

나는 26일 서호빈에게 총을 주었고, 그는 27일 새벽까지 도청을 지키다 총에 맞아 죽었다. 서호빈 어머니가 "내 아들에게 총을 준 놈을 내가 죽일란다"고 통곡하시는데, 나는 죄책감 때문에 몸 둘 바를 몰랐다.

김영철의 기도를 듣다

영창 단식을 시작한 지 얼마 되지 않아 군사재판이 열렸다. 나는 7년 구형을 받았는데 2년 선고를 받았다. 그리고 다음 날인 10월 29일에 우리 모두 광주교도소로 이감되었다. 우리가 들어간 교도소 방은 4.5평으로 한 방에 25명 남짓 들어갔고, 4사 2층까지 모두 시민군으로 꽉 채워졌다. 홍남순 변호사, 이기홍 변호사, 송기숙 교수, 명로근 교수 등 재야 어르신들과 정동년, 큰형 등은 독방에 수감되었다. 독방이라고 하나 사실은 징벌방으로 쓰던 곳이다.

　나는 임왕택 선배와 한 방에 들어갔다. 우리는 우선 바닥을 청소하고 각자 자리를 잡았다. 내가 화장실 문 앞에 자리를 잡으려는데 임왕택 선배가 먼저 문 앞에 주저앉았다. 임왕택 선배는 조선대학교 민주투쟁위원회 소속이어서 교도소 생활을 어떻게 해야 하는지 잘 알고 있었다. 화장실 앞은 고약한 냄새가 나서 아무도 앉으려 하지 않았다. 그래서 임왕택 선배와 내가 자진해서 화장실 문 앞에 앉으려고 한 것이다. 우리 둘이 자리를 잡자 다른 사람들도 각자 자신의 자리를 찾았다.

　우리는 좁은 방에 서로 어깨를 대며 마주보고 앉아 있다가 취침 시간이 되면 그대로 드러누웠는데, 발을 뻗어 맞은편 사람들 사이에 다리를 끼워 넣어야 누울 수 있었다. 어깨 사이에 발이 들어오니 자연히 옆으로 누울 수밖에 없었다. 맞은편 사람의 키가 크면 얼굴로 발이 올라왔다. 칼잠을 자야 했다.

2심에서 많은 사람이 석방되었으나 나는 기각되어 대법원에 상고했다. 교도소에는 미성년자들도 함께 수감되어 있었다. 원래는 소년원으로 보내야 하지만 '폭도'이기에 우리와 함께 수감되었는데, 미성년자끼리 한 방에 넣어 두니 날마다 다툼이 생기고 시끄럽게 떠들어서 교도소에서 골머리를 앓고 있었다.

정상용 선배가 나를 미성년자 방에 들여보내도록 교도소에 요청하여 나는 미성년자들과 한 방에서 지내게 되었다. 날마다 각자 살아온 이야기를 돌아가면서 했고 옛날이야기도 들려주었다. 면회 온 여동생 현주에게 애들이 볼 만한 책을 넣어 달라고 하여 책을 읽게 했더니 마침내 미성년자 방은 조용해졌다.

한편 김영철 선배의 증상이 날이 갈수록 심해졌다. 선배는 두통이 심해지고 팔다리가 저려오면 본능적으로 기도만 했다. 선배의 헛소리가 갈수록 심해져서 같은 방에 있는 사람들이 잠을 잘 수 없을 정도였다. 2심이 끝난 후 많은 사람이 석방되었기에 방은 여유로운 편이었다. 우리는 교도소에 김영철 선배를 간호할 수 있도록 따로 방을 배정해 달라고 요청했다. 그래서 8번 방이 배정되었고, 그 방에는 정상용, 이양현, 이재호, 송선태, 노준현, 이무헌과 내가 들어가서 김영철 선배를 간호했다.

김영철 선배는 기도를 하며 하루의 모든 시간을 보냈다. 가끔 책을 읽기도 했지만 왼쪽 눈이 거의 시력을 잃어 그리 오래 보지 못했다. 기도 내용은 주로 기독교 공동체를 열망하는 내용이었다. 광주일고 졸업 후 염전에서 노동하며 보냈던 일, 어머니 백설희에 대한 그리움, 초대교회가 만든 공동체, 삼화신협과 들불야학이 만든 광천동 빈민들의 공동체 등을 갈망하며 반복해서 기도했다.

5월 항쟁을 기록하라

김영철 선배와 나는 1981년 4월 3일 대법원 판결로 형이 확정되자마자 형 집행 정지로 함께 출소했다. 나는 광천동 동명이네 가게에 가서 근 한 달 동안 김영철 선배를 모시고 다니며 치료 방법을 찾았다. 기독교병원 전홍준 선배에게도 찾아갔고 요한병원 정신과에도 찾아가 보았지만 별 뾰족한 방법이 없었다. 감사하게도 정형달 신부님께서 김영철 선배를 비롯해 생활이 어려운 15명에게 매달 생활비를 보내 주셨다. 아마 가톨릭 공동체의 배려였을 것이다.

4월 말경 조봉훈 선배와 소준섭이 만나자고 하여 신안동에 있는 자취방에 갔더니 5·18 관련 자료를 수집하고 있었다. 1980년 5월 18일 이전 자료와 5월 27일 이후의 자료는 아주 많이 수집하여 정리가 거의 끝났는데, 5월 18일부터 27일까지의 상황이 정리가 되어 있지 않았다. 조봉훈과 소준섭은 항쟁 기간에 녹두서점에서 상황일지를 정리했다는 이야기를 들었다면서 자료 편집에 참여해 달라고 부탁했다.

나는 원래 출소하면서 5월 항쟁을 기록할 계획이었다. 또한, 윤상원 형과 약속했듯이 전국민주노동자연맹의 이태복 선배를 만나 함께 일할 생각이었다. 그러나 5월 항쟁의 기록은 발표하는 순간 처벌받을 각오를 해야 했고, 전국민주노동자연맹 활동은 철저히 신분을 감춰야 하는 일이었다. 이태복 선배와 계속 연락을 하고 있었지만, 5월 항쟁의 기록은 선뜻 손을 대지 못하고 있는 상황이었다.

당시 녹두서점은 한얼서점으로 이름을 바꾸었고 살레시오고교 근처로 옮겼는데, 신안동에 있는 조봉훈의 자취방과 가까웠다. 나는 밤 12시가 넘으면 서점 뒷문을 빠져나와 조봉훈 자취방에 가서 5월 18일부터 27일까지의 투쟁 상황을 설명했다. 내가 구술하면 소준섭이 정리했고, 새벽 4시 통행금지가 풀리면 나는 자취방을 빠져나와 서점으로 돌아왔다. 소준섭은 내가 구술한 내용을 하나하나 검증하며 항쟁 기간의 투쟁을 일지 형식으로 정리했다.

5월 말경 동생 김현주가 계림동에 뿌려진 유인물을 누군가가 가져왔다면서 보여 줬는데 그 유인물에는 신안동 자취방에서 나와 소준섭이 정리한 내용이 그대로 담겨 있었다. 우리가 밤마다 정리하고 있던 5월 항쟁의 기록이 누군가에게 유출되어 밤마다 시내에 뿌려지고 있었던 것이다. 만약 누군가가 유인물을 배포하다가 붙잡히기라도 하는 날에는 신안동 자취방에도 정보기관원이 들이닥칠 것이고 그동안 모아 놓은 많은 자료도 압수될 것이 뻔했다. 나는 즉시 김성섭을 데리고 조봉훈의 자취방으로 갔다. 마침 아무도 없어서 방 안에 있는 자료를 모두 짊어지고 나와 전남대 앞 복사집으로 가서 전체를 복사한 다음 복사본을 다시 자취방에 돌려놓았다. 원본은 김성섭을 통해 정용화 선배에게 보내 보관하도록 했다. 내 예감대로 그다음 날 조봉훈 선배가 체포되었다는 소식을 들었다. 이 자료는 후일 1985년에 출간된 《죽음을 넘어 시대의 어둠을 넘어》의 주요한 기본 자료가 된다.

서울 구로동에서 이태복 선배를 만났다. 그는 나에게 전국민주노동자연맹과 전국민주학생연맹에 대해 구체적으로 설명해 주었다. 나는 윤상원 선배를 잇는 '노학연대'를 만들기 위해 강종호 선배, 노준현, 전용호와 함께 6월 초에 서울로 올라가 합류하기로 했다.

이태복 선배는 5월 항쟁 1주기가 되자 중앙위원들과 함께 윤상원 형을 참배하기 위해 광주 망월동 묘역을 찾았다. 나는 중앙위원들을 안내하고 윤상원 형의 활동과 5월 항쟁의 전 과정을 설명했다. 당시 대공부서에서는 우리들을 미행하며 감시하고 있었다.

들불야학은 죽지 않았다

1981년 5월 말 조봉훈 선배가 광주서부경찰서 정보과에 체포되면서 나의 행적도 드러났다. 그해 학림사건까지 터지자 정보과와 대공과에서 동시에 나를 체포하려 했다. 나는 1982년 2월까지 서울 구로동 옛 '겨레터 야학'에 숨어 지내다 자수해 훈방되었다.

훈방이 되었지만 건강이 극도로 악화되어 집에서 쉬어야 했다. 아버지의 대부이자 친구이신 오병문 학장이 홍삼을 보내 주시고 이소라 형수는 아카시아 꿀을, 이양현 형은 뱀술을 보내 주어 한 달을 잘 먹고 지냈더니 어느덧 많이 좋아졌다.

나는 교도소에서 미성년자들과 한 방에 머물렀다. 그때 고등학생들과 많은 얘기를 나누었는데, 출소하면 이들과 한국근대사부터 체계적인 학습을 해야겠다고 마음먹고 있었다. 그러나 여러 학생에게 연락을 해 보니 모두 대입학원을 다니고 있어서 학습할 여건이 되지 않았다. 그래서 제대할 때 윤상원 형과 들불야학 강학을 맡기로 약속했던 것이 떠올라 들불야학 형제들을 찾았다.

4월부터는 들불야학 형제들과 소모임을 시작했다. 매주 한 번 모였는데 점점 늘어 네 팀이 되자 혼자 감당하기 버거웠다. 형제들이 공장에서 일을 마치고 난 다음에 공부를 시작했는데 매달 한 번씩은 밤샘을 했기 때문에 체력이 바닥난 것이다.

12월경, 5·18 기간 나와 함께 가두방송을 했던 김광섭이 서울에서 내려와 급히 나를 찾았다. 본인이 들은 정보에 의하면 전남 대공분실에서 야학을 중심으로 큰 사건 공작을 하고 있는데 벌써 6개월 넘게 내사를 하고 있다는 것이다. 당시 야학을 하던 곳은 무등교회의 무등야학뿐이었다. 들불야학 강학들이 들불야학의 명맥을 잇기 위해 만든 야학이었다. 나는 급히 전용호를 만나 대책을 숙의했다. 일단 형제들을 소모임으로 나누고 야학을 중단했다. 그러나 결국 성탄절 밤에 모두 체포되어 대공분실 지하실로 끌려갔다.

고문이 시작되자 우리는 그들이 불러 주는 대로 조서에 지장을 찍을 수밖에 없었다. 우리가 '무등야학을 중심으로 광천동 공단 노동자를 선동하여 제2의 광주사태를 획책했다'는 내용이었다.

학생들은 일주일 만에 풀려났다. 당시 무등야학은 운영하지 않는 상태였고, 야학 장소가 교회인 데다가, 목사님이 동부경찰서에 찾아와 강력하게 항의해 주셨기 때문이다.

그런데 나의 경우는 조금 달랐다. 우리가 체포되었을 때 무등야학에 재정을 지원하던 모애금 약사도 체포되었다. 조사 과정 중 모애금 약사와 내가 연인 관계라는 사실도 드러났다. 큰형은 대공과장을 찾아가 모애금 약사와 나를 결혼시켜 생업에 전념토록 하겠다고 약속하며 훈방을 요청했다고 한다. 큰형 덕분에 우리는 석방된 지 석 달 만에 결혼하여 지금은 아들과 딸을 두고 있다.

에필로그

사형 선고를 받았던 정동년과 배용주도 머지않아 석방되었다. 많은
사상자를 낸 광주사태가 법적으로 사형 집행된 사람 하나 없이 마무
리된 것은 정말 다행스러운 일이다. 전두환은 대통령이 되어 소기의
목적을 달성했고, 관련자들을 모두 석방하여 자신의 약점을 보완하고
자 했다. '국가의 대혼란을 수습하고 집권했다'는 점을 부각하기 위해
서라도 몇 명은 사형시키고 싶었을 것이다. 그럼에도 불구하고 아무
도 죽이지 못하고 관련자 모두를 석방할 수밖에 없었다는 사실은, 이
른바 광주사태가 완전히 날조되었다는 명백한 증거일 것이다.

정동년은 광주사태가 일어나기도 전인 5월 17일에 예비검속되었
다. 그런데도 그를 내란수괴라 하여 사형시켰다면 이는 국제적인 웃
음거리가 되었을 것이다. 정동년 일당은 예비검속된 다음 날부터 군

부대 영창에서 내란을 일으킨 셈이니까 말이다.

끝내 현장에 나타나지 않았던 박관현은 내가 석방된 후에 잡히고 만다. 그는 옥중 투쟁을 하다 그 후유증으로 결국 죽고 말았다. 아마 당시 현장에서 빠져나간 죄책감이 그를 극한투쟁으로 몰아넣었을 것이다. 전남대 학생회장단 역시 예비검속되었거나 도망쳤다가 대부분 나중에 자수했을 따름이다.

정동년 다음으로 중요한 역할을 했다는 윤한봉은 필사적으로 한국을 탈출하여 미국에 망명했다. 그는 이후 빛나는 활동으로 현장을 지키지 못한 죗값을 치르고자 했다.

과거에 통일운동을 했거나 진보운동에 연루되었던 사람들은 자신들이 나서면 오히려 많은 사람이 빨갱이로 몰릴 수 있다며 현장에 개입하려 하지 않았다. 운동권의 일선에 있던 사람들도 '모든 죄를 운동권에 뒤집어씌울 것'이란 이유로 참여하는 것을 꺼렸다. 결국 현장을 지킨 운동권은 야학이나 극단 광대, 신협이나 양서조합 같은 운동권 이선에 있었던 사람들이었다.

조직운동을 하던 사람들도 마찬가지였다. 전남 일대에서 노동조합을 만들었던 이양현은 자신이 참여함으로써 막 싹트는 노동운동을 말아먹을 수도 있다며 노심초사했다. 어떤 사람은 당시 노동자들이 조직적으로 활동한 것처럼 과장하기도 하지만 실체 없는 이야기이다. 함평고구마사건 2주년을 준비하던 가톨릭농민회 조직도 전혀 가동되지 않았다. 동화작가이자 농민운동가였던 윤기현도 개인 신분으로 참여한 것이지 전혀 농민 조직을 동원하지 않았다.

대학생들은 항쟁의 도화선 노릇을 했지만 막상 사태가 커지자 극히 일부만 남았다. 책임져야 할 학생 지도부와 운동권 일선이 사라진 공백을 다행히 운동권 이선에 있던 사람들과 밑바닥 사람들이 메워 주었다. 수백 명이 죽었는데 학생 지도부나 운동권 일선은 아무도 죽지 않았다. 옥중에서 진상 규명을 촉구하는 단식투쟁을 전개한 박관현만 죽었을 뿐이다.

3,000명이 넘는 사람들이 조사를 받았는데, 자수한 학생 지도부를 포함해 운동권 사람들은 100명도 되지 않았을 것이다. 노동자, 농민들이 주력 부대였던 것도 아니다. 중산층 시민들이 중심이었다고 할 수도 없다. 피바다를 이룬 참혹한 공간을 목숨 걸고 지킨 사람들은 실로 기층민중이 대부분이었다. 나는 기층민중들이 지도부도 없이 이렇게 장렬하게 싸울 수 있다는 사실을 상상해 본 적이 없다.

"계엄군이 쳐들어오고 있습니다. 광주시민 여러분! 우리를 지켜주십시오."

5월 27일 새벽, 그 애절한 방송을 듣고서도 그들을 지키기 위해 뛰쳐나가지 못했던 많은 광주시민은 그 일 때문에 모두 마음에 큰 병이 들고 말았다. 광주는 아직도 그 병이 완치되지 않아 신음하고 있는 도시다.

지금은 사라진 녹두서점 터에는 5·18사적비가 서 있는데, 그 건너편에는 색칠이 되어 있는 바위 조각이 한 점 있다. 제법 큰 바위 세 개가 포개져 있는 모습이다. 맨 아래 바위는 하늘색이고 중간에 있는 바위는 검은색, 맨 위에 있는 것은 녹색이다. 나는 이 바위 조각을 누가 만든 것인지 모른다. 저런 색을 칠한 작가의 의도 역시 들은 바가 없다. 하지만 광주 사람이라면 누구나 장동 네거리에 세워진 저 바위 조각이 말하고자 하는 뜻을 바로 알아챌 수 있을 것이다.

'하늘처럼 맑던 광주가 어느 날 잿더미가 되고 말았지. 그런데 기적처럼 새싹이 돋고 있네.'

2019년이면 5·18민중항쟁 39주년이다. 5·18국립묘지에서는 매년 성대한 기념식이 거행된다. 광주시장을 비롯하여 고위 관료들이나 정치인이 대거 참석하는데, 어떤 때는 대통령이 참석하기도 한다. 나 역시 매년 참석하라는 초청장을 받는다. 그러나 나는 아직 한 번도 기념식에 참석하지 못했다. 감히 기념식장에 앉아 5월 영령들을 바로 쳐다볼 수 없기 때문이다. 아직도 5월은 나에게 범접할 수 없는 신성한 영역으로 남아 있다.

이 책에 나오는 사람들은 모두 역사의 증언자이자 역사를 만들어 낸 사람들이다. 그러나 녹두서점은 학생이나 운동권과 연관되어 있던 사람들이 주로 드나들었던 공간이었기 때문에 이 책도 그들 중심의 이야기가 될 수밖에 없었다.

며칠간 밥도 못 먹었다는 청년, 양말이라도 갈아 신었으면 좋겠다던 어린 시민군, 계엄군이 밀고 들어오는 순간에 밥이라도 해 주고 싶어 자신은 남아 있겠다던 아주머니, 버스터미널에서 구두를 닦다가 공수의 만행에 떨쳐 일어선 박래풍, 술집에서 술을 팔다가 항쟁에 발 벗고 뛰어든 아가씨! 이 책은 바로 이들에 대한 헌사가 되어야 한다. 이 글을 쓰는 순간에도 자괴감이 온몸을 감싼다.

◇ ◇ ◇

이 책을 쓸 때 많은 분의 도움을 받았다. 임진택 명창은 우리 기록의 초본을 모두 읽고 창작 판소리 〈윤상원 歌〉를 만드는 데 활용했다. 임 명창은 5·18에 대한 기록을 읽어 보고 싶어도 《죽음을 넘어 시대의 어둠을 넘어》를 제외하면 읽어 볼 만한 책이 없지 않느냐면서, 이 책이 광주만이 아니라 전국에서 읽혀지도록 해야 한다고 집필을 강하게 권했다.

송광용 시인에게 깊은 감사의 말씀을 드린다. 이 책이 단순한 자료집이 아니라 많은 사람이 읽을 수 있도록 하자는 데 기꺼이 동의해 주었고, 여러 가지 좋은 조언을 아끼지 않았다.

황석영 선생에게 감사의 마음을 전한다. 그는 전두환 군부독재에 맞서 앞장서 5·18항쟁을 대중에게 알렸고, 지금도 항쟁의 사실과 의의를 폄훼하는 자들에 맞서 싸우고 있다. 그 연장선상에서 이 책에도 추천사를 흔쾌히 써 주었다.

여기에 실린 사진은 모두 나경택 선생이 1980년 5월 당시 현장에서 찍은 사진들이다. 나경택 선생은 실로 죽음을 무릅쓰고 이 사진들을 찍었을 뿐만 아니라, 이 사진들을 보관하기 위해 엄청난 고통을 겪었다. 사용료 한 푼 받지 않고 기꺼이 사진을 책에 사용할 수 있도록 허락해 주셨다.

마지막으로 이 책의 출판을 기꺼이 승낙한 한겨레출판사에 깊은 감사의 말씀을 드린다.

인간과 비인간의 경계를
온몸으로 겪었던 세 사람

—-————————————————

김정한*

광주 출신이세요? 5·18을 연구해 책을 낸 후로 내가 가장 많이 듣는 질문이다. 여기에는 5·18을 연구했으니 당연히 고향이 광주일 것이라는 짐작이 깔려 있다. 그러나 가만히 생각해 보면 이상한 물음이다. 처음 이 질문을 받았을 때는 그 의미를 잘 이해하지 못하고 왜 갑자기 출신지를 물어보나 의아해 하기만 했었다. 5·18이 1987년 6월 항쟁으로 이어지는 한국 민주화의 원천이라면 출신지와 무관하게 5·18에 대해 알고 싶어 하고 공부하는 것이 당연한 일이기 때문이다. 그럼에

---

* 서강대 트랜스내셔널인문학연구소 HK연구교수. 현대 사회운동과 정치철학을 연구하고 있다. 지은 책으로 《대중과 폭력: 1991년 5월의 기억》, 《한국현대생활문화사 1980년대》(공저), 《학생운동, 1980》(공저) 등이 있으며 주요 논문으로 〈5·18학살 이후의 미사(未死): 아직 죽지 못한 삶들〉, 〈5·18 항쟁 시기에 일어난 일가족 살인 사건〉, 〈1980년대 운동사회의 감성〉 등이 있다. 《1980 대중 봉기의 민주주의》로 일곡 유인호 학술상을 수상했다.

도 같은 질문을 반복해서 마주치다가 나는 그것이 5·18과 광주에 대한 편견과 차별의 다른 표현이라는 것을 깨달을 수 있었다. 광주 사람도 아니면서 왜 5·18을 연구해? 이와 같은 질문에서 5·18은 어디까지나 광주 사람들, '우리들'이 아닌 '그들'의 이야기인 것이다.

묻혀 있던 이름들과 여성들

세 사람이 함께 쓴《녹두서점의 오월》은 5·18을 온몸으로 겪었던 한 가족의 이야기이다. 전남도청 근처에 녹두서점이라는 이름의 헌책방을 차린 김상윤과 당시 교사로 일하며 서점일을 도운 그의 아내 정현애, 그리고 군에서 막 제대한 남동생 김상집이 주인공이다. 이들은 1980년 5월 17일 자정 비상계엄의 전국 확대와 예비검속부터 5월 27일 전남도청의 마지막 시민군들이 진압될 때까지의 10일간의 항쟁 이야기와 계엄군에 체포되어 무참한 고문과 가혹행위를 견디고 살아남아 구속자가족모임을 이끌고 5·18의 진실을 세상에 알리기 위해 분투했던 이야기를 소상하게 기록하고 증언한다.

하지만 이 책은 5·18을 겪은 한 가족의 이야기만은 아니다. 책을 매개로 녹두서점에는 사회과학을 학습하는 학생들, 들불야학의 강학들, 반독재 혁명을 꿈꾸며 운동하는 사람들이 끊임없이 들락거렸고, 5·18이 일어난 후에는 위급한 상황을 공유하고 전파하는 연락소이자 공수부대와 맞서 싸우기 위해 머리를 맞대고 고민하는 대항 기획의 장소였다. 그래서《녹두서점의 오월》에는 수많은 사람의 이름이 나오고, 그 이름이 각각 마주한 오월 이야기가 함께 담겨 있다.

나 역시 녹두서점이 5·18의 중요한 거점이었다는 것만 알고 있었을 뿐이지 어떤 일들이 어떻게 있었는지 세세한 이야기는 전혀 모르고 있었다. 5·18에 관한 수많은 책과 논문, 자료를 읽었지만,《녹두서점의 오월》은 미처 몰랐던 5·18의 숨은 이야기들을 생생하게 들려준다. 무엇보다 반가운 것은 이름들이다. 윤한봉, 정동년, 윤상원, 정상용, 김영철 등 익히 알려진 인물들의 알려지지 않았던 사건들, 그리고 5·18 연구를 위해 광주를 오가며 간간히 인사를 나눈 적이 있는 어르신들과 선배들의 이름과 사연을 만나면 '아, 이 분이 그런 일을 행했구나' 하며 책 속에 빠져들게 된다.

특히 나를 사로잡은 것은 정현애의 기록과 증언이다. 사실 5·18에서 여성들의 이야기는 누가 의도하지는 않았어도 소외되거나 배제되고는 했다. 1980년대에 5·18을 혁명 이론을 통해 이해할 때에도, 1990년대에 5·18을 민주화운동으로 어떻게 기념할 것인가를 고민할 때에도, 2000년대에 5·18을 국가폭력을 비판하는 피해자 담론으로 접근했을 때에도 여성들의 5·18은 주변으로 밀려나 묻히곤 했다. 하지만 김상윤이 예비검속으로 잡혀간 후에 두려움 속에서도 놀라운 의지로 녹두서점의 중심을 잡고 학생들과 시민들의 안전을 위해 크고 작은 실천들을 묶어나간 것은 정현애라는 여성이 없었다면 불가능한 일이었다. 마찬가지로 5·18 이후 온갖 고통을 견디며 구속자들의 생명을 구하기 위해 사력을 다했던 여성들의 활동은 군부독재에 저항하는 1980년대 운동의 굳건한 기반이었다.《녹두서점의 오월》은 '5·18

과 여성'이라는 중요한 주제를 새삼스럽게 상기시킨다.

곁에 있는다는 것의 고귀함

녹두서점은 5·18의 중심에 있었다기보다는 곁에 있었다. 김상윤은
예비검속을 예상하며 신속히 상황을 전파해 광주의 일선에 있던 운동
권과 전남대 총학생회 지도부가 급히 피신할 수 있게 했다. 여기에 광
주 이외의 지역에서 항쟁이 일어나길 기대하며 녹두서점을 매개로 활
동하던 사람들 또한 5월 21일 계엄군의 집단발포와 학살이 일어나자
본격적인 진압 작전이 시작되었다고 생각하고 광주를 떠나려 했다.
정현애는 이렇게 기억한다. "우리는 '상황이 끝났다'고 판단했다. 일
단 각자 알아서 피해야 했다. '살아서 만나자.' 그때가 오후 3시경이
었다."(97쪽) 김상집은 이렇게 기억한다. "'아까 1시에 공수들이 집단
발포를 했고, 이제 군까지 진입한다면 이미 싸움은 끝난 것이나 다름
없다.' 사실상 투쟁 상황을 종료할 수밖에 없다는 뜻이었다."(177쪽)
　《녹두서점의 오월》에서 가장 인상적인 장면 가운데 하나가 여기서
펼쳐진다. 피신하던 정현애와 김상집은 시민들이 총을 들고 트럭을
타고 이동하는 것을 목격하고 곧바로 녹두서점으로 돌아간다. 계엄군
의 발포에도 불구하고 예상과 달리 시민들이 흩어지지 않았던 것이
다. 윤상원을 비롯해 다른 사람들도 시외로 도피하려다가 총을 든 시
민군을 보고 다시 녹두서점으로 모여들었다. 시민들이, 특히 구두닦
이, 넝마주이, 고아원 출신 등 기층민들이 새로운 싸움을 시작하는 것

을 알고 나서는 그대로 떠날 수가 없었던 것이다. 더구나 5월 21일에 피신하려던 녹두서점의 사람들이 오히려 5월 27일 마지막 밤, 계엄군의 최후 진압이 있을 것을 알면서도 끝까지 남아서 5·18의 진실을 지키려 했다. 5월 21일에 떠나려 했던 사람들이 5월 27일에는 정작 본격적인 진압에도 불구하고 떠나지 않았다. 5·18의 중심에는 가난하고 배우지 못한 사람들이 있었고, 녹두서점은 그들의 곁에 함께 있었다.

부끄러움의 사람다움

"사회운동을 연구하고 싶다고? 그럼 먼저 5·18을 해야지!" 박사 논문으로 5·18을 쓰라는 손호철 지도교수의 말을 들으며 나는 머릿속이 아득해졌다. 나같이 공부가 부족한 사람이 어떻게 5·18을 연구한단 말인가. 당시 5·18은 더 내공을 쌓은 후에 달려들어야 할 먼 훗날의 과제였을 뿐이다. 한동안은 책과 논문을 쌓아 놓고 그냥 읽기만 했다. 아무것도 쓰지 못하고 내가 무엇을 써야 할까, 쓸 수 있을까를 생각했다. 5·18을 둘러싼 1980년대의 논쟁적인 해석과 입장들, 1990년대의 민주화 담론들, 2000년대 이후의 새로운 실험적 관점들을 과식으로 채할 것처럼 읽었다. 하지만 나는 5·18에서 무엇을 읽고 있었던 것일까.

최근 학계의 주요 연구 경향 중 하나는 구술 조사이고 5·18 연구도 당사자들의 구술 증언을 모으는 것으로 이동해 왔다. 증언을 듣고 채록하고 녹취를 푼다. 이는 5·18 연구가 이론의 적용이나 운동의 논리에 함몰되었던 기존의 풍토를 바로잡는 데 많은 도움을 줄 수 있다. 《녹두서점의 오월》도 5·18의 또 다른 목소리를 들려주고 새롭게 성찰하게 한다. 하지만 당사자의 기억은 정확하지 않을 뿐 아니라 나중에 구성되기도 하며 사실을 왜곡할 수도 있다. 김상윤, 정현애, 김상집, 이 세 사람의 기억도 마찬가지로 사실과 다를 수도 있고 온전한 역사가 아닐 수 있다. 그러나 세 사람의 이야기를 읽으며 우리는 이들이 당시 상황을 어떻게 이해했는지, 무엇을 해야 한다고 생각했는지, 왜 그렇게 느꼈는지를 알 수 있다. 5·18 이후 39년이나 지났지만 이제 세 사람이 자신들이 기억하는 진실을 말하고 있고, 우리는 그 기억을 통해 5·18의 진실에 다가갈 수 있다.

《녹두서점의 오월》에도 여느 5·18 증언들처럼 부끄러움, 창피함, 수치심과 같은 단어들이 출현한다. 그것은 인간이 비인간으로 취급될 때, 그와 같은 취급을 당하며 비인간으로 전락할 것 같은 순간에 느끼는 감정이다. 5·18에서 인간과 비인간의 경계를 온몸으로 겪었던 세 사람은 그 경계를 견디며 사람다운 부끄러움을 간직하고 있다. 이것이 평범한 사람들의 고귀함이다. 이제야 비로소 나는 '우리들'의 진실을 읽고 있는 것이다. 1980년 오월, 사람들이 북적이던 그 녹두서점에 가고 싶다.

5·18항쟁 상황일지

―――――――

1980년 이전

1977년 7월 녹두서점 개업.
1979년 10월 26일 박정희 대통령 암살.
1979년 12월 녹두서점을 전남도청 근처로 이전.

1980년 이후

4월 3일 서울대생 제반 학내 자율활동 허용 요구하며 농성 돌입.
4월 21일 강원도 사북광업소 광부 700여 명 경찰과 충돌(사북사태).
4월 24일 서울 지역 14개 대학교수 361명 학원사태 관련 성명 발표.
5월 4일 국민연합 성명 발표, 학원민주화와 계엄령 해제 요구.
5월 14일 전국 27개 대학 총학생회장단 가두 시위 결의.
5월 15일 서울 시내 30개 대학 7만여 명 밤늦게까지 도심에서 시위.
5월 14~16일 전남도청 앞 분수대 민족민주화성회 개최.
5월 17일 비상계엄 전국 확대 조치. 전국 55개대 학생 대표 95명, 전국
　　　　대학총학생회장단 회의 중 연행.

5월 18일 일요일 (맑음)

01시 00분 7공수여단 전남대, 조선대, 광주교대에 진주. 31사단 전남
　　　　　도내 16개 대학 및 중요 시설에 배치. 예비검속자 12명.

10시 00분 전남대 정문에서 대학생 200여 명 집결, 7공수부대와 접전.

10시 20분 "금남로로 가자"는 구호와 함께 학생들이 금남로로 이동
　　　　　하기 시작.

15시 40분 유동 삼거리에 공수부대가 등장하면서 무자비한 진압작
　　　　　전 감행.

19시 02분 계엄사령부, 광주지방 통행금지 시간이 저녁 9시로 앞당
　　　　　겨졌다고 발표.

5월 19일 월요일 (오후부터 비)

03시 00분 증파된 11여단 병력, 광주역 도착.

09시 30분 시민들이 계엄군의 무자비한 탄압에 맞서 임동, 누문동
　　　　　파출소 방화.

10시 00분 시민들 수가 점차 불어나면서 금남로에서 공수부대원들과
　　　　　투석전 전개. 광주 시내 48개 국민학교 수업 중단(22일부터 휴교).

14시 40분 조선대로 철수했던 공수부대가 다시 투입되어 무리한 진
　　　　　압작전 전개(화려한 휴가). 시위대의 주력이 학생에서 일반 시민
　　　　　으로 바뀜. 투석 및 화염병 투척.

15시 00분 시내 기관장 및 유지들, 회의를 갖고 시위 진압을 완화하
　　　　　도록 건의.

16시 30분 계림파출소 근처에서 계엄군의 장갑차가 시위 군중에 의
해 포위되자 시민을 향해 발포, 첫 발포로 조대부고생 김영찬 군이
계엄군의 총에 의해 부상당함. 이 사실이 알려지자 계엄군의 과잉
진압에 분노한 시민들이 투쟁에 나섬.
20시 00분 수만 명의 시민들 "전두환 타도" 외침.

5월 20일 화요일 (오전에 비)
———————————————

06시 00분 7, 11공수여단 재배치.
08시 00분 고등학교 휴교 조치.
10시 20분 가톨릭센터 앞에서 남녀 30여 명이 속옷만 입힌 채 심하
게 구타당함. 공수부대와 시민 간의 공방전 계속.
18시 40분 광주 시내 곳곳에서 공수부대의 만행을 직접 목격하고 겪
은 운전기사들에 의해 무등경기장에서 금남로로 200여 대의 택
시가 전조등을 켜고 경적을 울리며 차량 시위를 벌이자 시위대 분
위기 고조.
20시 10분 시민들 도청을 향해 금남로, 충장로, 노동청 방면에서 공
수부대, 경찰과 대치.
21시 05분 노동청 쪽에서 시위대 버스가 경찰저지선으로 돌진하여
경찰 4명 사망.
21시 50분 계엄 하에서 군부의 검열을 받던 언론이 과잉 진압 행위
를 제대로 보도하지 않자 시민들 거센 항의를 하며 광주MBC 건물
방화.
23시 00분 계엄군이 가장 치열한 공방전이 벌어진 광주역 광장에서

무자비한 유혈 진압에 항의하던 비무장 시민들을 향해 발포, 사망
자 다수 발생.

5월 21일 수요일 (맑음)

00시 35분 노동청 방면에서 군중 2만여 명이 계엄군과 공방전 전개.

02시 18분 시외전화 두절.

04시 00분 시민들이 광주역 광장에서 발견된 시신 두 구를 리어카
에 싣고 금남로에 등장, 이 소식을 들은 시민 수십만 명이 항쟁에
적극 동참함(금남로 가톨릭센터 앞 공수부대원, 경찰과 대치).

04시 30분 광주KBS 건물 방화.

08시 00분 시위대, 광주공업단지 입구에서 20사단 병력과 충돌.

10시 15분 실탄 지급받은 공수부대원 맨 앞으로 교체.

10시 19분 광주세무서 건물 전소.

11시 10분 대형헬기, 도청 광장에 도착.

12시 59분 아시아자동차공장에서 몰고 온 장갑차 1대 도청 광장으로
기습 진출.

13시 20분 청년들이 금남로에서 공수부대의 집중사격을 받고 쓰러짐.

14시 15분 도지사, 경찰헬기에서 시위해산 종용하는 설득 방송.

14시 35분 시민들이 아시아자동차공장에서 군용트럭, 장갑차 수십
대 획득, 시민군 변신.

14시 40분 시민들이 지원동의 탄약고에서 TNT 입수.

15시 48분 공수부대원들이 주요 빌딩 옥상에서 시위대를 향해 조준
사격.

16시 00분 화순, 나주 지역에서 무기 획득한 시위대들이 도청 앞에서 시가전 전개.

16시 43분 학생들, 전남대병원 옥상에 기관총(LMG) 2대 설치.

17시 30분 공수부대, 도청에서 조선대학교로 철수.

5월 22일 목요일 (맑음)

09시 00분 도청 광장과 금남로에 시민들 집결.

10시 30분 군용헬기 공중선회하며 "폭도들에게 알린다"는 내용의 전단 살포.

11시 25분 적십자병원 헌혈차와 시위대 지프차가 돌아다니며 헌혈 호소.

12시 00분 도청 옥상의 태극기가 검은 리본과 함께 반기 게양.

13시 30분 시민수습위 대표 8명이 상무대 계엄분소 방문, 7개 항의 수습안 전달.

15시 08분 서울에서 대학생 500여 명 광주 도착, 환영식 거행.

15시 58분 시체 18구를 도청 광장에 안치한 채 시민대회 개최.

17시 18분 수습위 대표, 상무대 방문 결과 보고.

17시 40분 도청 광장에 시체 23구 도착.

18시 00분 학생수습위원회 구성.

21시 30분 박충훈 신임국무총리 "광주는 치안 부재 상태"라고 방송.

5월 23일 금요일 (맑고 한때 흐림)

08시 00분 학생들, 시민들 금남로 일대 등 자발적 청소에 나섬.

10시 00분 시민 5만여 명이 도청 광장에서 집회.

10시 15분 학생수습위 자체 특공대 조직하여 총기 회수 작업 시작.

11시 45분 도청과 광장 주변에 사망자 명단과 인상착의 벽보 게시.

15시 00분 제1차 민주수호 범시민궐기대회 개최, 계엄사의 경고문 전단 시내 전역에 살포.

19시 40분 최초 석방자 33명 도청 광장에 도착.

5월 24일 토요일 (오후에 비)

13시 20분 공수부대, 원제마을 저수지에서 수영하던 소년들에게 사격, 중학교 1학년생이었던 방광범 군은 좌측 머리에 총탄 관통되어 사망.

14시 20분 송암동에서 퇴각하던 공수부대와 잠복해 있던 전교사부대간의 오인 총격전 발생, 이후 오인사격 화풀이로 인근 무고한 주민들을 다수 살상.

14시 50분 제2차 민주수호 범시민궐기대회 개최.

5월 25일 일요일 (비)

08시 00분 도청 내 '독침사건' 발생. 계엄당국이 프락치를 침투시킨 교란작전.

15시 00분 제3차 민주수호 범시민궐기대회 개최.

17시 00분 재야 민주 인사들, 김성용 신부의 4개항 수습안에 대해 만장일치 채택.

21시 10분 항쟁지도부 '민주투쟁위원회' 결성.

5월 26일 월요일 (아침 한때 비)
————————— ··· —————————

05시 20분 계엄군, 화정동 쪽에서 농촌진흥원 앞까지 진출.
08시 00분 시민수습대책위원들, 계엄군의 시내진입 저지를 위해 '죽
　　　음의 행진' 감행.
10시 00분 제4차 민주수호 범시민궐기대회 개최.
14시 00분 학생수습위원회, 광주시장에게 생필품 보급 등 8개항 요구.
15시 00분 제5차 민주수호 범시민궐기대회 개최.
17시 00분 학생수습위원회 대변인 윤상원, 외신기자들에게 광주상
　　　황 브리핑.
19시 10분 시민군, "계엄군이 오늘밤 침공할 가능성이 크다"고 공식
　　　발표, 어린 학생들과 여성들을 귀가 조치 시킴.
24시 00분 시내전화 일제히 두절.

5월 27일 화요일 (맑음)
————————— ··· —————————

03시 00분 탱크를 앞세운 계엄군 시내로 진입하기 시작. "계엄군이
　　　쳐들어옵니다. 시민 여러분, 우리를 도와주십시오"라는 여성의 애
　　　절한 시내 가두방송.
04시 00분 도청 주변 완전 포위, 금남로에서 시가전 전개.
04시 10분 계엄군 특공대, 도청 안에 있던 시민군들에게 사격.
05시 10분 계엄군, 도청을 비롯한 시내전역 장악하고 진압작전 종료.

06시 00분 계엄군, 시민들에게 거리로 나오지 말라고 선무 방송.
07시 00분 3공수, 7공수, 11공수부대가 20사단 병력에 도청 인계.
08시 50분 시내전화 통화 재개.

녹두서점의 오월

80년 광주, 항쟁의 기억

© 김상윤, 정현애, 김상집

초판 1쇄 발행 2019년 4월 30일
초판 3쇄 발행 2024년 5월 20일

지은이 김상윤 정현애 김상집
펴낸이 이상훈
인문사회팀 최진우 김지하
마케팅 김한성 조재성 박신영 김효진 김애린 오민정

펴낸곳 (주)한겨레엔 www.hanibook.co.kr
등록 2006년 1월 4일 제313-2006-00003호
주소 서울시 마포구 창전로 70 (신수동) 화수목빌딩 5층

전화 02) 6383-1602~1603
팩스 02) 6383-1610
대표메일 book@hanien.co.kr
ISBN 979-11-6040-253-7 03300